专注于能力圈内

让你兴奋的事业！

李可

复利奇迹

巴菲特的财富逻辑

李可 / 著

SPM
南方出版传媒
广东经济出版社
·广州·

图书在版编目（CIP）数据

复利奇迹：巴菲特的财富逻辑 / 李可著. —广州：广东经济出版社，2021. 6
ISBN 978-7-5454-7697-2

Ⅰ. ①复… Ⅱ. ①李… Ⅲ. ①投资—基本知识 Ⅳ. ①F830. 59

中国版本图书馆CIP数据核字(2021)第030640号

责任编辑：周伊凌　魏　维
责任技编：陆俊帆
封面设计：柏拉图

复利奇迹：巴菲特的财富逻辑
FULI QIJI: BUFFET DE CAIFU LUOJI

出版人	李　鹏
出　版 发　行	广东经济出版社（广州市环市东路水荫路11号11～12楼）
经　销	全国新华书店
印　刷	佛山市迎高彩印有限公司 （佛山市顺德区陈村镇广隆工业区兴业七路9号）
开　本	787毫米 × 1092毫米　1/16
印　张	20.25
字　数	308千字
版　次	2021年6月第1版
印　次	2021年6月第1次
书　号	ISBN 978-7-5454-7697-2
定　价	58. 00元

图书营销中心地址：广州市环市东路水荫路11号11楼
电话：（020）87393830　邮政编码：510075
如发现印装质量问题，影响阅读，请与本社联系
广东经济出版社常年法律顾问：胡志海律师

推荐序

中国的股票市场，因为各种原因，在公众心目中的形象并不光鲜。几乎所有人都可以在身边找到至少一个“鲜活”的教训。所以，多数人对股市，或者说股票投资，望而却步。然而，真相并非如此，尤其是2005年股权分置改革以后。

沪深300指数自2005年成立，从2004年12月31日的1000点开始，截至2020年12月31日，该指数达到5211点，年化上涨10.86%。如果考虑分红，收益率还会更高。其间，经历了2008年的金融危机，2015年的“股灾”，2016年的熔断，2018年的“中美贸易战”。但只要把时间拉得足够长，这些短期内让人沮丧，甚至是令人窒息的市场表现，看起来都只是漫漫长河中的一朵浪花而已。

这背后的基本逻辑包括：过去十几年中国经济的强劲增长；指数编制遵循优胜劣汰的规则，也就是不断用表现更好的公司替换现有表现较差的公司；优秀公司股权能够产生复利。

那么，投资人，尤其是普通投资人如何分享股市的红利？有两种方式：（1）自己下场，直接参与，也就是俗话说的“炒股”；（2）买股票型基金，间接参与，基金又分为被动型股票基金和主动型股票基金。

第一种方式被无数人证明了不可行；第二种方式中，主动型股票基金过于依赖基金经理的表现。而我们知道，业绩持续优秀的、值得投资人托付的基金经理，是非常稀缺的，甚至是可遇而不可求，所以，对于多数人而言，买主动型股票基金的体验并不好。

那么，买入被动型股票基金可行吗？如何操作？需要注意什么？对于这些问题，本书给出了很好的答案。

对于绝大多数人而言，认真阅读主题1，然后照做就可以了。对于认为黄金能保值的人，特别建议其阅读主题4第三节关于黄金的讨论。本书的其他部分，对巴菲特的投资方法进行了既简明又有翔实案例的介绍，特别适合对价值投资感兴趣的普通投资者阅读。

最后，需要特别强调的是，千万不要小看年化10%这个收益率。它虽然不能让我们一夜暴富，但足够让我们慢慢富有。

余海丰

2021年2月

前言

买股票就像家长给孩子辅导作业：怀有美好的希望，却多以失望收场。很多投资者为巴菲特的财富所吸引，阅读巴菲特的相关书籍、熟悉巴菲特妙语、跟踪巴菲特持仓信息，却依然难以把知识变为财富。

全球有很多解读巴菲特的书籍，其中大多数把重点放在财务分析、行业研究、时代背景等方面，好比一本本拳谱，重点在武功招式上：这一掌如何出，那一拳如何挥……本书像是一本《清心普善咒》，不讲具体功夫，重点化解投资者学习巴菲特时产生的“心魔”：内心怀疑巴菲特。

很多投资者从“批判巴菲特”的角度阅读巴菲特的书籍，质疑价值投资方法，认为这种投资方法适合20世纪不适合现在、适合美股不适合A股、适合中老年人不适合新一代。这就好比《射雕英雄传》里马钰教郭靖“呼吸、坐下、行路、睡觉的法子”，郭靖却暗自怀疑“呼吸、坐下、行路、睡觉，我早就会了，何必要你教我？”

本书基于“复利”主线分析巴菲特的逻辑，解释巴菲特诸多令人疑惑的“反直觉”行为。例如，优质公司股权具有“复利”属性，长期产生最大回报，远超波段操作、内幕信息、猎庄跟庄等大众幻想的赚钱模式，只要投资者接受“买股票就是买公司”，为自己、为孩子坚定地进行长期投资，就能在A股市场充满机遇的时期实现从知识到财富的跨越。

巴菲特历年《致股东的信》开篇，都是一张伯克希尔与标准普尔500指数对比表①。巴菲特旗下的伯克希尔和标准普尔500指数每年收益差距不明显，伯克希尔股价年化增长率是20.0%、标准普尔500指数（含分红）的年化增长率是10.2%，每年差距“只有”9.8%。但1964—2020年累积56年后，伯克希尔回报率是2.8万倍，标准普尔500指数的回报率只有235倍。

① 参见本书附录一。

一些朋友觉得不对：每年20.0%的回报率，56年的回报率应该是“20.0%×56”约11倍的回报率，咋会是2.8万倍？这数量级差得也太大了。建议根据附录一的数据算一遍，这是世界上“含金量”最高的数学题之一。在复利的强大威力下，我认为，一切短期投机都属于聪明人故意办傻事。

本书共有6个主题。

主题1，定期定投。“长期定期定投低成本大盘股票指数基金”是巴菲特推荐给普通投资者的方法。这是最简单的分享中国经济增长成果的方法。我建议投资者用持有房产的心态，为自己和孩子坚持定期定投40年。从巴菲特和对冲基金十年竞赛的案例，我们可以看出长期“面壁”式持有指数基金且不做任何调整，胜过不断地挑选明星基金、调仓位、做波段。我还从公众号上千条读者留言中，精选出典型问题进行回答。

巴菲特的方法相当于保送少林寺，如果全盘接受，本书后面的内容可以略过。但大部分人认为江湖广阔，少林寺里太无聊，想要像令狐冲那样笑傲江湖。本书后面的主题围绕复利这条主线，讲述巴菲特的投资故事，介绍资本江湖的精彩与凶险。提醒各位大侠，只要踏出少林寺一步，就要面对处处潜伏的危机。只要稍微偏离巴菲特的建议，投资者就可能变成“韭菜”。一点不打折地坚持巴菲特的方法——长期定期定投，是普通人成本低、效果好的投资模式。

主题2，股权是王道。长期最好的投资工具就是股票。股票投资的两个首要问题是：谁是投资者的朋友？谁是投资者的敌人？这两个问题的答案是同一个——“市场先生”。“在众人贪婪时恐惧”和“在众人恐惧时贪婪”，是击败“市场先生”最好的方法。

主题3，盈利：复利的来源。便宜但已经腐烂的水果不值得买，便宜但已经日薄西山的股票也不值得买。重规模不重盈利的公司，迟早都会面对生存问题，例如用了23年成为美国前15大公司之一的LTV公司。对于某些自带“烧钱”属性的高科技公司，宁可错过也不要冒进，因为如果盈利中断，那么复利损失巨大。

主题4，长期：复利的累积。买入32年后，可口可乐的年分红相当于巴菲特买入价的50%。即使像富国银行这样的明星企业，长期发展也不可能一帆风顺，投资者要有坚强的内心。黄金、比特币没有盈利，此类“无产出资产”不值得长期投资，美国政府还没收过民间黄金。在巴菲特80年的投资生涯中，99%的钱都是在50岁以后挣的，我们普通人不用着急。

主题5，顿悟：复利的主观条件。价值投资要和人的性格相匹配，就像郭靖适合降龙十八掌，黄蓉就不太适合。价值投资要么顿悟，要么永远无法领悟。投资者待在自己的“能力圈”内，坚持“内部记分卡”，才能守住“安全边际”。

主题6，伯克希尔的秘密。巴菲特放弃基金模式，改为公司制，是为了稳定累积复利。伯克希尔从纺织厂到金融控股集团的转型，不借债、不求大，稳健度过最凶险的时期。“浮存金”必须不以获得回报为目的，长期资金成本必须为负，否则稍有风吹草动资金就会抽逃。伯克希尔有独特的企业文化，虽然总部只有26人，但能支撑36万多人的集团运营。巴菲特放手让他的大儿子“走自己的路”，看着他辍学、开挖掘机、离婚、再婚、种地、怼比尔·盖茨……之后才选定他为伯克希尔的接班人。

对于巴菲特的论述和相关数据，本书尽可能提供出处、原文、英文关键字等信息。一来有助于读者通过关键字顺藤摸瓜，寻找更多有用信息。二来巴菲特的论述很难翻译到位，看原文更能领会其中精妙之处。

每一个作者的第一本书都是把梦想变为现实的惊险一跃。感谢广东经济出版社有限公司对我的大力支持。谢谢编辑周伊凌女士和魏维女士的耐心，感谢各位领导的信任。

感谢关注公众号“可望buffett”的读者，谢谢你们长期的阅读、关注和评论。感谢牛桂欣先生、丁凯先生督促我完成这本书。感谢我的夫人、孩子和岳母，接受我辞去工作写书。对我来说，巴菲特是既近又远的人。我从未见过巴菲特先生，但每当我打开交易软件的时候，我都会问自己：“如果巴菲特是我的老师，我愿意把这次交易记录拿给他看吗？”

风险提示：市场有风险，投资须谨慎。历史收益不代表未来。本人能力有限，翻译可能有错漏，对巴菲特、芒格等人的理解可能有偏差。本书所有内容只代表个人观点，不代表出版机构意见，不构成投资建议。

重要信息表

沃伦·巴菲特： Warren Edward Buffett，1930年8月30日出生于美国内布拉斯加州奥马哈。价值投资大师。伯克希尔公司董事会主席、首席执行官。巴菲特个人财富的99.9%是伯克希尔股权。

伯克希尔： Berkshire Hathaway INC.，伯克希尔的资金不等同于巴菲特个人的资金。伯克希尔有A、B两类股票，代码分别为BRK.A和BRK.B，2020年12月31日这两类股票的收盘价分别为347815美元和231.87美元。B类股票在收益分配上对应A类股票的1/1500，而在投票权上仅相当于A类股票的1/10000[①]。

伯克希尔还有其他中文翻译，例如伯克希尔哈撒韦、伯克夏、波郡等。

《致股东的信》： 每年伯克希尔年度报告的开篇就是巴菲特《致股东的信》[②]，伯克希尔按照年度报告的时间标明《致股东的信》的时间，例如把2020年的年度报告开篇称为《2020年致股东的信》。本书全部以这种模式标明《致股东的信》的年份。但由于《2020年致股东的信》的发布时间是2021年2月，故中文媒体普遍以发布年份称其为《2021年致股东的信》。

巴菲特没有时间写书，所以《致股东的信》是研究巴菲特投资方法的主要资料。

查理·芒格： Charles Thomas Munger，1924年1月1日出生。巴菲特的搭

---

① 伯克希尔公司网址：https://berkshirehathaway.com/。伯克希尔A类、B类股票的具体信息请参见伯克希尔官网"A类和B类股票的权利和价格对比"（Comparative Rights and Relative Prices of Class A and B Stock）：https://berkshirehathaway.com/compab.pdf。

② 英文名称为*Warren Buffett's Letters to Berkshire Shareholders*。历年《致股东的信》网址：https://berkshirehathaway.com/letters/letters.html。

档，以睿智著称。他帮助巴菲特从“烟蒂股”的投资陷阱中跳出来，转向长期持有能产生复利的优质公司。

本杰明·格雷厄姆：Benjamin Graham，1894年5月9日—1976年9月21日。价值投资的开创者，在他之前，投资被认为是赌博而不是科学。他的最知名著作为1934年首印的《证券分析》（*Security Analysis*）和1949年首印的《聪明的投资者》（*The Intelligent Investor*）。巴菲特是他的学生，并在他手下工作。

凯瑟琳·格雷厄姆：Katharine Meyer Graham，女，1917年6月16日—2001年7月17日。华盛顿邮报公司实际控制人，巴菲特投资华盛顿邮报公司后，两人成为好友。2017年斯皮尔伯格导演的电影《华盛顿邮报》（*The Post*），描述了她顶住压力公布越南战争绝密文件的历史片段。

霍华德·巴菲特：Howard Graham Buffett，1954年12月16日出生，巴菲特第二个孩子，伯克希尔未来的掌门人。

目录 CONTENTS

主题 1 定期定投

如果你投资成本非常低的指数基金，并且不是一次性投入而是分10年平均投入，那么你会比90%的跟你在同一时期开始投资的人获得更高回报。①

——巴菲特

THEME

① If you invested in a very low cost index fund-where you don't put the money in at one time, but average in over 10 years, you'll do better than 90% of people who start investing at the same time.

第一节 指数的魅力

就像买房分享了城市经济增长的成果一样，定期定投指数基金可以让你分享中国经济增长的成果。

巴菲特的极简投资法

巴菲特多次向普通投资者推荐：工作期间一直定期定投（Dollar Cost Averaging）标准普尔500指数基金，直到退休再逐步卖出。

巴菲特的建议包括如下4个要素：

长期：工作期间，大约40年。

定期：获得收入的周期，中国一般是每月。

定额：投资固定金额，而不是固定基金份额。

投资标的：标准普尔500指数基金，中国可与之类比的是沪深300指数基金。

很多投资者的第一反应是，这么简单就能赚到钱？

这看起来极其简单，但实际做起来极其不简单。就像“多思考”听起来极其简单，但真正能做到的人很少。人总会被各种各样“紧急但不重要”的事情吸引，看微信、刷抖音、玩游戏、吃大餐……真正用于思考的时间很少。股市比日常生活更能放大人性的弱点：涨幅榜、跌幅榜、成交榜、大单榜、热点榜无一不在扰乱你的思维；同事张三买了强势股赚翻，隔壁老王抄底的垃圾股暴涨，都可能让你妒火中烧；暴跌时指数基金跌幅最大，又会让你怀疑巴菲特是个骗子；朋友们认为定期定投是“不思进取”的傻方法，又会激起你“稍稍改进”这个方法的欲望……总而言之，日常生活的点点滴滴，都让你难以坚持定期定投。

人在一生中要做无数选择，但决定一生命运的重要决策没几个，长期定期定投就是其中之一。如果你10年前没有买房，无论你用了多少网购的优惠，都不可能把房价的涨幅挣回来。如果你5年前把钱投到乐视网，无论互联网发展多么迅猛，你都只会赔光。巴菲特说："你一生中只需要坚持做几件正确的事情，就可以避免很多错误的选择。[①]"股市上有很多看起来很美好的致命陷阱，如果没有选择定期定投，想要全部避开实在是太难了。

很多人怀疑巴菲特的方法是否适用于A股市场。因为美国指数屡创新高，而目前A股指数距离历史高点还有距离。实际上A股指数略有失真，A股指数基金的长期表现不弱于美股。上证50ETF（510050）自成立至2020年年末的年化收益率高达11.5%[②]，超过标准普尔500指数1965—2020年10.2%的长期年化收益率。由此看来，巴菲特的方法更适用于A股投资者。

定期定投的基本逻辑很简单：分享中国经济长期增长的成果。

具体来说有以下四点：

（1）中国经济长期增长。

（2）优秀公司引领经济的增长。

（3）优秀公司股权能产生复利，回报高于债券。

（4）指数基金精选公司分散了风险，适合长期投资。

相信中国经济长期增长是定期定投最基本的前提。这看起来是简单的常识，但随着岁月的增长，我越来越理解梁启超在《少年中国说》中的一句话："老年人常厌事，少年人常喜事。惟厌事也，故常觉一切事无可为者；惟好事也，故常觉一切事无不可为者。"人年纪越大，工作时间越长，越容易对未来失去信心，认为没有什么事情可做。但定期定投的投资者必须乐观，只有这样才能在不可避免的波动中坚定持有、长期投资指数基金。

在工业化、网络化时代，大公司相比小公司有极强的优势，是经济增长的火车头。不说抽象的规模利润指标，就说孩子大学毕业，你是愿意他去沪深300指数、标准普尔500指数名单上的公司呢，还是希望他去谁都不知道的小公

① You only have to do a very few things right in your life so long as you don't do too many things wrong.
② 参见主题1第四节的"上证50、沪深300、中证500对比"部分。

司呢？绝大部分家长的选择都是“宁为凤尾，不为鸡头”，因为大公司的盈利能力和稳定性是小公司无法比拟的。

要点：定期定投虽是一个简单的方法，但要有足够的智慧才能坚持。

股票长期战胜债券

2020年2月，巴菲特在《2019年致股东的信》里称赞埃德加[①]写的《用普通股进行长期投资》（*Common Stocks as Long Term Investments*）一书，他认为这本书改变了投资界。

埃德加刚开始写这本书的时候，想要说明股票在通货膨胀时期优于债券，而债券在通货紧缩时期优于股票。这是当时流行的观点：在通货膨胀时期，商品涨价，企业可以获得更高的利润，股票价格上涨。而购买债券只能获得事前约定的收益，通货膨胀削弱了固定利息的购买力，因此债券表现不如股票。相比之下，在通货紧缩时期，商品降价，企业利润下降，股票价格下跌。购买债券却依然能够获得约定收益，此时债券比股票有价值。

写着写着，埃德加发现实际情况并不像大多数人想的那样。无论是在通货膨胀时期还是在通货紧缩时期，股票的长期表现总体好于债券。埃德加很有挫败感，但他没有放弃，而是诚实地面对客观情况，最终揭示了金融市场的重要规律。宏观经济学的创立者凯恩斯[②]精练地总结了埃德加这本书的精华：“管理良好的工业公司并不会将所有盈利分配给股东。即便不是在所有年份，公司也会在景气年份留存部分收益并将其投入商业经营。优质公司因此产生了复利效应。假以时日，公司价值以复利形式增长，远远超过支付给股东的分红。[③]”

① Edgar Lawrence Smith，1882年5月6日—1971年6月19日。

② John Maynard Keynes，1883年6月5日—1946年4月21日。英国学者，著有《就业、利息和货币通论》。

③ Well-managed industrial companies do not, as a rule,distribute to the shareholders the whole of their earned profits. In good years, if not in all years, they retain a part of their profits and put them back into the business. Thus *there is an element of compound interest* (Keynes' italics) operating in favour of a sound industrial investment. Over a period of years, the real value of the property of a sound industrial is increasing at compound interest, quite apart from the dividends paid out to the shareholders.信息来源：《2019年致股东的信》。凯恩斯在这段话中以斜体字强调了“复利（compound interest）”。

《用普通股进行长期投资》这本书于1924年出版，正好赶上美国超级大牛市，销量火爆。埃德加一战成名，四处演讲，随后开了家基金公司。“书中自有黄金屋”这句中国古话，在美国也适用。埃德加阐述的逻辑并不神秘，但投资者长期忽视了这一点。在这本书出版之前，卡内基、洛克菲勒、福特这些大资本家，不断用盈利扩建产能、收购工厂，积累了巨额财富。每个村镇也有聪明能干的人，他们同样用利润再投资以扩大生产的方式富甲一方。

当公司股权不再属于一个人而是被分成大量“股票”的时候，股票持有者并没有把自己当作公司的“小老板”。股票成了短期“博傻”工具，股东变成了投机者。投机者不关心公司赚取利润后是否再投资，只想通过买卖价差赚个快钱。而再好的公司也不可能一帆风顺，有利润增长的年份，就必定会有利润下跌的年份。投机者往往在高点进场，因贪婪而买入；在逆境中没有信心，因恐慌而卖出。所以，虽然股票市场是长期上涨的，但赚到钱的人并不多。

留存利润，扩大再生产获得复利，从而产生更多收益，获得更高留存利润。股票增值的案例比比皆是，但真心接受的人不多。核心难点在于“长期”。人的生命是有限的，每个人都想尽快赚到足够的钱，买房、买车、买包……而股票增值循环不是一天就能完成的，需要年复一年的积累。贵州茅台于2001年上市，并在2020年成为A股市场市值最高的公司。2001年贵州茅台新股中签的交易者，很多一开盘就高高兴兴地卖了。如果当年开盘后“高位买入”，然后一直持有不卖，那么即便啥也不做，现在挣的钱也是打新股盈利的数百倍。

巴菲特认可埃德加这本书，但他并不认为股票适合每一个投资者，有些人并不具有长期持有股票的能力和心态。如果一个人“自带烧钱属性”，不断透支信用卡“清空购物车”，又没有能力积累投资的本金，那他不适合定期定投。如果一个人会不由自主地在股市里做傻事，在股价下跌的时候把优质股票卖了，不具备长期持有股票的稳健心态，那他也不适合定期定投。

要点：好公司将盈利用于扩大再生产，获得复利回报，因此股票的长期表现优于债券。

指数长存

1792年5月17日，纽约市的24位交易商在华尔街的一棵梧桐树下签订协议，纽约证券交易所由此诞生。当时可交易的只有几只保险股、银行股以及一只债券。没有人讨论整个市场的表现，他们只关心自己手上的证券。

时光匆匆，又过了100年，纽约交易所已经不再是当年梧桐树下的小市场了。越来越多的普通人参与证券交易，希望通过买卖股票发财致富。每天开盘收盘，投资者都想知道自己是亏了还是赚了。新闻媒体需要用简洁的数字告诉人们：市场是涨了还是跌了。这事并不容易。全市场有上百只股票，有些涨了，有些跌了，难以一一列举。有些公司市值大，有些公司市值小，可能有300只小股票上涨了，但有30只大股票下跌了，这时到底算涨了还是跌了？

为了快速回答“市场是涨了还是跌了”这个问题，1896年5月26日，新闻记者道先生[①]首次发布了“道琼斯工业平均指数（Dow Jones Industrial Average）”（简称“道指”）。道先生是证券市场的理论家和实践家，除了最早发明“指数”概念外，还发明了技术分析流派尊崇的“道氏理论”，并创立了道琼斯公司和《华尔街日报》。

道先生选了12家知名公司，加总股价后除以公司家数就是道指点位，首次公布时为40.94点。这12只计算道指时所选用的股票，被称为“成份股”。首批成份股分布在棉花、糖、烟草、燃气、牛饲料、煤炭、皮草、橡胶等工业领域，因此该指数被称为“工业平均指数”。1916年成份股扩容到20只，1928年再次扩容到30只并保持至今。随着美国经济的演变，支柱产业不再只有工业，现在娱乐业的迪斯尼、零售业的沃尔玛都是道指的成份股。

指数比公司更有生命力。指数就像一个大家族，而公司是家族的成员；成员会生老病死，而家族长期存在。道指首批12家成份股公司有的倒闭，有的被收购，有的发展不佳，逐渐被替换[②]。道指历史上持续时间最长的成份股是

---

① Charles Henry Dow，1851年11月6日—1902年12月4日。

② 道指成份股历史请参考：http://www.quasimodos.com/info/dowhistory.html。

“通用电气[①]”。1878年大发明家爱迪生创立爱迪生电灯公司，随后在J.P.摩根等财团的支持下不断兼并收购，1892年定名为通用电气公司。通用电气于1896年首批入选道指成份股，1898年被剔除；1899年重新入选道指成份股，1901年又被剔除；1907年再次入选，一直持续到2018年。

成份股的衰亡并不妨碍指数的增长。就像芒格说的：“伟大的公司终将衰落，新的伟大的公司逐渐崛起。这是世界的规律。[②]”大萧条、第二次世界大战、金融危机冲击了此前的明星公司，但新生力量持续涌现。这就好像重点中学的重点班，每个学期都严格按照考试成绩公开调整，只选前30名。每个学生不但要天资聪颖，还要兢兢业业，稍有松懈就会被毫不留情地淘汰出局。长期按这种方法选拔，这个重点班学生的能力绝对是顶尖水平。

道指最惨的时候从最高点下跌近90%，1896年8月8日收盘于28.48点，这是历史最低点。从长期来看，道指整体强势地从创立时的40.94点增长到2020年年末的30606点。如果投资者在道指发布的时候就“无脑买入”，持有124年就可以获得近750倍的回报。

巴菲特推荐的是标准普尔500指数基金，没有推荐道琼斯工业平均指数基金。标准普尔500指数创立于1957年，它保留了道指的优点，扩大了覆盖范围，更符合投资者的需求。标准普尔500指数包含500家公司，比道指具有更全的代表性；采用流通市值加权的方法，更好地衡量了股票的流动性。截至2021年1月，全球约有4.6万亿美元的资产以标准普尔500指数作为业绩基准。

A股市场中与标准普尔500指数具有可比性的是沪深300指数（表1-1）。沪深300指数由中证指数有限公司编制，样本股覆盖沪深两市市值大、流动性好的300只股票。两大指数的成份股都是市场上的大公司（“大盘股”），覆盖的行业广泛（被称为“宽基”），所以被称为“大盘宽基股票指数”。

① General Electric，简称GE。杰出的管理者杰克·韦尔奇（Jack Welch，1935年11月19日—2020年3月2日），从1981年起领导GE长达20年。

② Great companies have to vain and other companies become great companies. That's just the way the world is.

表1-1 沪深300指数与标准普尔500指数对比表[①]
(截至2021年1月末)

项目	沪深300指数	标准普尔500指数
发布日期	2005年4月8日	1957年3月4日
基日	2004年12月31日	1928年1月3日
调样频率	每半年，分别在6月、12月	每季度，分别在3月、6月、9月、12月
基值	1000	10
成份股数量	300	505
成份股平均市值	1489亿元	654亿美元
成份股最大市值	2.7万亿元	2.2万亿美元
成份股最小市值	196亿元	33亿美元
最大成份股权重	5.28%	6.7%
前10大成份股占比	25.59%	28.10%
成份股总市值	45万亿元	33万亿美元
滚动市盈率	17.72	34.24
市净率	1.85	3.7
股息率	1.61%	1.55%
1年回报率	33.67%	17.25%
3年回报率（年化）	7.77%	11.70%
5年回报率（年化）	12.68%	16.16%
10年回报率（年化）	—	13.50%
2020年年度总回报	27.21%	18.40%
2019年年度总回报	36.07%	31.49%
2018年年度总回报	－25.31%	－4.38%
2017年年度总回报	21.78%	21.83%
2016年年度总回报	—	11.96%
2015年年度总回报	—	1.38%
2014年年度总回报	—	13.69%
2013年年度总回报	—	32.39%
2012年年度总回报	—	16%
2011年年度总回报	—	2.11%

① 沪深300指数信息来源：http://www.csindex.com.cn/zh-CN/indices/index-detail/000300。标准普尔500指数信息来源：https://us.spindices.com/indices/equity/sp-500。

要点：指数比公司生命力强。

有效市场

很多人认为指数“盘子太大涨不动”，不如精选个股进行投资。但一个想当运动教练的诺贝尔奖得主发现：绝大多数人选股的回报都低于指数。

1939年2月14日情人节，法玛①出生于美国马萨诸塞州波士顿。波士顿有哈佛大学和麻省理工学院两所全球顶级的高校，还有无数高端实验室，绰号“博士屯”。法玛并非出生于书香门第，他的父亲是卡车司机，因工作接触太多石棉患肺癌过世。法玛体育很好，中学时在跳高比赛中获得全州第二名，参加足球比赛获得省级联赛冠军。1956年法玛进入塔夫茨大学②，当时他的人生目标是当运动教练，没想过投身于投资行业。

法玛本科入学时专业是法语，学了两年厌倦了伏尔泰。后两年他跟随恩斯特（Harry Ernst）教授主攻经济学。恩斯特和众多高校教授一样，教学之余在学校外面开公司赚钱。该公司的商业模式是预测股票市场涨跌，向客户收取信息服务费。在有些经济学家看来，股票市场就是一个赌场，参与者受教育水平不高，买卖决策盲目。这些经济学家自认为用理论知识加上数学工具，就能轻而易举地在股票市场击败普通投资者。

恩斯特教授给了法玛大量股市数据和知名投资者的交易策略，让法玛去研究。法玛研究来研究去，得出了一个惊人的结论：这些策略大部分毫无用处。只有少部分策略在一段时间内有用，但很快又没用了。这个结论肯定不能交差啊！教授不仅不会相信这么多“投资大师”的实际投资水平不如指数，反而可能怀疑法玛能力不行。

于是法玛开始研究基金相对指数的表现，想先选出长期战胜指数的基金，然后研究该基金的投资策略。没想到数据显示大部分基金业绩不如指数，少部

① Eugene Fama，1939年2月14日出生，2013年获得诺贝尔经济学奖。
② Tufts University，1852年建校，其中三个校区位于大波士顿地区。

分基金在短期内虽跑赢了指数，但后来亏得更多。长期稳定战胜指数的基金虽然存在，但数量极少，没法区分是凭运气还是凭本事。例如，交易者每天抛硬币，正面朝上就加仓，反面朝上就减仓。即使是这样随意地交易，也必然有投资者持续战胜指数。这种赢家只能归功于运气，而不能说有能力。

找不到赚钱的策略，完不成老师交代的任务，有些学生会“处理”下原始数据，糊弄过关。反正不是用自己的钱投资，即便亏了，自己也不承担损失。但法玛是金融市场罕见的天才，一系列的失败不但没有阻挡他成功，反而让他闯入前人从未达到的领域。法玛本科毕业后进入芝加哥大学，继续研究基金业绩和指数的关系。1970年5月法玛发表论文，完整地提出了“有效市场假说①”：除非承担更高风险②，否则没有人能够打败市场！

法玛的学术论文可理解为基金经理不能击败市场。投资者与其付高额管理费让基金经理操盘，不如投资指数。法玛的结论当然是基金经理所不能接受的，要是投资者相信了“有效市场假说”，谁还买基金？谁还交给他们管理费？他们嘲笑这是书呆子的结论，是门外汉的胡言乱语，不值一驳。

两方力量推动了“有效市场假说”在投资界的应用。一是指数公司。原来指数只是参考，现在变成了基准。这好比原来的选修课，现在变成了分值最高的必修课。指数公司不断在行业内宣传法玛的研究成果，使得“有效市场假说”为越来越多的投资机构所接受。二是保险公司等大型机构投资者。他们用法玛的研究压低基金公司的收费，威胁不降低费率就用指数基金替代主动管理基金。

巴菲特并不认可“有效市场假说”。在《聪明的投资者》附录中，读者可以看到巴菲特撰写的《格雷厄姆-多德式的超级投资者》（*The Superinvestors of Graham-and-Doddsville*）一文。巴菲特列举了多位格雷厄姆追随者的优异业绩，证明了一批采用相同价值投资方法的人取得了长期超越指数的回报。这不是运气，而是因为价值投资的方法有效。在《1985年致股东的信》中，巴菲特调侃“有效市场假说”说：“我们欠学术界很大的人情。有什么能让我们在桥

① Efficient Market Hypothesis。论文的名称是*Efficient Capital Markets: A Review of Theory and Empirical Work*。

② “承担风险”这个限定是必要的，彩票中头奖的人击败了股票市场，是因为他们承担了更高的风险。

牌、国际象棋、股票投资方面取得更多优势呢？就是教育竞争对手：思考是白费力气。[1]”

为什么巴菲特不认可“有效市场假说”，却推荐普通投资者长期定期定投指数基金呢？这好比学术研究认为“人不可能在130分钟之内跑完马拉松”，这个结论对于70多亿人来说是正确的。但对于极少数的马拉松世界冠军来说，130分钟之内跑完没有问题，他们可以认为该学术研究是个笑话。普通人没有马拉松世界冠军的能力，如果强迫自己在130分钟之内跑完马拉松，很可能会导致心跳过速、肌肉拉伤，以后再也不能跑马拉松了。在投资上，普通人没有巴菲特的能力，盲目投资很可能会造成巨亏，所以长期定期定投指数基金是简单可行的投资策略。

要点：“有效市场假说”是指数投资的理论依据。

指数基金的崛起

“有效市场假说”只是一个理论，把理论变成产品需要一位有胆有识、百折不挠的杰出企业家，他就是伯格[2]。

伯格于1929年5月8日出生于美国新泽西州，那时候正是繁荣的顶点、萧条的序幕。1929年10月29日道指达到381点的高点后，一个月暴跌50%。此后3年多时间，美国GDP下跌30%，失业率超过20%。相比大萧条，2008年的经济危机不值一提，2008年经济危机中的美国GDP仅下降了4.3%。

伯格从小就知道只有“挽起袖子加油干”才能有口饭吃。1947年，伯格进入普林斯顿大学。1949年12月，伯格偶然读到一篇关于资产管理业的文章《波士顿的大钱》[3]。薄薄10页纸，讲述了世界上第一只开放式基金“马萨诸塞投

① We are enormously indebted to those academics: what could be more advantageous in an intellectual contest whether it be bridge, chess, or stock selection than to have opponents who have been taught that thinking is a waste of energy?

② John Clifton Bogle，1929年5月8日—2019年1月16日，也有文章将其姓名译为博格。

③ 文章英文名称为*Big Money in Boston*，刊载在《财富》（*Fortune*）杂志上。

资者信托”的运作，并认为这个小小的行业将快速扩张，“极大改变小股东和公司管理层的竞争格局”。在美国东部的严冬里，20岁的伯格开始了他两个5万亿美元的征途。

1951年，伯格从普林斯顿大学毕业，他的毕业论文是《投资公司的经济作用》（*The Economic Role of the Investment Company*）。伯格将这篇论文寄给了当时基金业内的一些重量级人物。普林斯顿1920级的大师兄、威灵顿基金公司（Wellington Fund）的创立者摩根（Walter Morgan）极为赏识伯格的才华，将伯格招致麾下，并委以重任。在那一年，整个美国基金业的资产管理规模仅为30亿美元。

伯格没有在个股选择、短期业绩这些琐事上浪费时间，他一直在思考资产管理行业的格局。1970年，伯格被委任为威灵顿基金公司的主席。1974年，伯格并购一家基金公司[①]，后因整合不利，他被董事会解雇。伯格承认，他确实在并购上犯了“愚蠢的错误”。

强者把失败作为人生垫脚石。伯格注意到在短期业绩压力下，基金经理从“投资者”变为“投机者”。基金业换手率从20世纪50年代的30%飙升到20世纪60年代的140%。明星基金经理就像好莱坞演员一样一炮走红，而后又如烟花般消散。他看不上那些拿着投资者的钱赌博的基金经理，决定玩点不一样的。

1974年，伯格开始打造一个全新的基金公司，他以“先锋（Vanguard）”命名这家公司。1798年英军名将纳尔逊在“先锋”号旗舰上，以前所未有的“中部突袭”战法，以少胜多，击败拿破仑舰队。从这个名称，就可以看到伯格不拘一格的做法和挑战行业寡头的决心。华尔街上的大公司不以为然，以为先锋公司只能吹牛，实际上啥都做不了。

1976年8月28日，先锋集团推出首只基金。完全跟踪标准普尔500指数、持股完全遵从指数规则、市场下跌时不减仓，基金经理没有任何主动交易的空间。整个美国基金行业感受到的不是冲击，而是羞辱。从业人员恼怒出现这么一个“傻子”，设计出指数基金这种“弱智产品”。行业巨头公开表态：“指

① Thorndike, Doran, Paine & Lewis Inc.，该公司投资风格激进，和威灵顿基金公司的企业文化不同。

数基金不是美国货！[①]”

伯格被骂得狗血淋头，但他并没有在臭骂中收割到流量，先锋500指数基金首发募集金额仅1100万美元。6年后，基金规模才超过1亿美元。直到1984年，全市场才出现第二只指数基金。1990年，指数基金的规模只占股票基金规模的2%。但就像托马斯·佩恩所说的“战争越艰难，胜利越荣耀”，以保险公司为代表的很多机构投资者，早就不满意主动管理基金收取高费率，痛恨这些基金亏了客户的钱还摆个大爷的谱，越来越多地用指数基金代替主动管理基金。指数基金迎来黄金时期。

1990年，多伦多股票交易所发行了“TIPs 35”，这是市场上第一只“交易型指数基金[②]”。ETF和传统指数基金的主要区别在于ETF可以像股票一样日内交易。如果当日指数先涨10%再跌10%，ETF的投资者理论上可以在最高点卖出、在最低点买入，而传统指数基金的投资者啥也做不了。本来先锋集团凭借指数基金的优势，可以轻易碾压对手成为ETF领域的龙头企业。但伯格陷入了“创新者的窘境”，他认为指数基金就是用于长期持有的，每天开放申购赎回就足够了，没有必要分分秒秒地交易。日内波段的投资者大部分都亏钱，ETF对投资者只有坏处没有好处。伯格劝告投资者：“时间是你的朋友，冲动是你的敌人。[③]”

伯格绝对是为投资者好。无奈理性拧不过人性，大脑总是输给荷尔蒙。投资者总认为交易越便捷越好，先锋集团内部有很多人看到ETF的趋势，想用数据说服伯格，却都被严词训斥。直到1996年，董事会将伯格从董事长兼总经理的位置上“劝”下来，改任资深董事长。2000年，伯格辞去先锋集团的所有职务。

伯格不仅是投资大师，还是一位高产的作家，一生写了13本书。其中《共同基金常识》（*Common Sense on Mutual Funds*）等已经被引入中国。1993年，经济学泰斗萨缪尔森为伯格的第一本书《伯格谈共同基金：基金投资者的明智选择》（*Bogle on Mutual Funds: New Perspectives for the Intelligent Investor*）作序，赞扬伯格“将整个行业引向最优的方向”。事实证明萨缪尔森眼光不虚，

① Index funds are un-Amercian.
② Exchange Traded Fund，简称“ETF”。
③ Time is your friend. Impulse is your enemy.

指数基金在1996年规模超过1000亿美元，2006年超过2万亿美元，2019年超过10万亿美元。

伯格不仅是商界的斗士，还是人生的强者。他在31岁突发心脏病，此后又发作过5次。在和死神的赛跑中，谁敢说自己一定能赢？但每次救护车都及时赶到救了他的性命。最后，医生建议他接受心脏移植，否则下一次发病就可能活不过来了。1996年2月21日，66岁高龄的伯格接受了一位30岁捐赠者的心脏。手术很成功，但对于这样高龄的患者来说，没人知道他还能活多久。伯格自己也感慨：活不到先锋集团资产管理规模超过4万亿美元的时候了。事实上手术后，伯格又活了23年，见证先锋集团资产管理规模超过5万亿美元，在全球170个国家和地区有超过2000万客户。

有人问他成功的秘诀，伯格的回答很简单："只要你做对投资者有益的事情，钱就会如潮水般涌来。"先锋集团的"资产加权平均费率①"1975年为0.68%，1990年为0.35%，2019年为0.10%。2020年1月，先锋集团的资产管理规模超过6.2万亿美元。相比之下，中国指数基金最低管理费率是0.15%，而主动管理股票基金的管理费、托管费、申购费、赎回费合计常常超过3%。中国投资者需要像伯格这样的人。

2019年1月16日，伯格过世，享年89岁。巴菲特在得知伯格逝世的消息后非常感慨。他对CNBC（美国消费者新闻与商业频道）记者说："伯格对美国投资者的贡献无人能及……华尔街上很多公司什么也不做，就向投资者收取高额的费用。伯格做了很多，却不向投资者索要回报。"

要点：伯格把理论变成产品，指数投资是大势所趋。

① asset-weighted average fund expense ratio.

小结

股票长期战胜债券，指数存续的时间长于单个公司。市场是有效的，长期定期定投低成本大盘指数基金是分享中国经济增长成果的最好方式。定期定投是需要智慧才能坚持的方法。

第二节　为了孩子，定投40年

巴菲特给普通投资者的建议是，工作期间一直定期定投标准普尔500指数基金，直到退休再逐步卖出。投资者都会问：为什么要投资这么长时间？巴菲特的建议适合A股市场吗？定期定投有什么缺点呢？

为了大家庭

从开始工作到退休大约需要40年时间，巴菲特建议40年定期定投不卖出。有些人觉得巴菲特像是抠门的“葛朗台”，缺乏生活的乐趣。钱挣来不就是为了花的嘛，只投入不卖出，哪来钱去撸串、旅游？不能让青春白白过了，等年龄大了胃口不好、腿脚不利索，花钱也换不来乐趣。

过去几十年大家的日子过得红红火火，房子越来越大、车子越来越好、退休金越来越丰厚。如果只为了自己，确实看不出持续投资40年的意义。不过，中国家长放不下孩子，读书、工作、结婚……事事为孩子操心。他们总觉得离开自己孩子什么都做不好，更舍不得让孩子刚进社会就背负重担。相比之下，西方家长很少管下一代，孩子成年后就要自谋生路，大学的学费和生活费找银行贷款，毕业后再慢慢还。奥巴马为了上大学就借了好多钱，直到当总统前几年才还清。

为了孩子，很多家长实际上已经在做大额、长期的“定期定投”：买房。每个月还房贷相当于在固定周期投资固定金额。家长们选择房产作为投资标的这一点非常有眼光。过去20年，房价的涨幅远大于股票指数。虽然2008年年末、2015年年初房价有过调整，按当时的市价计算，很多人亏损惨重，但购房者坚信房价会长期上涨，无须在意短期的波动，这种长远的眼光给他们带来超出想象的巨额回报。对于房产投资者来说，长期持有完全不是问题。别说40年，70年的产权都觉得不够长。一些家庭连孙子的房产都买好了，产权证上直接登记孙子的名字。

不过，随着经济发展模式的转变，买房回报持续超过股票回报的时代已经过去了。家长们应该用买房的心态，为孩子们定期定投40年。

首先，买房门槛高。大部分刚参加工作的年轻人，每年结余有限，凑不齐首付。一、二线城市有限购政策，即使有钱也买不了房。三、四线城市无限购政策，用现金买房容易，但要想把房子卖了再换成现金就不容易。交房要等两三年，拿到产权证还要等几年，其间的冲击或者机遇难以预料。相比之下，定期定投指数基金简单易行，不限购，也不需要大额首付。

其次，买房实用性有限。家长们都希望孩子学习成绩好，能去一流大学读书。这意味着孩子可能不在家乡生活，买了房子也用不上。而指数基金可以随时出售变为现金，用以帮助孩子在大城市立足。

最后，买房对应着巨额负债。在房价猛涨的时候，一些人觉得应该多负债，买面积更大、地段更好的房产。但在房价不涨的时候，负债多的人会感受到还本付息的巨大压力。特别是一些40岁以上的中年人，经济形势好的时候拿着不菲的薪水过日子，一旦碰到外部冲击，公司生存出现问题时就可能会被裁员，以致还房贷成了家庭头号问题。不要说普通老百姓，即使是大公司掌舵人，负债多了也头痛。人不能只想着发财，也要为生活的不如意做好准备。

所以说，在可操作性、变现流动性、抗风险性上，指数基金相比房产有明显优势。

要点：用买房的心态长期定期定投指数基金。

A股不比美股差

很多投资者认为巴菲特说的方法只适合美国股市，不适合A股市场。2008年金融危机后，道指不但走出低谷，还创出新高。相比之下，A股上证指数距离6124点的历史高峰还有遥远的距离。但可以肯定地说，从长期来看，A股不比美股差！而且其历经10多年的低迷，现在恰恰是定期定投的好时期。

让我们和格雷厄姆一样，用长期数据寻找当下的机遇。格雷厄姆在《聪明的投资者》第三章，通过追溯到1871年的百年数据分析1972年的美国股市，得出了准确的结论。表1-2对比了1992年[①]到2020年年末上证综合指数和道指的表现。

表1-2 上证综合指数[②]和道指1992—2020年的表现[③]

时间	上证综合指数开盘点位	A股至2020年年末回报率	道指开盘点位	美股至2020年年末回报率
1992年	294	1081%	3152	871%
1993年	802	333%	3301	827%
1994年	838	314%	3754	715%
1995年	638	444%	3834	698%
1996年	550	531%	5116	498%
1997年	914	280%	6448	375%
1998年	1201	189%	7910	287%
1999年	1145	203%	9184	233%
2000年	1369	154%	11502	166%
2001年	2077	67%	10791	184%
2002年	1643	111%	10022	205%
2003年	1347	158%	8342	267%
2004年	1493	133%	10453	193%
2005年	1261	175%	10784	184%
2006年	1164	198%	10718	186%
2007年	2728	27%	12460	146%
2008年	5265	－34%	13262	131%
2009年	1849	88%	8772	249%
2010年	3290	6%	10431	193%
2011年	2825	23%	11577	164%
2012年	2212	57%	12221	150%
2013年	2290	52%	13104	134%

① 上证综合指数于1992年推出。
② 上证综合指数的数据来源：上海证券交易所网站，《上海证券交易所统计年鉴（2020卷）》，http://www.sse.com.cn/aboutus/publication/yearly/documents/c/tjnj_2020.pdf.pdf。
③ 上证综合指数、道指均为指数点位，回报不含分红。

（续表）

时间	上证综合指数开盘点位	A股至2020年年末回报率	道指开盘点位	美股至2020年年末回报率
2014年	2112	64%	16572	85%
2015年	3259	7%	17823	72%
2016年	3537	−2%	17405	76%
2017年	3105	12%	19873	54%
2018年	3314	5%	24809	23%
2019年	2498	39%	23059	33%
2020年	3066	13%	28639	7%
2020年年末收盘	3473		30606	

从这张表可以看出三点：

（1）A股也能赢。

如果一个人在1992年、1996年、2006年、2019年、2020年这几年投资上证综合指数，到2020年年末的收益会比投资道指高。如果一个人在1992年投资上证综合指数，到了2020年年末可以获得近11倍的收益，远超道指同期约9倍的收益。

如果说1992年太遥远，一些投资者还达不到开户的年龄条件，那么大家可以想想：2006年为什么没有投资呢？

（2）入场时点很关键。

上证综合指数战胜道指的这几年，都是熊市。例如1996年，A股开盘只有550点，比1993年的802点跌了约30%。2006年开盘也是大熊市，只有1164点，相比2001年开盘的2077点跌了差不多一半。

最有意思的是1992年。

1992年5月26日，上证综合指数最高升至1429.01点。如果在那时候买入，28年过去后，只有2倍多的回报。

1992年11月17日，上证综合指数曾跌至386.85点。如果在那时候买入，到2020年年末有7倍的收益。

相隔近半年，收益天差地别。

（3）美股也会10多年不涨。

2000年，道指开盘11502点。2007年、2008年超过该点位，但随后下跌。直到2011年后，道指才算是站稳在2000年的点位之上。这么长时间不涨，美国投资者也很郁闷。

此外，在《滚雪球：沃伦·巴菲特和他的财富人生》一书开篇的“太阳谷”部分，巴菲特还做了如下对比：

道琼斯工业平均指数

1964年12月31日：874.12
1981年12月31日：875.00

巴菲特指出同一时期美国经济发生了巨大的变化：GDP增长了370%，《财富》世界500强排行榜上的企业的销售额增长近6倍。但指数就是不涨。

由此可见，无论是中国还是美国，股票市场点位和GDP的增长并不完全同步。在一个高点之后，可能需要10年、20年，指数才能超过这个点位。虽然美国股票价格指数有近20年不涨的情况，但巴菲特依然推荐定期定投指数基金。因为股票价格指数可能会20年不涨，但不会40年不涨。

A股上证综合指数目前确实没有超过2008年的高点，但这对投资者不是坏事。这就像1981年年末的美国市场。当时悲观的美国投资者认为股市17年不涨，没有任何希望。乐观的美国投资者认为17年不涨，意味着未来的潜力不可限量。熬过漫长停滞期后，道指从四位数变成了五位数。2020年年末，道指收盘于30606点。1981年乐观的投资者会获得近40倍的收益，而悲观的投资者只有无尽的后悔。

要点：A股不比美股差，熊市投资比牛市投资好。

相信巴菲特

“廉颇老矣，尚能饭否？”这是一些投资者对巴菲特的看法。如果被安排和世界拳击冠军对战，大家会谦虚地说“我和世界冠军差得很远”，毕竟谁都不会犯傻让世界冠军狠揍自己。但如果安排一个人和巴菲特比赛投资，很多人会毫不犹豫地答应。他们认为巴菲特的黄金年代已经过去，巴菲特的投资方法太老套，不值一提。

股市有一种“让聪明人做傻事”的魔力。巴菲特盈利不是新闻，割肉IBM、牛市囤积现金、2020年第一季度巨亏才是新闻。这种选择性报道让投资者觉得巴菲特没什么了不起的，他总是在犯错误。一些“网红”贬低巴菲特，传授“短线秘诀”，声称有“内部消息”，把投资者往“坑”里带。交易者常以自己的成功对比巴菲特的错误，进而推定巴菲特的投资不如自己的操作。

按照巴菲特推荐的定期定投方法操作，已投入资金的长期回报率就是标准普尔500指数的年化收益。这个数据公开、透明，在1965—2019年期间是10%。有些人觉得10%的收益太低了，自己的投资能力肯定“秒杀”定期定投。毕竟10%仅是一个涨停板，A股市场里连续涨停的股票有很多，一年抓住一只就比定期定投好。这个“抓涨停板”的故事听起来很形象，实际上有不少难点。

（1）难抓住。

收盘后谁都知道某只股票涨停了，开盘前谁都不知道哪只股票会涨停。大部分抓到涨停板的人，靠的是运气。

（2）难盈利。

如果每抓住一个涨停板，就要付出两个跌停的代价，这种策略是不能盈利的。有人用“涨停板敢死队”的做法，在涨停价格买入股票，期望第二天接着涨停。这偶尔能够抓到一些连续涨停的股票，但大多数情况下是亏损的。

（3）难兑现。

涨停后上市公司宣布长期停牌，并在复牌后连续跌停的股票有很多。只要没卖出，抓住涨停板并不等于赚到钱。

相信巴菲特的前提是承认自己是个普通人，不能和投资领域的“世界冠军”比。马拉松世界冠军用2小时跑完全程，普通人需要6小时，世界冠军比普通人快2倍。巴菲特在一天、一个月、一年甚至十年的时间内，不能像马拉松世界冠军跑赢普通人那样击败普通投资者。不过，在长达80年的时间里，巴菲特积累了约800亿美元，少说也是普通投资者的10万倍。股市上“世界冠军”和普通人的差距之大，是体育等领域难以比拟的。

很多人自以为是“股神”，实际上是“韭菜”。每天打开股票软件看行情，但几年下来也没有勇气诚实地计算盈亏。当家人问“今年是赚了还是亏了”的时候，总是拍着胸脯说“小赚”，其实自己心里也知道未必。投资者应该每半年导出“资金流水表”，对每一只股票加总历史成交数据，计算扣除佣金、印花税、其他费用之后的盈亏。务必剔除新增资金的影响，不要把转进股票账户的工资当作炒股的盈利。这个工作类似于对自己投资业绩的“审计”，为了避免情绪干扰，建议由配偶或者其他家人来执行。不算不知道，一算吓一跳。能挣10%的年份很少，亏10%的股票很多。诚实计算自己的收益率后，大部分人会知道巴菲特的建议的价值。

要点：用巴菲特的方法赚钱，比调侃巴菲特更有意义。

定期定投的缺点

世界上没有完美的事物，投资界没有完美的方法。定期定投大盘指数基金有很多的优点，但也有明显的缺点：收益少于把握时机重仓单只股票。

巴菲特的老师格雷厄姆写的《聪明的投资者》一书，与其说是“教人投资”，不如说是“劝人不要投资”，全书90%的篇幅都在讲解投资陷阱。在该书的“导言”部分，格雷厄姆指出1929—1948年道指虽从300点跌到177点，但用定期定投的方法依然可以得到8%的收益率。

8%的收益率不错了，只是相比《聪明的投资者》一书“后记”部分中投资政府雇员保险公司（简称“GEICO①”）获取约600倍回报的案例，8%的收益率可以忽略不计。当时格雷厄姆买下了GEICO50%的股份。这一只股票的收益，超过格雷厄姆历年其他投资所有收益的总和。

回到21世纪，如果一个人在2006年上证综合指数开盘的1164点全仓买入跟踪该指数的基金，那么在2020年年末上证综合指数收盘点位达到3473点时，投资者的收益率约为200%，这还没有算这15年的分红以及分红再投资的回报。

如果用定期定投的方法，将资金平均分为三份，并在2006年、2007年、

① 参见主题2第四节“在众人恐惧时贪婪：GEICO的历程”。

2008年开盘时买入上证综合指数基金，其对应点位分别是1164点、2728点、5265点，相当于在2119点买入，那么到2020年年末依然是盈利的，但仅盈利64%，远低于在2006年开盘一次性投入的获利（表1–3）。

表1–3 定期定投案例（1）

时间	假设定投金额/元	指数点位	购买份额/份
2006年	10000	1164	8.59
2007年	10000	2728	3.67
2008年	10000	5265	1.90
总计	30000	等价买入点位：2119	14.16

说明：（1）假设指数基金份额净值等同于每年开盘时的指数点位。用“假设定投金额/指数点位”算出购买份额。

（2）3年总计投入3万元，共买入14.16份。30000÷14.16≈2119，即等价买入点位。

（3）现实中一般每月定期定投一次，且投资基金有各种成本，此处都忽略不计。

既然如此，那为啥不在股市低点“一把梭”呢？

股市不会事前在K线上贴个“这是低点”的标签。真到了低点，大部分人只想逃生不想买入。这不是因为投资者学识不够，而是因为“理性拧不过人性”。在人类数十万年的进化中，看到树林里一闪而过的动物身影，只有撒腿就跑的原始人才能活下来，理性评估风险的原始人都被动物吃光了。“遇到危险撒腿就跑”的基因已经牢牢固化在了人类的细胞里，绝大部分投资者看到股市下跌，就先卖出、再思考。事后每个人都知道熊市该投资，但事前都做不到。格雷厄姆能重仓GEICO，也是因为当时其他投资者都不看好、不敢买，只有他敢于出手。

恐惧的反面是贪婪，投资者不愿在恐慌时期买入，但忍不住在泡沫时期放手一搏。股市不会在高点贴个“泡沫明天破灭”的标签，如果在2008年第一个交易日全仓买入上证综合指数，那么到2020年年末其跌幅超过1/3。美国市场也是如此。2008年后标准普尔500指数一路迅猛上涨，12年没有大的波折，很多美国投资者急于买入指数基金，以追上股市上涨的脚步。但如果某人在2020年

2月末一次性买入标准普尔500指数基金，那么他将在3月份迎来美国股市创纪录地数次熔断，以及自己投资账户的大幅缩水。

由此可见，在未来不可预测的情况下，一次性买入对运气极好的高手而言是致富良机，对运气和能力都不足的普通投资者而言更可能是陷阱。所以巴菲特不建议普通投资者一次性把所有积蓄投入指数基金，而是推荐定期定投的方法。

要点：定期定投可以克服人性弱点，获得中庸的收益，但不能像巴菲特那样获得最大收益。

小结

普通投资者可以借鉴巴菲特的方法，用投资房产的长期心态，为孩子定期定投A股指数基金40年。

第三节 巴菲特的赌局

2007年巴菲特公开表示愿意下注50万美元，赌10年后标准普尔500指数基金能够击败任何对冲基金组合。面对巴菲特的“羞辱”，门徒基金[①]公开应战，结局是……

踢馆

看到巴菲特总是抨击对冲基金，一些对冲基金行业的大佬坐不住了。对冲基金行业的内幕重重，美剧《亿万》[②]就揭发了美国对冲基金各种违规手段：内幕消息、无人机监视、恶棍律师等。而巴菲特打的是一张明牌，就是标准普尔500指数基金，他没有让对冲基金去和自己旗下的伯克希尔比较业绩。大佬们心想：“以我的学识、才华、远见，就算打不过巴菲特本人，击败指数基金轻而易举。”

2007年7月，门徒基金的泰德（Ted Seides）正式向巴菲特致信，表示应战。但泰德不想赌太多，毕竟对手是巴菲特。他说巴菲特的年薪是10万美元，所以就压10万美元。巴菲特当时已经77岁，且赌局是10年后才见分晓，便不愿意接受10万美元这种“小金额”的赌局。

泰德既想和巴菲特比试一场，又不想输太多钱，于是拉了斯科特（Scott Bessent）等几位同事入伙。敢和巴菲特对战的人，能力都不弱。泰德在耶鲁大学师从耶鲁大学首席投资官——《机构投资的创新之路》的作者大卫·史文

---

① Protégé Partners, LLC。
② 这部美剧的英文名称是*Billions*，也被翻译为《亿万风云》。

森[①]。斯科特则在金融大鳄索罗斯[②]和做空高手查诺斯[③]的手下工作过。门徒基金自2002年7月到2007年年底的业绩是95%，同期标准普尔500指数基金的回报只有64%。对战前，门徒基金认为战胜巴菲特的可能性高达85%。

巴菲特允许门徒基金随意挑选对冲基金。可以是门徒基金自己旗下的基金，也可以是其他人管理的基金，还可以把多只对冲基金组合起来，形成“对冲基金中的基金”。也就是说，不但可以挑选“明星”，还可以组成“全明星队”。巴菲特还同意门徒基金组成5只“全明星队”，即5个“对冲基金中的基金”，来和他选择的指数基金对战。所有对冲基金都选择不披露自己的名称，因为如果输了，客户就会跑光；赢了，也不见得能够吸收大量资金。巴菲特阅读了这些对冲基金的审计报表，确保业绩真实可信。

巴菲特的选择特别简单，就是一只低成本的“先锋标准普尔500指数基金[④]”。这是指数基金传奇创始人伯格先生[⑤]打造的第一只基金，截至2020年年末，该基金费率为0.04%，规模为6369亿美元。2007年年末巴菲特选中这只基金时，费率不超过0.1%。该基金的业绩是公开信息，每日都会更新。

双方在2020年度世界首富、亚马逊老板贝索斯[⑥]投资的“长期预测”网站[⑦]公布了细节条款。该网站有很多严肃、有趣的科学猜想，大家熟悉的凯文·凯利[⑧]在该网站发布过一个预测：2060年全球总人口将少于2003年的人口。理由是教育和通信的普及，使得人类不再愿意生育。乔布斯发明苹果手机的时候，可能不会想到智能手机还有控制人口增长的功能。

---

① David F. Swensen，出生于1954年。他在管理耶鲁基金时扩大了投资范围，纳入房地产基金、新兴市场基金等投资品，稳定获得较高回报，改变了机构投资的模式。

② George Soros，成名战是狙击英镑。1997年试图干预港币汇率，巨亏后退出。

③ Jim Chanos，1957年12月24日出生，他的成名战是做空安然（Enron）。

④ Vanguard 500 Index Fund Admiral Shares，该基金详细信息请见：https://investor.vanguard.com/mutual-funds/profile/vfiax。

⑤ 关于伯格的传奇经历，请见主题1第一节中“指数基金的崛起”部分。

⑥ Jeff Bezos，出生于1964年1月12日，2020年世界首富。

⑦ longbets.org.

⑧ Kevin Kelly，简称KK。出生于1952年8月14日，著有《失控：机器、社会与经济的新生物学》（*Out of Control: The New Biology of Machines, Social Systems, and the Economic World*）、《必然》（*The Inevitable: Understanding the 12 Technological Forces That Will Shape Our Future*）、《科技想要什么》（*What Technology Wants*）。

在网站上，巴菲特简洁地说明了他选择指数基金的理由[①]：

“很多非常聪明的人自认为能够取得超越股票市场平均回报的业绩。他们被称为主动投资者。

“他们的反方，被动投资者，顾名思义，指的是只求获得平均回报的人。被动投资者持有的仓位，基本与指数基金相同。因此，扣减掉被动投资者的回报后，主动投资者作为一个整体，其回报还是市场平均水平[②]。但这些主动投资者需要承担大笔的管理费、巨额业绩报酬，以及活跃交易的佣金税费成本。扣除这些成本后，主动投资者的收益一定会低于被动投资者。

“加总年费率、超额业绩费率、主动交易成本后，主动投资者的成本如火箭般上升。对冲基金中的基金[③]加大了这种成本，因为他们是在已经收取了高昂费用的对冲基金的基础之上，又收取了一道费用。

“很多聪明人都运营对冲基金。但在很大程度上，他们的努力被互相抵消，他们的智商不值得投资者向他们支付那么高的费用。平均来看，投资者长期持有低成本的指数基金，会好于选择对冲基金中的基金。”

所以，巴菲特认为：从2008年1月1日到2017年12月31日这10年，标准普尔500指数基金扣除费率、成本后的累积业绩会高于由对冲基金组成的基金。

要点：巴菲特用指数基金迎战对冲基金。

开局不利

2008年是打赌的第一年，在美国次贷危机的冲击下，巴菲特和门徒基金的组合都大幅下跌。巴菲特选择的指数基金下跌最多，达到惊人的－37.0%。门

① 巴菲特的观点可见《2016年致股东的信》，此处为作者根据巴菲特原文意译所得。全书有多处翻译，部分内容较原文有调整、删减。正反双方的观点请见：http://longbets.org/362/#adjudication_terms。

② 这句话可以这么理解：假设中国男性平均身高是170厘米（市场总体回报），那么扣减掉身高是170厘米的男性后（被动投资者的回报），剩余男性的平均身高（主动投资者的回报）还是170厘米。

③ funds of hedge funds，指投资一组对冲基金的基金。

徒基金的5个基金组合都击败了巴菲特选择的指数基金，最好的基金组合A比指数基金少跌了约20%（表1-4）。

20%是一个非常大的差距，标准普尔500指数基金长期年化回报率约为10%。被甩下20%，意味着落后了2年。在10年对决中落后了2年，很多人认为巴菲特难以翻盘。

表1-4　巴菲特惨淡开局①

基金名称	2008年回报
基金组合A	－16.5%
基金组合B	－22.3%
基金组合C	－21.3%
基金组合D	－29.3%
基金组合E	－30.1%
标准普尔500指数基金	－37.0%

门徒基金在“长期预测”网站上写道：“对冲基金既能做多又能做空，所以对冲基金不仅追求战胜指数基金，更追求无论市场如何都获得正回报。传统追求战胜指数基金获得相对回报的投资者，在熊市中只是希望亏得比指数基金少些，对冲基金不能接受这种观点。对于对冲基金来说，成功意味着在艰难时刻大幅战胜市场，在市场最好的时候收益率略低于指数基金。历经整个牛熊周期，顶级对冲基金经理将获得扣费后超越市场的回报，同时承担较低的风险。我们相信这种情况将会持续。”

虽然对冲基金力争“无论市场如何都获得正回报”，但从实际表现来看，这和普通人买彩票时说自己“力争中奖”一样。可能性有，但并不大。这5个对冲基金组合在熊市照跌不误，其中4个组合的跌幅超过20%。

指数基金熊市下跌幅度大的核心原因，是指数基金一直将全部资金投资于股票。即使是在熊市中，指数基金也不会减少股票持仓量、提高现金的比例。一些投资者可能会疑惑，明明看到股市在下跌，为什么就不能减仓呢？因为世界上没有完美的金融产品，只有通过鲜明的特色，满足投资者的特定需求，才能

① 数据来源：巴菲特《2017年致股东的信》。

在竞争残酷的金融市场中生存下来。指数基金一直满仓，完美地满足了两类投资者的需求：①长期看好股市，坚定满仓持有股票的投资者；②在熊市中抓反弹做波段的投资者。

指数基金在熊市中跌幅大，这不是好事，但也不完全是坏事。对于采取定期定投策略的长期投资者来说，指数基金跌得多有时是一种优势。请看下面这个案例，假设我们每年都用100元现金买入基金份额。如表1–5所示，第一年指数点位是2000点，每份基金净值是2元；第二年指数大跌50%到1000点，每份基金净值变成1元；第三年又回升到第一年的水平。三年下来共投入300元，获得200份基金份额。第三年的每份基金净值是2元，200份基金价值400元。这时候指数点位与第一年持平，但投资者投入的300元已经升值到400元！

表1–5 定期定投案例（2）

时间	假设定投金额/元	指数点位	每份基金净值/元	购买份额/份
第一年	100	2000	2	50
第二年	100	1000	1	100
第三年	100	2000	2	50
总计	300			200

只要指数长期是上涨的，熊市就并不可怕，反而很可爱。投入熊市中的钱，能更多地变成基金份额。表1–5中份额的增长主要来自第二年，在指数基金大跌50%的时候，同样金额购买的份额增长了1倍。在第一年、第三年，投入100元只能买到50份，而在第二年可以买到100份。如果用买房子做比喻，同样是100万元，在2008年熊市可以买100平方米，在2017年牛市只能买50平方米，当然是在2008年熊市的时候买合适。

要点：熊市里指数基金跌得多，定期定投买到的份额也多。

大获全胜

在电影里，主角通常在倒计时最后一秒击败反派。在现实生活中，赢家往往一直保持较大优势。巴菲特在《2017年致股东的信》中披露了各组合历年业绩，其中巴菲特选择的指数基金大胜对冲基金。如表1-6最后一列，巴菲特选择的先锋标准普尔500指数基金10年累积回报率为125.8%，10年年化回报率为8.5%。2013年上涨了32.3%，冠绝所有对手。

虽然对冲基金组合在2008年的熊市中取得了极大的领先，但在牛市中，其表现非常糟糕。在2009年、2013年、2017年这三个标准普尔500指数基金涨幅超过20%的年份里，没有任何对冲基金组合战胜该指数基金，一些对冲基金组合的业绩甚至不到该指数基金的一半。如果仔细看这5个对冲基金组合的收益，你会发现除了2008年，随后9年中5个对冲基金组合的回报基本都低于该指数基金。

表1-6 巴菲特大胜[①]

时间	基金组合A	基金组合B	基金组合C	基金组合D	基金组合E	标准普尔500指数基金
2008年	－16.5%	－22.3%	－21.3%	－29.3%	－30.1%	－37.0%
2009年	11.3%	14.5%	21.4%	16.5%	16.8%	26.6%
2010年	5.9%	6.8%	13.3%	4.9%	11.9%	15.1%
2011年	－6.3%	－1.3%	5.9%	－6.3%	－2.8%	2.1%
2012年	3.4%	9.6%	5.7%	6.2%	9.1%	16.0%
2013年	10.5%	15.2%	8.8%	14.2%	14.4%	32.3%
2014年	4.7%	4.0%	18.9%	0.7%	－2.1%	13.6%
2015年	1.6%	2.5%	5.4%	1.4%	－5.0%	1.4%
2016年	－3.2%	1.9%	−1.7%	2.5%	4.4%	11.9%
2017年	12.2%	10.6%	15.6%	/	18.0%	21.8%
10年累积回报率	21.7%	42.3%	87.7%	2.8%	27.0%	125.8%
10年年化回报率	2.0%	3.6%	6.5%	0.3%	2.4%	8.5%

是不是门徒基金选的基金管理人能力太弱呢？巴菲特描述了门徒基金的做法。这5个对冲基金组合投资了超过200只对冲基金，每只对冲基金由一位或者数位投资经理管理。在长达10年的比赛周期中，每个对冲基金组合都不断加入

① 数据来源：巴菲特《2017年致股东的信》。基金组合D于2017年清盘，所以，该基金组合的累积回报率和年化回报率均为截至2016年的9年时间的数据。

新的明星基金，淘汰历史业绩不好的基金。这是一个数百人的精英群体，他们智力超群、极度自信而且像打了肾上腺素一样追求成功，绝对不是无能之辈。

这些对冲基金经理、对冲基金组合经理均收取高昂的激励费用，理由是激励越高投资经理越有动力付出，投资者的回报才越好。但其实大部分业绩来自大盘整体的上涨。以表1–6中的“基金组合D”为例，该基金组合9年来给投资者的年化回报率只有0.3%，还不如银行的活期存款利率。但这9年间，投资者平均每年需支付基金净资产2.5%的费用，费用约是回报的8倍。和巴菲特的对战还没结束，该基金组合就因为业绩差、收费高清盘了。

美国的金融市场有太多的环节，每个环节都从投资者的腰包里掏出一点钱。投资者先找到投资顾问，投资顾问推荐对冲基金中的基金，后者再把钱分配到各个对冲基金，对冲基金再收取高昂的固定费率、业绩提成，同时在频繁的交易中投资者还要向证券公司付手续费，所以投资者的整体回报远不如指数基金。明星基金的业绩如流星般耀眼，又如流星般消失，只有费率是不能免的。正如羊毛都出在羊身上，购买对冲基金的投资者就是那只“羊”。

要点：从长期来看，对冲基金不如指数基金。

多赚100万

在“长期预测”网站上，大家会发现捐赠给巴菲特指定慈善机构“奥马哈女孩[①]”的金额不是100万美元，而是2222278美元。这个有零有整的数字是怎么来的呢？

对于10年后的赌局，重要的是保证到期后对方不赖账。哪怕个人发生意外或者公司解散，都要保证拿到钱。所以，赌局开始前巴菲特和门徒基金各出资318250美元购买了年化利率为4.56%的美国国债。这相当于双方合计出资636500美元开了个“十年期定期存款账户”，2017年到期后，这个账户不多不

① Girls Incorporated of Omaha.

少正好有100万美元。

随着美联储大肆印钞票，美国金融机构拿着天量现金购买任何能够产生收益的资产，美国国债的价格大幅上涨。2012年11月巴菲特发现债券价格已经涨到了957000美元。换言之，在剩下来的5年时间内，这些债券的年收益率只有0.88%。

巴菲特极度节俭，股市跌了第二天早餐只吃2.61美元的麦当劳汉堡，股市大涨才吃3.17美元的麦当劳汉堡。他最不能接受的事情就是钱不能变成更多的钱，0.88%的收益率是他绝对不能接受的。因此，他提议用这些钱购买自己旗下伯克希尔的股票。门徒基金当时各组合的业绩虽然都低于标准普尔500指数基金，但还有获胜的希望。他们担心万一到期时遭遇2008年那样的金融风暴，伯克希尔股票的价格大跌，那就不足100万美元了。

巴菲特承诺，如果到期时有亏损，他个人掏腰包弥补差额。门徒基金这才同意将原来持有的美国国债卖出，换成11200股伯克希尔B类股票。巴菲特敢承诺自掏腰包是有底气的，伯克希尔每年都在用盈利再投资，5年后该股票大概率是上涨的。

巴菲特不知道未来1天、1个月、1年股价的变化，但对股票的长期价值看得很准。在2008年年初到2012年11月这5年，双方投入63.65万美元购买的美国国债升值到95.7万美元。在此后的5年，95.7万美元购买的股票升值到222万多美元。2012年从美国国债换成伯克希尔的股票，让慈善捐款账户多挣了122万多美元，这够巴菲特吃近40万天的汉堡，相当于1000多年的早餐。

有些投资者最大的问题不在于激进，而在于太保守。一些大型金融机构的工作人员，亲眼见过几千万元的融资大户在股市里被强制平仓，分文不剩还倒欠一屁股债。所以他们虽然从事投资方面的工作，但在个人投资上极度保守，只买货币基金和银行低风险理财产品，从来不买指数基金。这相当于接受0.88%的年收益率，而放弃5年翻倍的机会。避开了陷阱，也错失了机遇。从长期看，用家庭财富的一部分资金定期定投大盘指数基金，是很有必要的。

要点：把国债换为股票，巴菲特获得了巨大收益。

小 结

巴菲特选择的低成本指数基金，大胜“精英们”收取高费率的对冲基金。

第四节 定期定投常见问题

“定期定投”和“好好学习”一样，极为简单又极难坚持。

简单，却不易坚持

巴菲特说过：“习惯的枷锁开始是如此之轻，以至于难以察觉。后来又是如此之重，以至于难以挣脱。[1]”不要说定期定投40年，即便是坚持2年以上的投资者，也大多是因为设置定期定投后忘了，而不是记得坚持。

对于一些人来说，坚持定期定投会让他们感到说不出来的难受，最终只好作罢。这并不是一件坏事，对于擅长投机的人，不让他投机就是浪费其才华，例如《股票大作手回忆录》的作者利佛摩尔[2]。每个人都要找到与自己个性匹配的投资方式，下面两类投资者就不适合定期定投。

第一，爱比较的人不适合定期定投。

如果想用定期定投获得过去10年房产投资收益，那么就不用往后阅读了。过去10年，一线城市房价的涨幅稍高于标准普尔500指数基金，考虑到买房只需要首付三成，买房获得的收益是标准普尔500指数基金的3倍多。更关键的是，中国房价没有大幅下跌过。如果要求猛涨，定期定投没有办法实现。

巴菲特认为投资的关键不是看别人赚了多少钱，而是关注自己的投资品。就像世界杯足球赛，运动员要盯住的不是比分牌，而是球场上的足球。如果想复制过去10年投资房产的收益，可能会承担过高的风险，也可能错过身边的机会。

---

① The chains of habit are too light to be felt until they are too heavy to be broken.
② Jesse Lauriston Livermore，1877年7月26日—1940年11月28日。

对于此前没有股市投资经验的人来说，即使采用定期定投的方法，刚开始也要把投资金额缩减到亏光都不心疼的水平。有的投资者刚卖了一套房，资金量充足。赶上一轮牛市，觉得定期定投这个方法不错，就将卖房资金分为10份，计划逐月投入。结果投入第一笔后就碰上大跌，一天亏的钱相当于好几个月的工资。这个时候投资者会很脆弱，从而对定期定投极为不信任。

第二，没有耐心的人不适合定期定投。

定期定投讲究长期投资，通过时间的累积获得复利。中国市场日换手率太高，根据上海证券交易所的统计[①]，2019年股票的换手率为158%，其中科创板为1225%。也就是说，上海证券市场股票平均每7.5个月换手一次，科创板不到一个月就换手一次。这么短的时间，定期定投是看不出效果的。

从上一节的表1–6可以看到，巴菲特选的指数基金第一年输给所有对冲基金组合，累积到第二年也不算赢家，直到第三年年末才扬眉吐气。如果只给巴菲特7.5个月的时间，他也赢不了。

“定期定投”和“好好学习”一样，需要与人的个性匹配。有的学生紧追时尚潮流，从着装到发型都是流行款；有的学生天赋异禀，在学校里就能赚到同学的钱；有的学生马马虎虎，上课还琢磨着电子游戏。时尚的孩子可以当“网红”，精明的孩子适宜经商，琢磨游戏的孩子可以做游戏产品经理，每个人都有自己的机会。

要点：“定期定投”需要与人的个性匹配。

不定投个股

有些朋友坚持定期定投，但不投指数基金，只投优质股票，例如贵州茅台。巴菲特只推荐了定期定投标准普尔500指数基金，没有推荐过定期定投任何一只优质股票，哪怕是伯克希尔。巴菲特这样做，是因为定期定投大盘指数

① http://www.sse.com.cn/market/stockdata/overview/yearly/.

基金相较于定期定投单一股票有一个极大的优势：分散风险。

股市事后回顾极其简单，事前预测极其复杂。物理学家可以精准预测卫星轨道，医学专家能够发明特效药，但金融学教授并不知道明天市场是涨还是跌。追溯过去，定期定投贵州茅台、五粮液、格力电器等优质个股的长期回报远远好于指数基金。但要说未来几十年定期定投股票能100%跑赢大盘股票指数基金，也未必。

可口可乐是深受全球人民喜爱的商品，经济繁荣的时候人们喝可乐庆祝，经济萧条的时候人们喝可乐解忧。但从时段来看，可口可乐仅在2006—2011年出现金融危机的时段大胜指数基金，其他时段都不如指数基金。在2001年年末至2020年年末的19年里，可口可乐股价表现比标准普尔500指数基金低不少（见表1-7）。如果用可口可乐的表现预测A股，则可知这几年一些消费类公司的表现虽抢眼，但未来20年、40年未必能战胜沪深300指数。

表1-7 可口可乐和标准普尔500指数基金对比表①

时间	可口可乐	标准普尔500指数基金
2001—2006年	15%	35%
2006—2011年	68%	-1%
2011—2016年	38%	98%
2016—2020年	50%	81%
累积回报率	300%	379%

有的投资者会说选可口可乐不对，要是定期定投亚马逊，回报秒杀标准普尔500指数基金。回头看都知道亚马逊比可口可乐回报高，但互联网泡沫破灭的时候，亚马逊能否活下来都不确定。投资者没有能穿越到未来的机器，不能提前几十年把高于指数基金回报的股票选出来。定期定投指数基金，回报有长期历史业绩支持，是一个可以接受的中庸选择。

要点：定投个股风险集中。

① 数据来源：可口可乐2006年、2011年、2016年、2020年10-K年报。

不调仓

大部分人会想："市场上有涨的基金，有跌的基金，巴菲特就一直推荐标准普尔500指数基金？从来不换？"

巴菲特就只推荐标准普尔500指数基金，不建议[①]投资者根据短期情况动态调整所投资的基金。

定期定投的方法实在是太简单了，一些书籍介绍完定期定投的基本理念后，提出要根据市场情况调整基金品种。例如，股票成交活跃的时候，定投证券行业指数基金；科技行业起飞的时候，定投科技行业指数基金。

这个方法看起来很有用，但实际上只会把投资者搞晕。事前发掘出能跑赢大盘的基金，和事前发掘出能跑赢大盘的股票一样困难。大家可以观察一段时间，看专家推荐的基金有多少次能够击败沪深300指数基金。"有效市场"研究早就表明，不冒更大的风险，想要击败指数基金几乎是不可能的。

用40年时间定投一只基金看起来很简单，实际上很难坚持，像面壁一样困难。《笑傲江湖》里令狐冲所受的极残酷的惩罚，就是面壁。没有外部事物分散注意力，只是面对自己。"面壁"时人会心生无数杂念。例如，幻想自己要是买了特斯拉股票，几个月就发达了；或者抄底买套房，早就实现财务自由了。这时要"外不着相，内不动心"，只有不在意外界个股涨跌，才能控制内心的贪婪和恐惧。我们只是这个时代的普通人，不可能重仓押注牛股一夜暴富，但可以定期定投分享中国优秀公司的回报。

要点：定期定投像面壁一样，简单却难以坚持。

不择时

有一种看起来匹配价值投资理念的"优化"定期定投方式：指数高时少

① 本书大部分"巴菲特不建议做某事"的意思是，巴菲特在公开场合表述过相反或者不同的意见，据此推断巴菲特不建议采取某种行为，而不是巴菲特在公开场合说过不要做某事。

投甚至不投，指数低时加大投资金额。这种方法最大的问题在于，大多数人对长期“高点”估计得太保守。举例来说，有这么一个指数，1958年年底收于583.65点。投资大师格雷厄姆当时明确表示市场太贵了。[①]他不是说一套做一套的人，没有喊着看空实际在抄底，而是直接把自己管理的基金解散了。假设穿越到1958年，你会把减少定期定投金额的“高点”设置在哪个点位？

22年后，该指数在1980年年末收于963.99点。这段时间年末收盘最低点就是1958年的点位，最高点是1972年的1020.02点，最高点没有超过最低点的2倍（表1–8）。如果穿越到1980年年末，你会把定期定投的“高点”设在什么点位？会不会设在最高点的2倍，即2040.04点？

表1–8　某指数历年年末收盘点位[②]

时间	年末收盘点位	时间	年末收盘点位
1958年	583.65	1970年	838.92
1959年	679.36	1971年	890.2
1960年	615.89	1972年	1020.02
1961年	731.14	1973年	850.86
1962年	652.1	1974年	616.24
1963年	762.95	1975年	852.41
1964年	874.13	1976年	1004.65
1965年	969.26	1977年	831.17
1966年	785.69	1978年	805.01
1967年	905.11	1979年	838.74
1968年	943.75	1980年	963.99
1969年	800.36		

该指数其实就是道琼斯工业平均指数，表1–9显示了后续年度该指数的点位。对比道指的实际点位和自己心里所设的“高点”，很多人会发现自己大大低估了该指数的涨幅。预设不投或者少投的点位太低，错过了复利后期威力最强的阶段。

① 格雷厄姆的观点可见《普通股领域新的投机》（*The New Speculation in Common Stocks*），该文是格雷厄姆1958年5月的演讲。全文请见《聪明的投资者》第4版附录4。

② 数据来源：https://us.spindices.com/indices/equity/dow-jones-industrial-average。

有读者认为“点位是死的、人是活的”，指数突破了可以调高设定的点位。但如果指数一突破点位就调高上限，那么设置减少定投金额的点位就没有意义。更不利的是，人有“自我保护”的心理，不愿意承认自己错了。当指数突破自己设定的“高点”时，一些投资者不会认为自己错了，而是认为市场太疯狂，等着回调。一等几十年过去了，指数从未回到期望的点位。巴菲特要是迷信格雷厄姆1958年的市场高估论，在当时收手，现在可能连纽约的房子都买不起。

表1-9　道琼斯工业平均指数年末收盘点位①

时间	年末收盘点位
1985年	1546.67
1990年	2633.66
1995年	5117.12
2000年	10786.85
2005年	10717.5
2010年	11577.51
2015年	17425.03
2020年	30606.48

要点：不要猜测指数的高点和低点。

上证50、沪深300、中证500对比

少数投资者认为A股市场与标准普尔500指数对标的是“中证500指数”，因为两者都是“500”。但中证指数公司在官网②的介绍中明确指出：“中证500指数由全部A股中剔除沪深300指数成份股及总市值排名前300名的股票后，总市值排名靠前的500只股票组成，综合反映中国A股市场中一批中小市值公司的股票价格表现。”这段话明确表明，中证500指数反映了“中小市值”公司

① 数据来源：https://us.spindices.com/indices/equity/dow-jones-industrial-average。
② http://www.csindex.com.cn/zh-CN/indices/index-detail/000905.

的股票价格表现。2021年1月，中证500指数成份股平均市值218亿元，只有沪深300指数成份股平均市值1489亿元的1/7左右。

金融学上有研究表明，中小盘基金的长期表现优于大盘指数基金，代价是中小盘基金的长期波动率高于大盘指数基金。如果负责投资的是计算机，在下跌时不受恐慌影响，那么定投中小盘基金可能获得较高收益。但实际上做定期定投的是有感情的人，在冲击中难免会产生恐慌。2020年第一季度，跟踪中小盘的罗素2000指数（Russell 2000 Index）从1715点跌到966点，下跌了约44%，大部分跌幅发生在3月。投资者担心小公司在疫情冲击下会破产，纷纷卖出。相比之下，标准普尔500指数的跌幅小得多。因为苹果、可口可乐、沃尔玛这些成份股拥有大量现金储备，持续经营是没有问题的。对于普通投资者来说，应尽量避免惊心动魄的“跳水”。大盘指数基金比中小盘基金的波动小，更适宜定期定投。

巴菲特推荐了标准普尔500指数，但他不会说A股应该选上证50指数还是沪深300指数。对这两个指数的选择，是投资者比较纠结的问题。根据上证50ETF①（510050）和易方达沪深300ETF②（510310）两只基金的2020年年度报告，可以得到如下数据（表1-10）。

表1-10　上证50ETF和沪深300ETF对比表（截至2020年）

阶段	上证50指数收益率	沪深300指数收益率	510050基金收益率	510310基金收益率
过去一年	18.85%	27.21%	20.64%	30.56%
过去三年	27.28%	29.28%	33.74%	38.45%
过去五年	50.39%	39.68%	64.53%	55.69%
自基金合同生效起至今	331.47%	98.69%	471.03%	136.87%

首先，这两只基金的长期收益率均高于美国标准普尔500指数的长期收益率。根据基金合同生效日期和最后一行“自基金合同生效起至今”的收益率，可以算出上证50ETF16年来的年化收益率为11.5%，易方达沪深300ETF近8年的年化收益率为11.7%。两只基金的收益率均高于美国标准普尔500指数（含分

① 基金合同生效日为2004年12月30日。
② 基金合同生效日为2013年3月6日。

红）1965—2020年10.2%的年化收益率。而且两只基金的收益率已经扣除基金费率，而美国标准普尔500指数的收益率未扣除任何费用。

其次，这两只基金的收益均高于基准指数。上证50ETF自成立以来的累积收益率为471.03%，同期上证50指数的收益率为331.47%。16年间基金收益高出指数110.31%，相当于每年获得2%的超额收益率。对比过去1年、3年、5年的数据，可以发现这种收益是稳定、持续的。相比之下，跟踪标准普尔500指数的基金，净值收益率普遍低于基准指数，差额为基金费率。

最后，两只基金的长期收益率，均高于同期绝大部分银行理财和储蓄型保险的收益率。两只基金的长期收益率都超过10%，银行理财和储蓄型保险的长期收益率极少能达到10%的水平。上证50ETF“过去五年”的收益率高于易方达沪深300ETF，但在“过去一年”和“过去三年”，易方达沪深300ETF的收益率高于上证50ETF。对于上证50和沪深300两个指数，很难预见未来40年哪个指数会有更好的回报。但是基于中国经济势不可当的长期增长趋势，有理由相信以股权为投资品的大盘股票指数基金的回报，将高于大多数以债权为投资品的理财产品的回报。

笔者分析这两只基金的数据，并不是推荐这两只基金，而是用案例说明A股指数基金长期表现并不逊于美国指数基金。A股市场有丰富的指数，主要指数又有多只指数基金。投资者需要自己分析各指数、各基金的特点，选中适合自己长期定投的目标。定期定投像是漫长而波澜不惊的婚姻，别人推荐的未必是自己的“心头好”，只有自己看中的才能长期不离不弃。

要点：A股指数基金的长期表现不逊于美国指数基金。

大波段操作

有些投资者认为应该做个牛熊大波段：平时定期定投，在牛市高点附近卖出，在熊市低点重新开始定期定投。例如在美股2008年崩盘前卖出，2009年股市到底部时恢复定期定投，2020年年初再卖出。

巴菲特的老师格雷厄姆在《聪明的投资者》第8章回顾了1897—1949年的10个完整市场周期，即“熊市最低点”到“牛市最高点”再到“熊市最低点”的过程。发现指标范围太宽泛，难以应用在实战中。

第一，时间不确定。6个周期在4年内，4个周期在6～7年之间。另有一个，1921—1932年间著名的“新时代”周期，持续了11年。没办法用固定的时间间隔来做波段。对于A股来说，2001年是牛市，2007年又是牛市，中间相差6年。很多人就想2013年会不会是个牛市，结果直到2015年才出现一个短暂的牛市。

第二，幅度不确定。“牛市最高点/熊市最低点”的比例为44%～500%，其中大多数为50%～100%。例如一直定期定投，当此比例从底部涨到50%时卖还是不卖？假如不卖，涨到100%的时候，大部分人都会以为牛市就要结束了，下决心清仓等熊市，结果股票价格指数可能又涨了100%。

第三，其他迹象不好把握。

格雷厄姆总结了牛市的一些其他特点：

（1）价格达到历史最高水平。

（2）市盈率很高。

（3）相比债券，股息收益率较低。

（4）大量保证金交易。

（5）有许多质量较差的首次公开募股（IPO）。

这些描述都很有道理。问题在于“最高”“很高”“较低”“大量”“质量较差”这些特点，事后看很清楚，事前没有明确的指标。

即便识别大波段极度困难，有些人依然认为巴菲特“只买不卖”的做法剥夺了投资的乐趣，40年看着基金净值上下起伏却什么都不做太痛苦了，必须做一把大波段。对于存在这种想法的人，首先，还是建议他相信巴菲特，放弃做波段的想法。其次，如果在牛市成功逃顶，那么在熊市到来时要重新开始定期定投。

要点：做大波段很难。

小结

定期定投大盘指数基金是一种极为简单但很不容易坚持的投资方式。巴菲特没有提过定投个股、定投行业基金、动态选择基金、定期不定额等方式。上证50指数和沪深300指数各有特色，其长期收益都超过大部分固定收益产品。

第五节 闲谈篇：快问快答

适用范围

问：为什么要定期定投?

答：这是普通人长期获得较好收益的实用方法。简单易懂、操作方便、有长期数据支持。

问：定期定投适合所有人吗?

答：巴菲特认为不是所有人都适合投资股市。虽然定期定投的操作方法不难，但保持长期稳健投资的心态非常难。

有些投资者难以适应股市波动，可能在股市低迷时期卖出指数基金份额，因此不适合定期定投。对于这类投资者，国债、定期存款等到期收益确定的投资品更合适。

有些投资者要求几个月内看到回报，也不适合定期定投。

问：定期定投可以用于所有资产吗?

答：定期定投不是万能药，仅对少数投资品有效，巴菲特只推荐了标准普尔500指数基金。定期定投彩票不能致富，投资国家明令禁止的“虚拟货币”更不可能致富。

定投细节

问：定期定投指数基金好，还是自住之外再买一套房好？

答：一般这类提问的人早有自己的选择，自己的钱自己做主。

问：定期定投最需要避免的是什么？

答：借债投资。只要借债投资，40年中至少会有一次冲击，把所有钱亏光。

问：现在开始定期定投是不是已经晚了？

答：最好的年龄是18岁，其次是现在。

问：定期定投里的“定期”，是指“一天”“一周”还是“一个月”？

答：一般根据获得新资金的周期来定。对于大部分人来说，可在每个月获得工资后，将部分资金投入指数基金。

缩短定投周期，例如将每月投资改为每周投资，从40年的长周期来看对最终收益率的影响不大。对于绝大部分人来说，问题在于能否坚持40年，而不是选择“每月”还是“每周”定投。

问：定期定投里的“定额”，是指按时投入“固定金额”，还是“固定份额”？

答：“定额”是指固定金额。

固定金额有“自动平衡”的作用，股市高涨的时候买的基金份额少，股市低迷的时候买的基金份额多。这就好比我们在打折的时候多买些米面粮油，价高的时候少买些米面粮油。

相比之下，固定份额相当于在股市高涨的时候多投入金额，股市低迷的时候少投入金额。类似于不论价格高低，每个月固定购买等量米面粮油。

问：投入金额和收入的比例如何确定？

答：巴菲特对股市有很强的信心，认为留足每月必要开支、应对疾病等冲击的现金后，可以将剩余资金全部投入标准普尔500指数基金。

相比之下，巴菲特的老师格雷厄姆比较保守。他认为在留足必要资金后，可以将剩余的钱一半投入股市，一半投入国债等固定收益产品。

此处的收入是指长期稳定的收入，不算卖房所得、拆迁款等一次性收入。

问：春节前一次性获得的大笔年终奖该怎么处理？

答：可以分散到后续12个月逐步投入。

如果不投资就会花光，那么可以加快年终奖的投资节奏，例如分散到6个月内投入。

问：即使工资涨了、收入提高了，定期定投的金额也不能变吗？

答：应该随着收入的提高而增加定期定投的金额。万一收入下降也可以减少、停止定期定投，或者卖出已投资的份额补贴急用。

问：此前主要买房、买银行理财产品，从未定期定投过指数基金，首次应该投入多少资金？

答：最好坚守在自己擅长的领域，不一定要进入股市。

首次进入股市一定要谨慎，建议投入即使亏光也不心疼的资金量。常有投资者在入市前认为自己可以承受波动，首次买入金额过高，下跌后出现失眠的情况。

投资与健康

问：定期定投出现严重亏损，怎么办？

答：首先，检查投资品。定期定投的是大盘股票指数基金？还是投机类资产，甚至是国家禁止的现金贷、虚拟货币？

其次，检查投资方式。是否向亲朋好友借钱投资，使用融资融券等工具？是长期投资，还是只想赚笔快钱？

如果你是长期定期定投大盘股票指数基金，且没有负债，就不用担心短期下跌。在大萧条期间，即便道指跌了90%，定期定投20年依然有8%的年化收益率。一是因为低点买入的份额多，二是因为分红回报率极高。

问：股市下跌，定期定投产生了亏损，一想到这件事就睡不着觉。怎么办？

答：在已经睡不着觉的情况下，应该立即停止定投，同时把已经投资的总份额卖出1/2。如果还睡不着，就再卖1/2的份额。一直卖到能安稳睡觉为止。

问：不是说定期定投贵在坚持吗，怎么还要卖出？

答：身体健康是第一位的。已经睡不着觉了，就不要在意投资回报了。

问：如果卖了，未来大涨怎么办？

答：先保证正常睡眠。留得青山在，不怕没柴烧。

预期收益

问：坚持1年定期定投，能保证账面不亏损吗?

答：不能。如果指数持续5年下跌，那么有可能定期定投5年都是亏损的。当然，如果出现这种情况，其他基金和股票基本也是亏损的。

巴菲特建议定期定投，不是因为绝对不会亏损。而是因为在宏观经济长期增长的情况下，有较大可能长期获得可观回报，例如投资标准普尔500指数基金在1964—2020年间可获得约235倍的回报。

问：定期定投10年能获得10倍回报吗?

答：实现的可能和买彩票中大奖的可能一样低。10年10倍，30年就是10×10×10=1000倍。现在投1万元，30年后有1000万元。巴菲特能做到，但不太可能人人都有这么高的回报。

问：万一定投40年股市一直不涨，那不就白投资了?

答：只要中国经济保持持续增长，40年后股市不涨的可能性就不大。美国股市有滞后经济增长20年的情况，也有超过经济增长20年的情况，但没有滞后经济增长40年的情况。

问：定期定投到底能有多高的回报?

答：股票类产品没有“承诺回报”，只能根据长期历史业绩估测。

从历史业绩来看，美国标准普尔500指数基金在1965—2020年间的长期年化回报率为10.2%，中国时间最长的ETF“上证50ETF”（510050）在2004—2020年间的年化回报率为11.5%。

定期定投的资金不是一次性投入的，计算回报率时应该考虑资金投入的年限。部分资金投入了10年，部分资金只投入了1天，不能期待投入1天的资金和投入10年的资金获得同样的回报。

问：定期定投的回报就是基金净值的增长吗？

答：大多数指数基金会分红。除了净值增长之外，还有分红的回报。

建议定期定投时选择“分红再投资”，让钱生钱。

■ 相信巴菲特

问：听说巴菲特水平很低，2020年第一季度亏了约500亿美元，是真的吗？

答：巴菲特控股的伯克希尔在2020年第一季度亏了近500亿美元，这是真的。巴菲特历史上还有很多亏损，例如他数次投资航空股都大幅亏损。

至于相信他还是不相信他，取决于投资者的眼缘。第一眼就不信任他的人，看再多数据和案例，有可能还是不会相信他。

问：能否结合A股市场实际改进下巴菲特定期定投的方法？

答：100%相信巴菲特比98%相信巴菲特的投资者更容易坚持。

有些时候只想做2%的“优化”，但做着做着就完全变样了。

问：定期定投债券型基金如何？

答：由于“留存收益再投资”可以获得复利，股票长期回报高于债券①。

① 参见主题1第一节的“股票长期战胜债券”部分。

对于几十年的长期投资来说，还是选择低成本大盘股票指数基金比较好。

问：纳斯达克指数在2020年的表现明显强于标准普尔500指数，A股创业板指数相当于纳斯达克指数，是否应该定期定投A股创业板指数？

答：纳斯达克指数和A股创业板指数差异很大。2020年年末纳斯达克指数前三大权重股是苹果、微软、亚马逊，这三家是全球市值排名前三的公司。同期，A股创业板指数并没有覆盖中国市值排名前三的公司。

问：定期定投行业基金如何？

答：巴菲特没有推荐过行业基金，不论是消费行业、医疗行业，还是科技行业。从美国的情况来看，必需消费品行业指数（The Consumer Staples Select Sector Index）就输给了标准普尔500指数（S&P 500 Index）（表1-11）。

表1-11　必需消费品行业指数与标准普尔500指数年化收益率对比[①]

（截至2020年12月31日）

指数类型	1年	5年	10年
必需消费品行业指数（税费前回报）	10.29%	9.04%	11.88%
标准普尔500指数（税费前回报）	18.40%	15.22%	13.88%

问：选择“增强型”指数基金，获得比指数更高的收益，不好吗？

答：巴菲特没有提过选择“增强型”标准普尔500指数基金。

任何收益都有代价，“增强型”指数基金的费率一般高于普通的指数基金。支付更高的费率，并不能保证获得更高的回报，基金合同有明确的风险提示。选择“增强型”指数基金的投资者，需要关注基金经理变动、增强策略调整等信息，选择普通大盘指数基金不用如此操心。

此外，从上证50ETF（510050）等指数型基金的长期表现来看[②]，A股“非

① 数据来源：https://www.ssga.com/us/en/individual/etfs/funds/the-consumer-staples-select-sector-spdr-fund-xlp。

② 参见主题1第四节的“上证50、沪深300、中证500对比”部分。

增强型”指数基金实际上也稳定取得了超出指数的收益。

问：有些主动管理的明星基金5年、10年的业绩都战胜了指数基金，为啥只说指数基金？

答：美国市场有少数基金长期战胜过标准普尔500指数基金，但巴菲特只推荐了标准普尔500指数基金。因为历史业绩不代表未来，例如和巴菲特对赌的门徒基金历史表现比指数基金好，但2008—2017年败给了指数基金①。

从A股历年公募基金、私募基金冠军随后10年的业绩表现来看，明星基金的全盛时期比体育明星还要短。

问：某些基金的交易价格远高于其净值，值得定期定投吗？

答：看到了显而易见的风险，何必去尝试呢？

指数基金和ETF

问：ETF是什么？

答：ETF是一种可以交易的指数基金，其综合费率普遍低于其他指数基金。

详见上海证券交易所“ETF相关常见问题”专题②。

在考虑具体的ETF时，还可以通过基金公司的客服热线咨询细节。

问：美国市场上ETF种类很多，为啥巴菲特不推荐黄金ETF、杠杆ETF等创新品种？

答：在美国市场，巴菲特只推荐定期定投标准普尔500这只大盘指数基

① 参见主题1第三节“巴菲特的赌局”。
② 该专题网址为http://www.sse.com.cn/assortment/fund/etf/question/。

金，没有推荐过行业ETF、黄金ETF、商品ETF等。此外，美国很多杠杆ETF、反向ETF长期回报惨不忍睹，投资者一定要谨慎。对于虚拟货币ETF及各种投向奇特的ETF，建议普通投资者回避。

问：ETF可以设置系统自动扣款自动买入吗?

答：不能。

由于ETF类似于股票实时交易，每天有多个成交价格，所以无法自动定期定投，必须人工下单。

问：所有可交易的基金都是ETF吗?

答：可交易的基金并不一定是ETF。例如封闭式基金、长封闭期的定增基金等都不跟踪指数。

问：用ETF定期定投有何好处?

答：长期费用低。首先，通过证券公司买入ETF的成本低。证券公司买卖ETF收取的交易费用一般不到万分之五，而银行等渠道申购、赎回非交易型指数基金的费率多在1%～1.5%之间。其次，ETF基金的管理费率、托管费率普遍低于非交易型指数基金。对于长达40年的定投，每年节省1%～2%的成本，期末将获得丰厚回报。

问：用ETF定期定投有何缺点?

答：第一，ETF必须手动下单，而银行、基金公司等渠道可以自动执行。手动下单时会受情绪的影响，例如碰到大跌的时候就不想买了。

第二，对于此前未使用过证券账户的普通投资者，可能会为了定期定投ETF而开立账户，后来又用该账户买卖股票，产生亏损。相比之下，通过银行、基金公司官网等渠道定期定投指数基金，其开立的账户不能买卖股票。

第三，有时候买入价格设定得过低未能成交，但自己以为已经下单定投了。这样会减少投资的金额，不过，偶尔错过几期问题不大。

第四，有些证券公司单笔ETF交易有最低费用，小金额定期定投ETF不合算。

问：ETF必须买入整100份，每次投资金额略有差异，是否会影响定期定投效果?

答：长期影响极小。

问：沪深300ETF和沪深300指数基金有好多只，如何选?

答：建议自己做功课，比较各基金的优劣，选出中意的基金。只有自己的选择，才能长期坚持。

技术细节

问：有什么好用的定期定投App?

答：App与个人交易习惯有关，每个人都不同，建议选择时考虑几个标准。

一是选择巨型公司的App。系统稳定、安全系数高，能够降低黑客入侵风险。

二是注意所有收费。银行、证券、大型公募基金公司的官方App受到较为严格的监管。互联网公司的App调整极快，有些收费在基金合同中看不到，属于客户和互联网公司之间的约定。如果有单笔最低收费，不适合做小金额定期定投，例如每天定期定投50元，不如每月定期定投1500元。

三是控制冲动。有些App抓住人性的弱点进行销售，例如可能在完成定期定投后奖励一个“红包”，“红包”的生效条件是开通信用借款，诱使人“买买买”。始于定期定投，终于高息负债，这完全偏离了定期定投的初衷。

问：巴菲特建议选低成本的基金，从哪里可以看到基金的成本？

答：在基金公司的官网，查找指数基金或者ETF的“招募说明书”，点击下载pdf文件，然后查找“基金的费用与税收”，即可获得相关信息。

例如，根据2021年1月《易方达沪深300交易型开放式指数发起式证券投资基金更新的招募说明书》可以查到如下信息：

（1）在通常情况下，基金管理费按前一日基金资产净值的0.15%年费率计提。

（2）在通常情况下，基金托管费按前一日基金资产净值的0.05%年费率计提。

（3）标的指数使用费按前一日基金资产净值的0.03%年费率计提。

加总后可知基金主要年费率为0.23%。此外，还有基金资产划拨、信息披露、会计师费、律师费等费用，对于大规模的基金来说，一般这些费用占基金年度总费用的比例不高。

建议投资者同时比较该ETF联接基金的费率，具体信息可见《易方达沪深300交易型开放式指数发起式证券投资基金联接基金更新的招募说明书》中的“基金的费用与税收”部分，弄清ETF基金与ETF联接基金的不同，选择适合自己的产品。

问：基金费率就是投资总成本吗？

答：基金“招募说明书”上提到的费用只是基金公司收取的费用，销售渠道还会收取相关费用。在交易所买卖ETF时会产生交易手续费，在银行等渠道申购、赎回基金时会产生申购费、赎回费。投资者在计算投资费率时，要考虑支付的总成本。

问：为什么有的机构力荐定期定投，每次推荐的基金却不一样？

答：这根源于机构的商业模式，有的是通过销售基金获得提成，有的是收取顾问咨询费。

频繁换手基金，长期往往不会带来更高的回报，但定会带来更高的成本。

主题

2

股权是王道

随着时间的流逝，现金越来越不值钱，好的公司越来越值钱。①

——巴菲特

THEME

① Cash is going to become worth less over time. But good businesses are going to become worth more over time.

第一节 战胜“市场先生”

投资像习武，正确的投资理念就像周伯通教郭靖的正版真经，勤练可以获得“财富”。错误的投资理念就像黄蓉写给欧阳锋的“盗版”真经，越练越傻也越“穷”。那么，巴菲特战胜股票市场的秘诀是什么呢?

技术分析：危险游戏

金庸先生在《侠客行》第二十回，讲了武林高手们在海岛上琢磨《侠客行》古诗图解，因为其“包蕴古往今来最最博大精深的武学秘奥”。一群人“抛家弃子”，死抠诗句字面含义，争论不休又苦思不解。未料到绝世武功蕴藏于字体图形之中，被不识字的主角石破天参悟。

而股票市场恰恰相反。无数聪明绝顶之人想要从股市波动的K线图之中找到赚钱的法则，但这条路是走不通的！每一个高点与低点之间，都是真金白银。技术交易者钻研K线指标，物理学博士使用深奥的高频程序分析，都想发现短期波动的秘密。但实际上K线图只是无数人一起“信手涂鸦”所画，每个人都不知道自己画了什么，其中并没有藏宝图。世界上所有短期交易者持有的财富的总和，还比不上巴菲特一个人的资产。

很多人不同意上面的看法，认为技术流派可以跟随趋势、捕捉突破、寻找支撑、截断亏损、猎杀庄家，实乃人类不可多得的智慧结晶。一代大师利佛摩尔15岁进入股票市场，第一笔交易就赚钱。三起三落，绝地反击，把当时的股市大鳄“打”得心惊胆战（表2-1）。相比之下，价值投资反反复复就那几十句话，格雷厄姆、巴菲特、巴菲特的徒子徒孙说来说去就那几十句话，没啥新鲜东西。有关技术分析的书常见常新，而有关价值分析的书还停留在格雷厄姆《证券分析》《聪明的投资者》的时代。

表2-1 利佛摩尔大事记①

时间	事件
1877年7月26日	出生
1892年	进行第一笔交易，用5美元赚了3.12美元，当年共赚了1000美元
1897年	财富达10000美元
1899年	输光家产
1901年	财富达50000美元
1906年	在旧金山大地震前做空股市，赚了25万美元
1907年	在棉花交易中亏损20万美元
1915年	负债100万美元，宣布个人破产
1916—1917年	净赚350万美元，还清负债
1922年	接受采访，系列文章被集结为《股票大作手回忆录》②并出版
1925年	在谷物期货上赚了1000万美元
1929年	做空美国股市，净赚1亿美元
1934年	再次破产
1940年11月28日	结束了自己的生命

注：在利佛摩尔时代，1美元约相当于现在30美元（www.measuringworth.com）。

从利佛摩尔的经历来看，技术分析对于天才来说也是“危险游戏”。就像《天龙八部》里段誉的“六脉神剑”，当段誉发挥得好的时候他就是顶尖高手，可从万人中取上将首级；当他发挥不好时他就是“超级菜鸟”，可能会被人抓去当祭品。是否能发挥好自己也没把握，完全看临场表现，要么暴富，要么破产。利佛摩尔是意志非常坚定的人，前两次破产后都爬起来再上新的高峰。但最后还是输光家产，自己终结了生命。

价值投资不同，只要顿悟了，一定会留有安全边际。有失手的时候，但没有破产的时候。格雷厄姆在悟出价值投资的逻辑前濒临破产，但此后一帆风顺。巴菲特的财富出现4次下跌50%左右的情况，但他从未破产过。事实上，过

① 信息来源：https://jesse-livermore.com/jesse-livermore-timeline.html。
② 英文书名为*Reminiscences of a Stock Operator*。

去20年能稳定在全球富豪榜前十位的，只有两个人，其中之一就是巴菲特[①]。

刚进股市的朋友可能会想：“只要技术分析给我一次机会，暴富后我就转为价值投资。”问题在于用技术分析暴富和买彩票暴富一样——有可能但不现实，交易者只会在希望和失望间无尽循环，最终耗光了青春和金钱。技术分析爱好者可以开两个账户，一个用技术分析的方法操作，另一个用巴菲特的方法定期定投大盘股票指数基金。每半年比较一次，看哪种方法既省时省力又能赚钱。

要点：用技术分析赚钱，就好像跟着金庸小说习武。

选美理论：被冤枉的凯恩斯

高大、迷人、充满自信的凯恩斯[②]1936年在宏观经济学奠基之作《就业、利息和货币通论》[③]第12章，举了如下例子：

某报纸上发布了100张美女图片，要求参赛者选择其中最美的6张。如果选中了前6名票数最多的美女，就可以获奖。在这种机制下，只有傻瓜才会去选自己认为最漂亮的美女，聪明人都会去选别人认为最漂亮的6位美女。

凯恩斯指出股票市场和选美比赛的实质相同。投机者拿钱做选票，不是选自己认为最好的股票，而是选别人认为最好的股票。凯恩斯强调，寻求长期收益的投资者很少，证券市场上大部分是投机者。大家想的都是3个月或者1年后，其他人会出什么价来买这只股票。如果某只股票当前价格为25元，股民老A认为买入这只股票后，未来收益有30元，但同时也预测到3个月后股票价格会跌到20元，那么老A是不会出25元买的，他只会等到股票价格跌到20元的时候才买。

凯恩斯认为大部分交易者不会选择长期价值投资，理由有五点：一是估算企业长期价值需要投入很大的精力，猜错的可能性很大；二是长期预测需要远

① 另一位是比尔·盖茨（Bill Gates）。
② 1999年《时代》（*TIME*）杂志对凯恩斯的评价。凯恩斯身高1.98米。
③ 英文书名为*The General Theory of Employment, Interest, and Money*。

见和智力，短期预测相对简单；三是人的天性是希望快速致富，不喜欢长期付出才能得到的回报；四是缺乏资金实力或者借债的人只能短期交易，长期投资需要雄厚的资本实力且不能借债，这样才能熬过大的波动；五是对于投资机构的决策者来说，如果逆着大众的潮流做，做错了会被骂得体无完肤，做对了也不会得到多少赞誉，决策者宁可顺着大多数人的意见走，也不会逆着潮流去挣名声。

凯恩斯的这些分析被称为“选美理论”，请注意，凯恩斯没有说“选美理论”能赚钱！

在《就业、利息和货币通论》中，凯恩斯本人只是描述了事实，说明投资者有不理性的“动物精神”，可没在任何一处说“选美理论”可以赚到钱。投资者不能认为凯恩斯说过“选美理论”，就把“选美理论”当作股市寻宝图，幻想自己能猜中上亿人的想法，天天追热点、炒概念，结果概念名词知道一大堆，但钱包越来越瘪。

事实上，凯恩斯自己用“选美理论”投资时就亏了不少钱。

1924年，凯恩斯开始为剑桥大学国王学院（King's College）管理资金。凯恩斯当时喜欢买众人追捧、交易活跃的股票。他能把“选美理论”描述得如此生动，和他当年的投机经历是分不开的。剑桥大学很多教授认为他这么做过于冒险，但凯恩斯这种百年一遇的“后浪”精英根本不屑于听“前浪”的唠叨。

凯恩斯决定把投资组合分为两个部分，一部分为受限制的校友捐赠基金投资组合，另一部分为不受限制的自主投资组合（Discretionary Portfolio）。自主投资组合给了凯恩斯自由发挥的空间——随便他做多做空、随便他短线长线，只要能赚钱就行。凯恩斯为了证明自己的能力，让指手画脚的“前浪”闭嘴，在投资上倾注了极大的心血。2013年，知名学术期刊《经济学展望杂志》发文回顾了凯恩斯的投资生涯。从图2-1可以看出，1932年前凯恩斯的业绩并不稳定，好几年跑输大盘，还有两年业绩大幅下滑。凯恩斯为此灰心丧气，觉得自己有负校友重托，没脸去见学院的老师和同学。

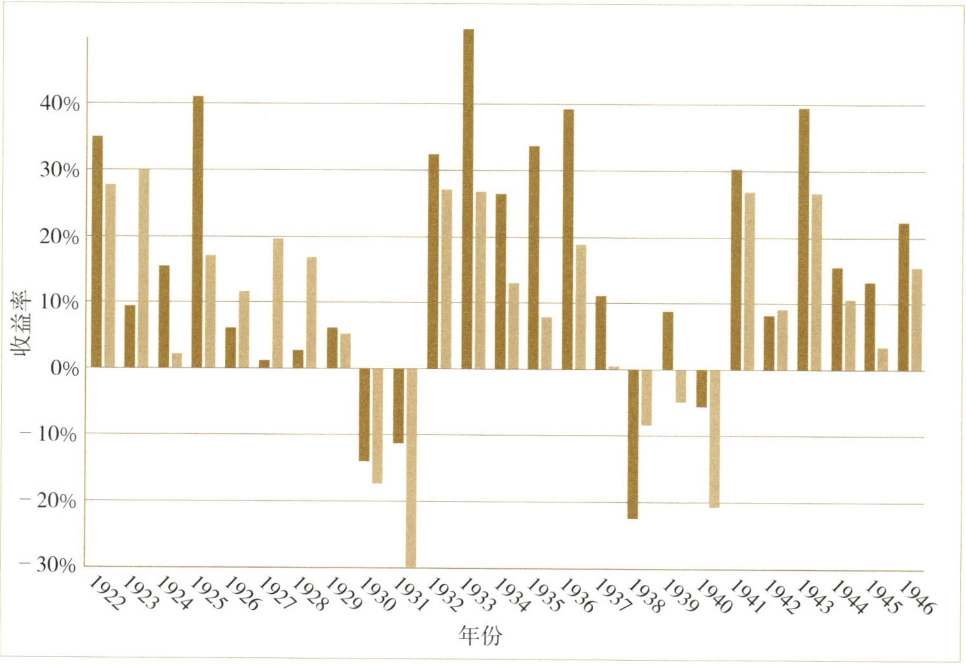

注：深棕色是凯恩斯自主投资组合的业绩，浅棕色是英国股票指数（UK equity index）的表现。

图2-1 凯恩斯自主投资组合业绩图[①]

从1932年起，凯恩斯的业绩有明显好转。凯恩斯自主投资组合1922—1946年的年化回报率为16%，同期英国股票指数的回报率为10.4%。这一时期发生了美国经济大萧条和第二次世界大战，凯恩斯能取得这样的收益实属不易。这不是因为凯恩斯优化了“选美理论”，而是因为他转向了价值投资。巴菲特在《1991年致股东的信》中，节选了凯恩斯写的一封信的内容，充分展现了凯恩斯的价值投资智慧。

凯恩斯在信中写道：“随着时间的流逝，我越来越确信正确的投资方法是把大部分资金投资到几家自己能理解其业务、信任其管理能力的公司上去。那种把钱撒到自己对其业务一知半解、没有把握的多家公司上的做法，并不能分

① Chambers D, Dimson E. Retrospectives: John Maynard Keynes，Investment Innovator[J]. Journal of Economic Perspectives, 2013，27（3）：213-228.

散风险……每个人的知识和经验都是有限的，我在每个投资时段只对两到三家公司完全有信心。[①]”

要点：凯恩斯靠价值投资而不是“选美理论”赚钱。

市场先生

巴菲特认为股市寻宝的秘诀在于击败终极大boss——“市场先生（Mr. Market）”。

巴菲特的老师格雷厄姆在《聪明的投资者》第8章“投资者与市场波动”（The Investor and Market Fluctuations）中创造了“市场先生”这个形象。他说：“如果你在一个非上市公司有1000元的股票，一位非常热心的‘市场先生’每天都来给你的股权报个价，你可以按照这个价格把股权卖给他，或者按这个价格从他那里买更多的股份。有时候他的报价和你的预期相吻合，但很多情况下，他的出价不可理喻。”

格雷厄姆问：如果你是一个理智的人，你会根据别人的报价来评估股权的价值吗?

回答当然是否定的。

“只有当‘市场先生’给你的报价高得离谱时，你才应该卖给他；当报价低得离谱的时候，你应该从他手中买。其他时候最好不要理睬他的报价，而应该关注企业的经营情况。”

在格雷厄姆的笔下，你会发现“市场先生”既是朋友，又是敌人。如果你在“市场先生”满眼都是为难和恐慌、报价低得离谱的时候买入，在“市场先生”对未来充满不切实际的期待、报价高得离谱的时候卖出，那么“市场先

① As time goes on, I get more and more convinced that the right method in investment is to put fairly large sums into enterprises which one thinks one knows something about and in the management of which one thoroughly believes. It is a mistake to think that one limits one's risk by spreading too much between enterprises about which one knows little and has no reason for special confidence...One's knowledge and experience are definitely limited and there seldom more than two or three enterprises at any given time in which I personally feel myself entitled to put full confidence.

生”就是你的朋友。如果你操作反了，“市场先生”就是你的敌人。在大部分时间，“市场先生”既不是朋友，也不是敌人，只是一个喋喋不休的邻居。如果报价不在让你心动的范围内，你就把他当空气好了。

要判断“市场先生”是朋友、敌人还是邻居，投资者需要知道股票的价值。很多交易者只知道股票的买入成本，从未估算过股票的价值，甚至记不清楚买股票的原因是看了某个朋友圈，还是隔壁老王推荐的。“市场先生”最喜欢这类投资者，他每天都来跟他们报价，一会儿把股价抬得高高的，让他们觉得这辈子不用上班了；一会儿把股价砸得低低的，让他们“关灯吃面”。投资者刚熟悉了大幅震荡，“市场先生”又换了手段，变成小幅阴跌。给一天希望，浇两天冷水。投资者受够折磨，斩仓换了一只股票，却发现还是摆脱不掉“市场先生”，同样的故事不断重演。几年下来，投资者不但没挣到钱，反而被“市场先生”搞得神经质了。

“市场先生”不在乎技术分析派的各种招数，因为交易在本质上都是涨了买、跌了卖，顺着他的性子走。有人提出了“止损策略”，例如只要股票下跌5%，就斩仓；如果盈利，就一直持有。这种逻辑看起来很完美，但没几个人能买在最低点5%之内的，巴菲特多次买入后股票又跌了两三成。使用“止损策略”只会不断地“创造亏损”，不停地给别人送钱。

“市场先生”唯一害怕的就是价值投资者，格雷厄姆的《聪明的投资者》就是股市秘籍。价值投资者大部分时间不看股票价格，无论“市场先生”如何震荡市场、引发媒体的惊呼，都不会引起价值投资者内心的不安。价值投资者耐心地等待“市场先生”犯错：他以荒唐的高价收购，价值投资者就卖；他以不可思议的低价出售，价值投资者就买。价值投资就像金庸先生笔下的“无招胜有招”，只要“市场先生”天天情绪化地报价，就总有出错的时候。

要点：“市场先生”有时是投资者的敌人，有时是投资者的朋友，更多时候只是一个喋喋不休的邻居。

“学区房”里的藏宝图

在《2013年致股东的信》（英文版）的第18页，巴菲特讲述了他投资“学区房”的故事，并从中总结了价值投资的重要原则。这些原则和中国人的买房逻辑有很多契合之处，中国房地产投资者的业绩之所以普遍优于股票投资者，是因为他们遵守了这些价值投资的原则，而不是因为他们天天看房价K线图。

1993年，巴菲特担任所罗门兄弟公司的CEO（首席执行官）。一天，所罗门兄弟公司所租用大厦的业主拉里①来找巴菲特，推荐了一栋纽约大学②旁边的商业楼。当时美国处在一轮房地产泡沫破灭期，不少城市信用社破产，不良资产处理公司③大甩卖相关抵押资产。这栋商业楼管理得很一般，相当一部分房屋空着没有出租。20%的面积被一个租户长期租用了，合同规定的每平方英尺租金只要5美元，而其他租户每平方英尺的租金是70美元④。9年后这个最大租户的租约才到期，在此之前业主都不能按市场价收费。

巴菲特一算，租金回报率超过10%，而且旁边是知名大学，很快就拍板买下。结果，世间不如意之事十之八九，巴菲特1993年买了这栋楼，1994年就爆发了墨西哥金融危机。此楼的价格进一步下跌，报纸和电视都把巴菲特买楼当成笑话来讲。

巴菲特既不担心下跌，也不在意嘲笑，每天安心睡觉。他说：“纽约大学又不会搬家。⑤”纽约金融中心可以从华尔街搬到中城，但培养出马英九等知名人士，新千年来拥有5名诺贝尔奖得主、5名普利策奖得主的纽约大学又不会搬家。只要学生依然涌向纽约大学（表2-2），大楼租户的生意就有保证，租金就能年年上涨。

---

① Larry Silverstein，生于1931年5月30日。他买下世贸大楼后不久就发生了911事件。保险公司认为911事件是一次恐怖袭击，只赔付一次。拉里认为911事件是两次恐怖袭击，应该赔付两次。双方就此展开了漫长的法律诉讼。

② New York University，简称“NYU”。

③ 公司名称：Resolution Trust Corp。

④ 巴菲特原文没有说明是日租金还是月租金，按惯例应该是月租金。老租客的租金显著低于市场平均水平，是因为早期就签订了长期租赁协议。
5美元每平方英尺相当于5 × 5.8（1993年年末人民币对美元汇率）/ 0.0929（1平方英尺约0.0929平方米）≈312元/（平方米·月），70美元每平方英尺相当于4370元/（平方米·月）。作为参考，北京市区2020年商铺首层租金平均价格约1000元/（平方米·月）。

⑤ NYU wasn’t going anywhere.

表2-2 纽约大学本科生录取情况[1]

学年	申请学生数/人	录取人数/人	录取率/%
2020年	85000+	13000	15
2019年	84481	12307	15
2018年	82747	15722	19
2017年	80605	19233	24
2016年	63702	19000	30
2015年	57727	18515	32
2014年	50804	18010	35
2013年	45779	14829	32
2012年	42807	14998	35
2011年	41243	13487	33

注：纽约大学以预计毕业年份公布招生情况，本表进行了调整。例如2019学年信息对应纽约大学“Class of 2023”招生信息。

事实证明巴菲特是对的，2013年房子的年租金超过他1993年投资总额的1/3。20年间租金涨到当年买入时的3.3倍，房价涨幅可想而知。

巴菲特以纽约大学的学区楼为例，列出了普通人价值投资的六大要点，原文翻译如下：

（1）想要获得满意的投资回报，并不需要成为专家。如果你不是专家的话，你必须认清自己的能力范围，并且遵循一种稳定的投资决策机制。只做简单有把握的事情，不要超出能力范围。当有人承诺短期暴富时，直接说“不”。[2]

（2）关注你所考虑资产的未来收益能力。如果估算未来盈利时你有些犹豫，那就放弃这个资产，寻找下一个目标。没有人能够评估所有投资机会。投资不需要全知全能，你只需要知道自己在做什么。[3]

① 信息来源：Wikipedia。

② You don’t need to be an expert in order to achieve satisfactory investment returns. But if you aren’t, you must recognize your limitations and follow a course certain to work reasonably well. Keep things simple and don’t swing for the fences. When promised quick profits, respond with a quick “no”.

③ Focus on the future productivity of the asset you are considering. If you don’t feel comfortable making a rough estimate of the asset’s future earnings, just forget it and move on. No one has the ability to evaluate every investment possibility. But omniscience isn’t necessary, you only need to understand the actions you undertake.

（3）如果你每天琢磨的不是资产盈利能力，而是资产价格涨跌，那么你是在投机。投机没有问题，但是我知道，我自己不能成功投机，而且怀疑那些声称自己长期投机成功的人。在抛硬币的游戏中，第一轮有一半的人能猜中，但如果一直玩下去，没有一个人能期望盈利①。某种资产价格近期大幅上涨，永远不是投资该资产的原因。②

（4）在两笔小投资中③，我只考虑资产的产出，而不在意其每天的报价。比赛的胜利永远属于关注比赛的一方，而不是盯着记分牌的一方。如果你周六、周日看不到股价很开心，那么试试交易日也不看。④

（5）盲目相信宏观经济学观点或者听取别人关于宏观经济、市场策略的预测就是浪费时间。实际上，这很危险，会让你没有聚焦在真正重要的事实上。（当我听到电视评论员长篇大论说市场将会如何时，我就想起了麦基⑤尖锐的评论："直到你进了直播间，才知道比赛如此容易。"）⑥

（6）我的两笔投资分别发生在1986年和1993年。接下来的1987年、1994年的宏观经济、利率、股票市场将发生什么对我的投资决策一点都不重要⑦。我不记得当年报纸头条或者网红大咖是如何评价我的。不管他们怎么说，玉米

---

① 不断抛硬币，总会有猜不中的那一次。只要猜不中，就可能全部输光，因此不能期望靠抛硬币盈利。

② If you instead focus on the prospective price change of a contemplated purchase, you are speculating. There is nothing improper about that. I know, however, that I am unable to speculate successfully, and I am skeptical of those who claim sustained success at doing so. Half of all coin-flippers will win their first toss; none of those winners has an expectation of profit if he continues to play the game. And the fact that a given asset has appreciated in the recent past is never a reason to buy it.

③ 另一笔是巴菲特给大儿子霍华德购买的农场，第（6）点中提到的"两笔投资"与此相同。关于霍华德先生，请见本书主题6最后一节"未来掌门人"。

④ With my two small investments, I thought only of what the properties would produce and cared not at all about their daily valuations. Games are won by players who focus on the playing field not by those whose eyes are glued to the scoreboard. If you can enjoy Saturdays and Sundays without looking at stock prices, give it a try on weekdays.

⑤ Mickey Mantle（1931年10月20日—1995年8月13日），职业棒球明星。这句话的意思是点评比赛很容易，赢得比赛很难。投资尤其如此。

⑥ Forming macro opinions or listening to the macro or market predictions of others is a waste of time. Indeed, it is dangerous because it may blur your vision of the facts that are truly important. (When I hear TV commentators glibly opine on what the market will do next, I am reminded of Mickey Mantle's scathing comment: "You don't know how easy this game is until you get into that broadcasting booth.")

⑦ 1987年美国股灾、1994年墨西哥金融危机，巴菲特的两笔投资都是在风暴前高点入场。

在内布拉斯加大地上繁荣生长，学生们也持续涌向纽约大学。[1]

巴菲特的学区楼和股票的最大不同是，股市上有殷勤的“市场先生”不断报价，而学区楼并没有实时价格。如果普通投资者买了学区楼，知道楼每年能收多少租金，不会轻易贱卖。投资者每次进行股票交易时，可以想象自己在买一栋楼，问问自己对这栋楼的了解有多少。

要点：用巴菲特买房的方法买股票。

小结

股票投资不是“看图说话”，“选美理论”也不能让人致富。致富的唯一方法，是知道股票的价值，利用而不是跟随“市场先生”。学区楼是价值投资的极简案例，巴菲特总结的投资经验值得反复学习。

① My two purchases were made in 1986 and 1993. What the economy, interest rates, or the stock market might do in the years immediately following — 1987 and 1994 — was of no importance to me in making those investments. I can’t remember what the headlines or pundits were saying at the time. Whatever the chatter, corn would keep growing in Nebraska and students would flock to NYU.

第二节 狂赚百亿：巴菲特抄底美国银行

2011年巴菲特用50亿美元投资美国银行优先股，2017年转股时“瞬间”赚到百亿美元。

美国银行传奇

截至2020年年末，美国银行①是全美资产排名仅次于摩根大通②的银行，总资产规模达2.8万亿美元。美国银行虽在中国境内没有网点，但对于中国市场并不陌生，其在2005年就成为中国建设银行的“战略投资者”。

初看起来，美国银行像是一个传统、稳健的老派金融机构。但细读美国银行的历史，你就会发现这个机构生来富有梦想，其命运犹如一场大戏，跌宕起伏。

美国银行的历史可以追溯到1904年美籍意大利裔贾尼尼③在旧金山创立的意大利银行（Bank of Italy）。初期客户主要是刚到美国的意大利人，当时传统银行一般不接受新移民开立账户，贾尼尼趁机招揽这些客户。在开业第一天，银行收到储蓄8780美元。

公司成立两年后，旧金山发生大地震。这是很多人的伤痕，却是命运女神对贾尼尼的垂青。他冒着生命危险将库房中的现金抢出，装上马车，藏在装水果的箱子底下运送到震区以外。第二天，贾尼尼不顾震区强盗横行，把现金拖

① Bank of America Corporation，股票代码BAC。
② J. P. Morgan Chase & Co.，股票代码JPM。
③ Amadeo Pietro Giannini，1870年5月6日—1949年6月3日。他是第一批向普通中产而不是上层人士提供金融服务的银行家。

回震区，用两个木桶架着一块板子，码上现金开始放贷。而其他竞争对手则因为地震摧毁了银行建筑，无法打开金库，被迫停业了几个星期。在严重自然灾害面前，贾尼尼想群众所想、急群众所急，在最需要灾后重建资金的时候，把钱送到群众手中。

随后40年，贾尼尼抓住一个又一个战略时机，带领美国银行在竞争中脱颖而出。他改革各分行独自处理业务的传统模式，采用总行集中处理各分行的账务、现金、资本的现代业务流程。他收购其他银行及保险公司，建立集银行、保险于一体的金融控股公司。除了创立美国银行外，贾尼尼还是惠普公司的天使投资人，更提供贷款支持迪士尼拍摄世界历史上第一部长动画片——《白雪公主和七个小矮人》。

1956年，美国政府通过了《银行控股公司法案》（*Bank Holding Company Act*），禁止银行机构涉足保险等非银行金融领域。美国银行受到重创，公司被一分为三。随后27年，美国银行一直是区域性金融机构。1983年在阿姆科斯塔[①]的带领下，美国银行跨州收购了西雅图第一国民银行（Seattle First National Bank）。随后，美国银行积极进入拉丁美洲市场，业务蒸蒸日上。1994年，美国银行收购了伊利诺伊大陆国家银行和信托公司（Continental Illinois National Bank and Trust Co.），并把信贷中心移到芝加哥，正式从区域性银行变为全国性大银行。

1997年，美国银行借给一家对冲基金[②]14亿美元，结果对方因为俄罗斯金融危机不能还款，导致美国银行发生巨额亏损。1998年美国银行被北卡罗来纳州夏洛特的众国银行[③]合并，交易金额超过620亿美元，这是20世纪末全球最大的银行业并购案。虽然这是由众国银行发起的合并，但众国银行认为美国银行的品牌更响亮，决定将合并后的银行命名为美国银行。

2005年，美国银行进行了当时全球银行业历史上盈利最丰厚的一笔投资。

① Samuel Henry Armacost，出生于1939年3月29日。

② 这家对冲基金是以量化投资闻名的D.E.Shaw & Co.。美国银行直接损失5.7亿美元，另外赔偿了4.9亿美元。

③ Nations Bank。目前美国银行在1998年合并日之前的历史股价是众国银行的股价，而不是此前美国银行的股价。

2005年6月美国银行入股中国建设银行，最初以25亿美元购得175亿股。中国建设银行上市后，美国银行于2008年5月和11月行使认购权，投入120亿港元和540亿港元，以每股2.42港元和2.80港元增持中国建设银行。美国银行先后对中国建设银行投资119亿美元，持股比例最高达到19%。2013年年末，美国银行售出中国建设银行股票时，累计回收现金280亿美元，净赚160多亿美元。

好景不长。2008年1月，美国银行宣布收购国家金融公司①。当时该公司持有1.4万亿美元的住房抵押贷款，约占1/5的市场份额。在收购前，政府已经开始调查该公司对非裔和拉丁裔美国人收取歧视性高利率的行为，市场传言其可能赔到破产。

2008年9月14日，美国银行宣布以换股的方式收购美林证券②。第二天雷曼兄弟公司倒闭，市场陷入恐慌之中，认为没有“大而不能倒”的机构。美国银行这样的巨无霸，“吃下”百病缠身的美林证券，搞不好就是下一个“倒霉蛋”。

风雨飘摇之中，美国政府依据“问题资产救助计划③”向美国银行注入250亿美元。即便如此，当美国银行宣布2008年旗下的美林证券亏损276亿美元时，市场依然被吓傻了，股价最低跌到3美元附近。

2009年1月美国政府又向美国银行注入200亿美元，并且为其1180亿美元资产提供担保。美国银行得到了美国政府的保护，但也受到了更多的限制。危机一过，2009年12月美国银行就把450亿美元还给了美国政府。但美国银行没想到，“地板下面还有地狱”，2011年的情况比2008年还要糟糕。其收购的国家金融公司和美林证券都是烂摊子，巨额官司缠身，资产质量持续恶化。在2011年年报中，美国银行披露有2390亿美元资产处于“违约或者严重拖欠”状态，而当年年末其净资产只有2301亿美元。

要点：美国银行敢于创新，2011年陷入危机。

① Countrywide Financial Corporation.
② Merrill Lynch & Co.，1914年成立，创始人是Charles E. Merrill。
③ Troubled Asset Relief Program，简称TARP。

优先股投资

从2011年年初开始，媒体上充斥着美国银行的负面新闻。关闭分支机构、大规模裁员等新闻不断摧毁着投资者的心理防线。2011年2月美国银行股价近15美元，8月已经跌破7美元。美国银行的股东、客户、员工都忧心忡忡，不知道命运将把他们引向何处。所有人都在担心，贾尼尼创造的传奇是否会终结。

危急时刻，美国银行的CEO布莱恩[①]想到过巴菲特。一来，巴菲特旗下的伯克希尔总是备有充裕现金。二来，在危机时刻，巴菲特是唯一拿得出钱而且看得到美国银行价值的人。但布莱恩担心巴菲特开出的条件让他难以接受。可以预计，一个在1964—2010年间让伯克希尔资产增值了4900倍的人，是不会给免费馅饼的。

巴菲特在2011年年初就看到了美国银行的机会，但他并没有冲动，因为他吃过亏。

银行的资产一般都是净资产的10～20倍，在极端情况下可以达到40倍，例如2008年年末美国银行的资本充足率只有2.49%。只要资产有2.5%的损失，银行股东就会一无所有。2008年上半年，巴菲特用2.44亿美元投资了两家银行。到2008年年末，这两家银行的市场价值只有2700万美元，缩水89%。它们是巴菲特在这么短的时间内亏损比例最高的股票，巴菲特戏称自己出现了“非受迫性失误”。

美国银行是银行业中勇于扩张的公司，在业绩好的时候连续并购扩张带着股东“飞上天”，但突然曝出几笔巨额坏账就拖着股东“下地狱”。巴菲特之前买入美国银行的股票并不成功：2007年第二季度，巴菲特买入美国银行870万股，季末收盘价为48.89美元，相对于美国银行在2006年第四季度时最高55美元的股价，这个价格还算不错；2007年第三季度巴菲特小幅加仓40万股，随后美国银行股价一路下跌；2008年第三季度金融危机出现，巴菲特减持美国银行410万股，该季末收盘价只有35美元；2010年第四季度，巴菲特将美国银行的股票全部清仓，其间股价在11～13美元之间。

① Brian Thomas Moynihan，1959年10月9日出生。

当美国银行的股价跳水跌破7美元时，巴菲特判断市场真的是过于恐慌了，不抓住这种机会“把人类行为资本化”实在太可惜。他打电话给美国银行的客服中心，要找CEO，客服人员当然没这个权限。随后他通过投资银行联系上了布莱恩，不到一周就敲定了交易。

巴菲特没有小打小闹投个几亿美元，而是直接砸了50亿美元。在进行这笔投资前，伯克希尔哈撒韦所持市值超过50亿美元的上市公司只有3家：富国银行、可口可乐、美国运通。巴菲特并不在意之前投资美国银行的失利，也不在意自己几个月前刚清仓了这只股票，直接投下重注。

巴菲特采用了“优先股＋转股权”的交易结构。一方面，约定优先股股利锁住基本收益；另一方面，通过转股权确定优先股可以转为普通股，获得上升空间。核心条款包括：

· 投资50亿美元于优先股，优先股股息率为6%。

· 巴菲特有权利在2021年前任意时间，将这50亿美元优先股转为7亿股美国银行普通股。

· 美国银行有权利在任何时候以5%的溢价，将优先股买回。

逐条分析如下：

（1）投资50亿美元于优先股，优先股股息率为6%。

优先股是同时具有股权和债权特性的资本类型，“优先”是相对于普通股而言。企业破产时，首先保障债券投资者，其次是优先股股东，最后才保障普通股股东的利益。在支付股息时，要先支付优先股的股息，然后才支付普通股的股息。换言之，只要美国银行不破产，巴菲特就不会有本金损失的风险。只要美国银行给普通股发放股息，巴菲特就一定能足额收到优先股的股息。

2008年9月巴菲特向高盛投资50亿美元，也采用优先股形式，股息率为10%。2011年金融市场里的恐慌情绪不像2008年那样高，所以股息率也从10%降低到6%。不过，相比同期美国10年期国债2.2%的收益率，6%的股息率相当可观。

（2）巴菲特有权利在2021年前任意时间，将这50亿美元优先股转为7亿股美国银行普通股。

这条相当于给巴菲特“认股权证”。优先股可以转换为普通股非常重要。

如果不能转换，相当于巴菲特承担了公司破产的风险，却无法分享公司经营改善后的股价上行空间。巴菲特绝不仅仅是为了6%的优先股股息率，因为那样还不如以6%的利率投一笔次级债给美国银行，收益相同而安全性高于优先股。

转股价格约合每股7.14美元[1]，略高于交易公布前一日7美元的收盘价。该价格大约只有美国银行2006年最高价55美元的1/8、2008年金融危机时年末收盘价14美元的1/2。1991年年初到2008年年末美国银行股价都没有跌破过这个价格，安全边际相当高。

（3）美国银行有权利在任何时候以5%的溢价，将优先股买回。

当美国银行资本金充裕时，可以回购优先股，但巴菲特算准了美国银行基本不会赎回优先股。即使经营已有重大改善，赎回优先股需要用自有资金，而美国银行的自有资金能够支持12～17倍的资产[2]，以5%的溢价赎回50亿美元优先股需要缩减650亿～880亿美元的资产规模，管理层舍不得。

要点：巴菲特用“优先股+转股权”的交易结构，锁住保底收益，获得上行空间。

大象也能起舞

得到巴菲特背书的美国银行不负所望，业绩表现极为出色。在资产总额不膨胀的情况下，净利润从2010年的亏损22亿美元，上升到2016年的盈利179亿美元（表2-3）。随着基本面的改善，美国银行的股价一路上扬。2012年年末，美国银行的股价进入两位数区间，此后再也没有跌破10美元。到2016年年末，美国银行的股价已经达到23美元，但巴菲特还是没有将优先股转为普通股。他在等什么呢？

转股对于巴菲特来说，有一个“不变”、一个“变”。

所谓“不变”，就是在可转股的期间，股价涨到多少对于巴菲特的盈利没

① 50亿美元÷7亿股≈7.14美元/股。
② 参考“表2-3 美国银行财务概览表”的“资本充足率”一栏。

表2-3 美国银行财务概览表①

时间	年末总资产/万亿美元	净利润/亿美元	资本充足率/%	年度分红/（美元/股）
2010年	2.3	－22	6.0	0.04
2011年	2.1	14	6.6	0.04
2012年	2.2	42	6.7	0.04
2013年	2.1	114	7.2	0.04
2014年	2.1	55	7.5	0.12
2015年	2.1	158	7.8	0.2
2016年	2.2	179	8.1	0.25
2017年	2.3	182	7.9	0.39
2018年	2.4	281	7.6	0.54
2019年	2.4	274	7.3	0.66
2020年	2.8	179	6.5	0.72

有影响。简单做个类比，单位分一套房子给张三，今天市价是100万元，一周后市价是150万元。张三今天签约领房子，一周后身家是150万元；若一周后去签约领房子，身家还是150万元。早签约、晚签约，得到的都是这套房，并不会影响身家。对于巴菲特来说，由于转股价格和转股数量已经确定，所以二级市场股价是10美元、20美元，还是30美元对他没有影响。当然，如果股票涨到巴菲特觉得太疯狂的价位，例如短期就涨到100美元，他也许会转股卖出。

所谓“变”，就是优先股股利和普通股股利不同。持有优先股，每年3亿美元的优先股股利②是确定的。如果转为7亿股普通股，则普通股的股利至少需要达到43美分③才能与优先股的股利相同。因此，巴菲特在《2016年致股东的信》中提到，如果每股股利超过44美分④，他会考虑转股。

2017年6月28日，美联储宣布美国银行等34家大型金融机构通过了压力测试，不再强制要求资本储备。美国银行随即宣布将从当年8月份开始将普通股的股利提升到每季度0.12美元，合每股每年0.48美元。2017年6月30日，在美国银行宣布提高股息后，巴菲特宣布将优先股转为7亿普通股，成为美国银行第

① 数据来源：美国银行历年年报。如果数据在此后年度报告中有更新，则以最后更新的为准。
② 50亿本金×6%优先股的股息率。
③ 3亿美元股利÷7亿股≈0.43美元=43美分。
④ 美国公司多数按季度支付股息，每年44美分相当于每季度11美分。

一大股东，持股比例达6.5%。

以当日收盘价24.3美元计算，巴菲特“瞬间”净赚120亿美元①。相比之下，巴菲特2011—2017年收到的优先股股息只有18亿美元。

要点：从优先股转为普通股，巴菲特净赚百亿美元。

固定收益不能致富

巴菲特的这笔投资，靠固定收益获得了稳定的利润，但大部分盈利来自转股。

所谓“固定收益”，是指在约定的时间取得事先约定的收益。国债、公司债券、某些银行理财、信托都属于此类。例如，张三借钱给李四买房，写明利息、每年还款日期、每期还款金额，这也算是固定收益类投资。很多投资者喜欢固定收益产品，因为白纸黑字写上了利息和还款日期，心里有底。不像股票，价格涨跌没人能提前知道。

固定收益类投资的优点很明显，但缺点也是有的。

首先，固定收益产品可能会导致一定的损失。买国债，借款给国家，不用担心还本付息，代价就是利率低。投资者总是不甘心，期望获得更高的收益。商业银行有一段时间发行写明“预期收益”的银行理财产品，但现在银行理财子公司纷纷独立，总能实现的“预期收益”也改为力争做到但不能保证的“目标收益”。公司债券和信托有过一段事实上“刚性兑付”的时期，不管多差的公司最后都神奇地拿出钱还款。但市场规律总是要起作用的，现在违约并不罕见。

民间借贷的麻烦更多，有时甚至会损失本金。未经有关机构审批的互联网金融，初看回报很高，通常不能够持续经营。按时付息的时候皆大欢喜，但最后投资者为了利息折了本金，得不偿失。借钱给朋友买房，属于“风险自己担、收益别人享”的投资。如果房价跌，借款人肯定先还银行贷款，风险由出借人承担。

① 24.3美元/股×7亿股≈170亿美元。巴菲特的成本为50亿美元。170亿美元－50亿美元=120亿美元。

其次，固定收益产品的长期回报不如股票。固定收益产品的利息是事前约定的，靠谱的借款人总会给自己留出空间，避免在极端不利的情况下违约。换言之，靠谱的借款人不会支付过高的利息。而愿意支付高利息的借款人，出借人又不敢借。所以，稳健的固定收益产品，其利息不会高。

伯克希尔长期年化收益率为20%，如果巴菲特要求美国银行为优先股支付20%的股利，美国银行肯定不会答应。强大如巴菲特，也只谈到6%的股息率。但只要谈妥了，不管美国银行经营情况如何、普通股股东能否获得股息，这6%的固定利息都是要付的。

巴菲特知道美国银行的难处，也知道优先股的固定股息不能满足收益目标。他以优先股形式进入，只是为了降低风险。然后加一个“可转换”的条款，约定有权利把优先股转为普通股，达到了“进可攻、退可守”的目的。美国银行这个案例，是巴菲特历次投资“可转换”优先股中赚得最多的，条款简单实用，眼光长远。

巴菲特投资美国银行的“可转换优先股”是定制的，普通投资者买不到。但普通投资者也有自己的灵活性，可以根据巴菲特投资条款的细节，制订自己的交易策略。2011年巴菲特战略投资美国银行的消息公布后，美国银行股价开盘跳升近25%，后回落至约10%，收盘于7.65美元。没过多久，美国银行股价又掉头向下，最低时不到5美元。普通投资者此时已经知道巴菲特把转股价定为7.14美元，5美元买入相当于在巴菲特认可的价格的基础上打了七折左右，还是值得考虑的。

要点：固定收益产品的长期回报不如股票。

小结

要想富，还得靠股权！

第三节 在众人贪婪时恐惧

巴菲特有句名言：在众人贪婪时恐惧，在众人恐惧时贪婪[①]。看书时人人都懂这句话，实战中没几个人能做到，包括巴菲特的老师——格雷厄姆。

格雷厄姆的贪婪

巴菲特的老师格雷厄姆在少年、中年和老年都遭遇了金融危机。新闻报道经常会用“百年一遇”来形容金融危机，这给人的感觉是活一百岁才会碰上一次，实际上每个人一生会碰到3～5次金融危机。以20世纪的美国为例，1914年第一次世界大战、1929年大萧条、1939年第二次世界大战、1971年美元和黄金脱钩、1987年股市闪崩。一个世纪出现5次危机，平均每20年就出现一次金融危机。

格雷厄姆在1894年5月9日出生于伦敦。1岁时，全家迁往纽约。他小时候家庭条件优越，居住在纽约核心地段，家里还雇了3个佣人。1903年父亲去世后，母亲按当时主流做法融资购买了龙头股，在1907年的危机中亏得倾家荡产。

幸运的是，格雷厄姆获得了哥伦比亚大学的全额奖学金。他用两年半时间就完成了学业，1915年毕业时哥伦比亚大学英语、哲学、数学三个系给了他教职。因为少年时期由富裕跌到赤贫的惨痛经历，格雷厄姆选择了去股市淘金。他从文员做起，晋升到合伙人。1926年1月1日格雷厄姆成立了自己独立管理的投资公司，初始资金规模为40万美元。三年后，管理的资金增加到250万美元。

① Be fearful when others are greedy and greedy only when others are fearful.

格雷厄姆单干时碰上了好时机，美国出现了历史上从未有过的繁荣，道指从1921年64点涨到1929年10月最高的381点。1929年年初，格雷厄姆和当时的投资大亨巴鲁克[①]聊天，两人都认为市场已经过度投机。巴鲁克不能理解股民以8%的利息借钱去炒股息率只有2%的股票这种行为。格雷厄姆认为未来可能会反过来，股息率会达到8%，而借款利率只有2%。[②]两人都认为市场迟早会暴跌。

虽然格雷厄姆预测宏观经济会出现危机，但他对自己的投资信心满满，不但没有减仓，还借了不少钱。1929年中期，格雷厄姆管理的账户自有资金250万美元、负债200万美元。1929年10月股市开始下跌，一个多月道指跌了50%，11月13日跌到198点。但格雷厄姆并不慌张，他同时持有多头、空头和套利头寸，空头部分在市场大跌中赚了钱。到1929年年末格雷厄姆仅亏损20%，在业内被誉为“金融天才”。

1930年年初，格雷厄姆在冬季旅行中偶遇一位93岁的老人迪克斯（John Dix）。这位老人询问了格雷厄姆的业务，然后真诚而严肃地建议格雷厄姆赶回纽约、卖掉所有的股票、还掉借款、把钱退还给投资人，这样才能睡个好觉。格雷厄姆虽然觉得这位老人好为人师，但还是礼貌地表示了感谢。

度假归来，格雷厄姆喜遇股市强劲反弹，1930年4月道指上涨41%，达到279点。格雷厄姆对比了美国股票市场的历史，认为最困难的时候已经过去了，股市已经回归常态。他对自己选择的股票有很强的信心，并没有大幅减仓。但“地板下面还有十八层地狱”，从1930年4月开始，道指持续下跌，到1932年6月只有42点。

格雷厄姆管理的账户，1930年亏损50.5%，1931年亏损16%，1932年亏损3%。1929年1月，账户里有250万美元，1932年只剩下55万美元。当一位坚强的客户来提取本金时，发现百万美元的投资亏掉近80%，这位客户泪流满面。格雷厄姆虽然为此感到羞愧，但还是要求这位客户按比例承担相应的债务，因为格雷厄姆自己也快活不下去了。

---

① Bernard Mannes Baruch，1870年8月19日—1965年6月20日。他写过一本自传*Baruch: My Own Story*，中文翻译为《在股市大崩溃前抛出的人：巴鲁克自传》。

② 1932年格雷厄姆的预言实现了。

回过头看，格雷厄姆对于1929年前大众的贪婪虽有警觉，但过于相信自己了。首次暴跌时他的基金下跌了20%，虽好于同行，但也遭受巨大损失。他没有及时减仓、还清债务，没有听从迪克斯的建议，从此埋下了不幸的祸根。格雷厄姆事后的反思，引用了但丁的名句："没有比回想昔日幸福时光，更令人感到悲伤。"

唯一值得庆幸的是，格雷厄姆在大萧条期间为了养家糊口，开始撰写《证券分析》一书。这本书以格雷厄姆经历的市场的狂热和暴跌为案例，构建了完整的理论分析框架。格雷厄姆认为只有一种东西永远不会陷入熊市：愚蠢的想法。1949年，格雷厄姆出版了《证券分析》的通俗版，即《聪明的投资者》。1950年，巴菲特在申请哈佛大学商学院被拒绝后，查到格雷厄姆在哥伦比亚大学商学院教学。他怀着激动的心情给格雷厄姆写了一封信："我没有想到《聪明的投资者》的作者还活着……"

格雷厄姆的业绩远不如巴菲特，根源就在于大萧条。巴菲特从未遭遇过道指下跌90%的情况，对未来充满信心；而格雷厄姆差点把本金亏光，十几年的煎熬不堪回首。巴菲特出道时股价很少低于净资产，习惯了购买高市净率的股票；而格雷厄姆不但看到股价低于净资产，还看到大量股价低于净现金，对股市心有余悸。"老年人常思既往，少年人常思将来"，格雷厄姆"贪婪"了一次"被蛇咬"，在大牛市的初期就清仓离场，后来几十年的上涨和他就没有关系了。

要点：即便是精英，也避免不了贪婪。

巴菲特的恐惧

大萧条过去70年后，互联网股票躁动，空气中都弥漫着贪婪。巴菲特承受着巨大的压力，对于互联网公司的股票他不是买少了，而是一股都没有买。很多媒体批评巴菲特作为比尔·盖茨的好朋友，却完全不投资科技股[①]。伯克希

① 巴菲特为什么不买微软的股票？巴菲特指出："如果我买微软股票赚钱了，别人会说我是因为内幕信息。如果我买微软股票亏钱了，别人会说我是个大笨蛋。"参见主题3第二节的"错过的高科技公司"部分。

尔旗下的可口可乐、内布拉斯加家具城、喜诗糖果、吉列剃须刀、百科全书、波仙珠宝店等，都是“老掉牙”的公司。

一些伯克希尔的股东对巴菲特也有很多怨言。一个已经持有伯克希尔股票10多年的投资者后悔没有及早抛弃巴菲特。他在餐厅和人吃饭时聊天，别人的股票都涨了好几倍，他根本没脸接话，因为伯克希尔的股价一直跌。在2000年的伯克希尔股东大会上，有一位高中生说她2年前买了伯克希尔的股票，准备付大学学费，结果跌了50%。她质问：到底是什么造成了这样的结果？

媒体和投资者的冷嘲热讽不是没有道理的。过去几十年伯克希尔的股价大幅战胜指数，大家期望巴菲特保持连胜。但在互联网热潮期间，1998年10月纳斯达克指数约1400点，2000年3月最高达5048.62点，涨了约261%。伯克希尔A类股票1998年10月为66000美元，1999年3月最高涨到80900美元，然后连续下跌，一年后跌了近50%，跌到41300美元。1998年10月到2000年3月之间，投纳斯达克指数比投伯克希尔能多赚5倍的钱。跟着巴菲特10年才能赚到的钱，买纳斯达克指数1年多就可以实现，谁还需要巴菲特？

伯克希尔股价大跌有两方面的原因。一是投资者的情绪。卖掉伯克希尔的股票去追市场的热门股，马上就能赚到钱。越来越多的人这样操作，导致伯克希尔的股价进一步下跌，刺激更多的人卖出。二是自身业绩太差。伯克希尔于1998年年末收购了通用再保险公司（General Re），1999年该公司的亏损额就从2100万美元猛增到14.4亿美元。市场预计伯克希尔会出现自1965年以来的首次亏损，但巴菲特卖了些金融资产，到年末好不容易保住了微利。

在投资者贪婪的时候，巴菲特感到恐惧。他并没有在压力下改变自己，拿着大把的现金却远离节节攀升的科技股。在1999年年末的太阳谷会议上，巴菲特发表演讲抨击了互联网泡沫，而当时很多互联网公司创始人就坐在台下。

巴菲特表示大部分人都是根据过去的经验，特别是近期的人生经验做决策的。这就像开车的时候不看前面，而是看着后视镜，按照后视镜里最近的景象来开车。在短期，贪婪和恐惧对股票指数有重大影响；但在长期，贪婪和恐惧并不是股票价值的度量单位，对股票价值没有影响。言外之意是近期股票涨了，大家就追涨，这样做很危险。他还表示靠贪婪涨上去的股票会狠狠摔下来。

对于“科技改变世界，因此科技公司值钱”的理念，巴菲特以汽车生产商为例进行了反驳。他说一百年前人们预见到汽车将改变人类的生活，结果汽车对世界的改变确实超出了预期。虽然如此，但汽车股没有给投资者带来任何好处。高峰时期全美有2000家汽车公司，现在只有3家幸存下来，股价还常常低于净资产。

巴菲特的演讲对科技新锐有影响吗？当然没有，他们认为巴菲特太老套了。巴菲特的演讲对投机者有影响吗？当然没有，他们认为巴菲特才是看着后视镜开车的人。不过，姜还是老的辣。在巴菲特发表演讲后，科技股又飙涨了4个月，然后纳斯达克指数从2000年3月的最高5048.62点跌到年末的2471点，到2002年9月只有1114点。腰斩再腰斩，投机者“血流成河”。直到15年后，纳斯达克指数才重新超越2000年的高点。

要点：巴菲特在科技股狂热时保持冷静。

真话最危险

互联网泡沫破灭后，大众会吸取教训理性投资吗？不会。

阿道司·赫胥黎说过：“历史给人类最重要的教训，就是人类不怎么吸取历史教训。[①]”

在科技股泡沫破灭后，美国经济陷入衰退。美联储降低利率刺激经济，却把房地产吹出一个大泡泡。2010年5月26日，巴菲特接受了美国国会[②]的问询，谈了他对美国2008年房地产崩盘的思考。对于中国投资者，特别是持有多套房的投资者来说，这次谈话有重要参考意义。

巴菲特首先回顾了自己50年前的一个困惑。当时格雷厄姆告诉他：“一个合理的预期会比一个不合理的预期带来大得多的麻烦。[③]”巴菲特认为，直觉

① That men do not learn very much from the lessons of history is the most important of all the lessons that history has to teach.

② 执行问询的机构是金融危机的调查委员会（Financial Crisis Inquiry Commission）。

③ You can get in a whole lot more trouble in investing with a sound premise than with a false premise.

上合理的预期应该带来更好的结果，所以他很长时间没有完全理解格雷厄姆的这句话。但在2008年的金融危机中，他发现合理的预期会演化成不合理的狂热，瞬间懂了格雷厄姆要传递的信息。

如果一个人说月亮是由绿色奶酪做的，那么这是孩子都知道的假话，没人会相信他，也不会造成什么恶劣的后果。但如果一个人说因为通货膨胀，所以房价永远会上涨，这是一个合理的预期，却会引出巨大的麻烦。大概2/3的美国人都想有自己的房子，不愿意租房。40年前的房价确实比现在低很多，大家相信房价永远在涨，有财力的人都尽早买房。房价稳步上升，买房的人都发现自己赚了。很快购房者得出了一个结论：只买一套用于居住的房子的人是傻子。买1套不如买5套，钱不够就去借，借的金额越多越好。银行等借款机构的想法也一样：哪怕你没有还款能力，但只要钱是用于买房，就敢借给你。反正房价永远在涨，如果购房人不能还钱，大不了银行把抵押的房子收回来卖掉，还可以赚差价。

2008年美国房屋的总价值约22万亿美元，美国居民总财富是50万亿～60万亿美元，房产是居民最大的单一资产。美国居民可能不了解股票，没听说过郁金香泡沫[①]，但他们都看到了房价在不断上涨（图2–2）。很多人忘了房子的居住功能，想的只是炒房赚钱。当很高比例的人口追逐“房价永远会上涨”这个合理的预期时，合理的预期就发生了扭曲，成为危机的源泉。所有人都参与其中，炒房客、银行、媒体、评级机构、美国国会、巴菲特的邻居，甚至巴菲特本人，都认为房价不可能大幅度下降。因此，在美国最大也最容易借到钱的资产上，产生了美国历史上最大的泡沫。

① 17世纪30年代荷兰人全民炒郁金香，顶峰时期一颗郁金香球茎的价格相当于阿姆斯特丹市中心一套豪宅的价格。1637年2月郁金香价格暴跌，一周时间跌了90%。这是近代西方社会发生最早、记录最全面、融合了多种投机要素的大规模金融泡沫事件。

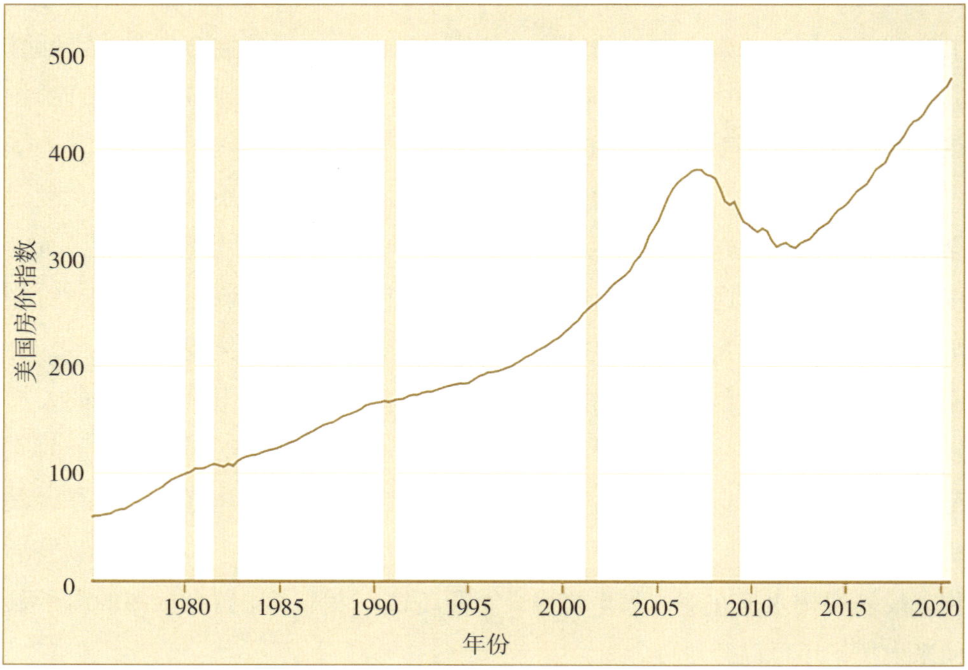

注：直观地看，房价指数一路上扬，在2008年以前从未有过大幅度的下跌。

图2-2　美国房价指数[1]走势图[2]（1975年1月1日—2020年7月1日）

巴菲特最后说，房地产泡沫的破灭就像人们在看一场电影。开始观众都认为这是喜剧电影，看着看着发现有些场景不对了，极少数敏感的人开始离场。一开始，离场的速度是缓慢的，不同的人在漫长的时段离开。剧情发展到最后，绝大部分人才醒悟过来这不是喜剧片而是恐怖片，疯狂地冲出电影院。2008年房地产泡沫破灭堪比“经济珍珠港”，巴菲特不能预测珍珠港事件的发生，也不能预测2008年房地产泡沫破灭。直到2008年9月，巴菲特才意识到这场危机已经严重到了威胁美国金融体系的程度。整个事件的发展过程是渐进的，每个人都是在亏钱后才得到经验和教训。

① 该指数将1980年1月1日的房价定为基准100。2007年1月达到阶段高点378.5点，2012年4月跌到阶段低点306.54点，2020年7月为465.84点。从统计数据来看，美国房价从1980年到2020年的40年间上涨了近4倍。

② 信息来源：https://fred.stlouisfed.org/series/USSTHPI。

要点：合理的预期可能带来大麻烦。

不要与泡沫共舞

电影《大空头》（*The Big Short*）是关于在泡沫中赚到钱的人的故事。该电影主角是个拥有医学博士学位的基金管理人，身上有一股书呆子劲，仅凭数据支持就敢去做空，其间差点破产，靠着强行禁止赎回才撑了过来。最终主角虽然赚了大钱，但中间的过程太惊心动魄。相比之下，观众普遍喜欢那个卖衍生产品的投行人士，客户要啥就卖啥。先卖看多的，再卖做空的，只要能赚钱就行。既利用泡沫赚钱，又利用泡沫的破灭赚钱。

“与泡沫共舞”是一个美好的愿望，不少人抱着这个愿望，“理智地”跳入贪婪的人群中。但贪婪是一种传染性极强的“病毒”，能够接管参与者的大脑。夜深人静时参与者自己都认为太疯狂了，但每当开市的钟声响起，贪婪会让参与者又打满了鸡血。每个人都会信心满满地对自己说：“我是幸运儿。”

幸运儿不是没有，只是很少。在相同比例的涨跌幅后，投资者总是亏损的。举例来说，投资者有100元本金，无论投资者是先赚了10%，再亏了10%，还是先亏了10%，再赚了10%，最终投资者都只剩下99元。当涨跌幅放大，投资者亏损的比例进一步提高。例如，投资者先赚了90%，再亏了90%，则最终亏损81%。在极端情况下，当投资者亏损了100%的时候，本金跌为0，市场再涨一万倍都跟他没有关系了。要在完整的泡沫周期中赚到钱，投资者的能力要非常强、运气要极度好。

1929 —1932年道指下跌了90%，投资者需要在此前1925—1929年的牛市赚到10倍以上，才能在90%的下跌中保住原有的财富，但实际上牛市期间道指只涨了1.5倍。99%的人在牛市中赚到的钱，完全不足以抵消在熊市中的亏损。只有完全不参与投机的人，才能躲开熊市，保住自己的财富。

2008年金融危机期间，美国房地产价格指数跌了约20%，相比大萧条期间道指的跌幅并不高。但是，美国公民房地产首付比例最低只有5%，这导致购房者到最后很可能倒欠银行的钱。例如一套100万美元的房产，购房者张三首付5万美元，在银行贷款95万美元。当房价下跌20%的时候，房产的市场价值只有80万美元。金融危机时张三无力还款，银行收回房子以80万美元卖掉，剩下的15万美元贷款余额还可以向张三追索。购房者赔了首付、赔了房子，还倒欠银行的钱。

投资者要避免被媒体带出错觉，不要把泡沫当成改变人生命运的时机。狗咬人不是新闻，人咬狗才是新闻。泡沫破灭时倾家荡产不是新闻，通过泡沫赚钱才是新闻。看完电影《大空头》，观众都会幻想自己是赚到大钱的主角，没有人会在意那位买了5套房的舞女。但在实际生活中，舞女的命运才是投机者的真实写照。

要点：和泡沫共舞，无异于火中取栗。

小结

从1929年大萧条、2000年互联网泡沫、2008年经济危机来看，基于合理预期的贪婪会形成泡沫。只有发自内心地“恐惧”泡沫，远离疯狂上涨的资产，才能安全度过危机。

第四节 在众人恐惧时贪婪：GEICO的历程

让格雷厄姆和巴菲特发大财的是同一家公司：政府雇员保险公司（以下以英文缩写GEICO代替）[①]。格雷厄姆赚了600多倍，巴菲特赚了约2300倍。师徒二人怎么从同一家公司赚到大钱的呢？这要从一个家族跌宕起伏的荣耀和悲剧说起……

格雷厄姆抄底

GEICO的创始人利奥[②]原是USAA保险公司的员工。利奥从统计数据中发现：一方面，政府工作人员出车祸的概率远低于社会平均水平；另一方面，保险公司大量的成本用于保险代理等中间人。他算了一笔账，如果不用代理人，把保险产品定向销售给风险极低的政府工作人员，可以把保单售价降低30%。

1936年，利奥和他的夫人莉莉安[③]白手起家创立了GEICO，向政府雇员销售车险。他们每天工作12个小时、全年无休。他们周末都在写纸质邮件回复客户的问询，处理客户的投诉。第一年，他们卖出了3754张保单，收入10万美元，雇员12人。一年后，他们决定把公司从得克萨斯州迁往公务员集中的首都华盛顿。1940年，GEICO保费收入为77万美元，首次实现盈利，盈利金额为1.5万美元，由此开启了持续35年盈利的发展期。

1941年，一场大冰雹突袭华盛顿，砸坏了好几千辆车。利奥安排修车店24

① 该公司的英文名称为Government Employees Insurance Company，虽然公司名称里有“政府”两个字，但这是一家私人公司，不是国有企业。公司缩写GEICO的发音和拼写与英语里壁虎（gecko）相似，因此该公司以壁虎为标志。

② Leo Goodwin，1886—1971年。

③ Lillian Goodwin，逝于1970年，出生年份不详。

小时不停地为自己的客户修车，不接其他保险公司的订单。他还预估玻璃配件可能会不够，买了几卡车的汽车玻璃到华盛顿救急。在利奥的精心安排下，在GEICO买车险的客户的车几天内就修好了，而买其他公司车险的车主等了好几周。GEICO一战成名。

当GEICO业务蒸蒸日上时，原来的大股东雷亚（Cleaves Rhea）想要退出。1936年创业时，利奥自筹2.5万美元，得克萨斯州当地的银行家雷亚出资7.5万美元。不像现在风投都是出大比例的钱拿小比例股份，当时雷亚按出资比例拿了75%的股份。1948年，雷亚家族担心GEICO会受到严重通货膨胀的打击，决定出售所持股份。以卖给格雷厄姆的价格估算，雷亚家族对GEICO整体估值仅142.5万美元，较净资产打了9折，仅相当于1.4倍的预期市盈率。

大多数人看到大股东低价把股票清空，难免会担心造假，担心公司前景，以各种理由不买。格雷厄姆抓住了众人恐惧的机会。他看好GEICO直接向低风险人群销售保险的业务模式，认可创始人夫妇勤奋踏实的创业精神。格雷厄姆分析了GEICO的财务情况，认为其盈利是真实的，得出了结论：雷亚家族在低价卖宝藏。于是，他打破自己单只股票投资不超过5%的惯例，用71.25万美元，相当于管理资金的25%，买了雷亚家族50%的股份。此后，GEICO的发展非常顺利。1950年GEICO的保费收入超过800万美元，1964年卖出第100万张保单，1970年成为美国第9大车险保险公司。

格雷厄姆是什么时候出售的GEICO股份呢？情况比较复杂。格雷厄姆和雷亚家族达成协议后不久，美国证监会出台政策禁止基金持有保险公司超过10%的股份，要求取消该交易。雷亚家族坚决反对，说服了美国证监会修订政策，允许格雷厄姆基金的投资人直接买GEICO的股份。于是，格雷厄姆通过柜台市场（Over-The-Counter Market）把GEICO的股票分配给了格雷厄姆基金的投资人。如果把GEICO的股票比作一群牛，把格雷厄姆比作村主任，把格雷厄姆基金的投资人比作村民，就是格雷厄姆作为村主任买了一群牛，突然法律要求村主任不能负责养牛，于是村主任把牛分给了村民，村民自行决定是继续养牛，还是把牛卖了。1948年一股GEICO的股价是27美元，那些一直持有直到1972年卖出的人可以获得16349美元，赚600多倍。

格雷厄姆的操作带来了意想不到的结果。GEICO的股份通过柜台市场分配，由此变成了公开交易的股票，需要披露信息。

要点：格雷厄姆抓住机遇集中资金投资。

大数据惹了祸

1973年，GEICO的一把手吉登（Norman Gidden）决定改变保单销售方式。此前，GEICO的承保对象已经从政府公职人员扩大到教师、有工作的退伍军人、GEICO的股东等，但依然以职业为客户选择标准。吉登决定改变承保标准，用最现代化的计算机作为工具，结合驾驶记录数据，向所有人群销售保单。吉登认为大数据能够从所有人群中挖掘出低风险的驾驶员，这样既扩大了销售范围，又能保持低赔付率。

但是，吉登忽视了一个问题：历史数据不能完美预测未来。例如两个驾驶员，一个是政府公务员，另一个是酒吧服务员，过去2年都没有事故记录。政府公务员未来出事故的可能性还是较低的，酒吧服务员因为工作需要，晚上开车的频率高，所以出事故的可能性相对高。一开始GEICO的保单销售成绩还算理想，1973年保单销售额达到4.79亿美元，成为美国第4大上市的汽车保险公司。

保单卖出去了并不代表获得利润，控制住赔付才能赚到钱。GEICO的低价吸引了一大批其他保险公司的高风险客户。这些人此前保费很高，开车小心翼翼，没有事故记录。现在能用低价买到保单，开车大胆，放飞自我，很快出了事故。GEICO的赔款额一路飙升，增长的保费远不够支付赔偿金额。吉登坚决不承认大数据销售有问题，用各种牵强的理由说明赔付上升只是暂时的现象。股东又不是傻子，一看管理层瞎折腾，马上“用脚投票”。1972年GEICO的股价最高为61美元，到1974年只有42美元了。

屋漏偏逢连夜雨，这时候美国开始推行“无过错保险[①]”。在此之前，出

① No-fault Insurance。此前美国法院系统堆积了大量汽车事故诉讼，为解决这些诉讼，法学界提出了“无过错保险”的概念。目前，美国不是所有州都采取“无过错保险”制度。

了事故由有过错方的保险公司全赔，无过错方的保险公司一分钱不出。但有过错方的保险公司常常不认账，无责任这方要上法庭打官司，成本很高。在“无过错保险”体系下，不管有没有过错，都直接找自己的保险公司赔，省了投保人很多事。这个对投保人的大利好，却变成了GEICO的大利空。因为GEICO的客户大多是事故中无过错方，原来GEICO一分钱都不用赔，现在照样赔偿。

仅仅2年多时间，GEICO就从明星公司滑到了破产的边缘。出了问题CEO怎么应对呢？理论上应是“刮骨疗伤”，实际上是个人偷偷跑路。吉登先让财务做账隐瞒了3000多万美元的亏损，然后悄悄地把自己持有的股票卖了3/4，平均每股卖了11美元。1976年年初，GEICO披露1975年年报，净亏损1.26亿美元。愤怒的股东们在1976年5月炒了吉登的鱿鱼，但此时GEICO的股价已经跌到2美元。

由于股价跌得太猛，GEICO创始人利奥的儿子小利奥（Leo Goodwin Jr.）的资产迅速缩水。1972年小利奥所持股票价值约2亿美元，借了三四千万美元的债务，负债率不算高。但到1976年，小利奥的股票资产暴跌，加上房产等其他资产总共只有2650万美元。资产缩水，所欠的债务可不打折。小利奥资不抵债，无奈在当年5月申请个人破产，所持GEICO股票在股价最低点被用于偿债。1976年6月1日，小利奥的儿子（Leo Goodwin Ⅲ）因吸食过量药物死亡，媒体怀疑是自杀。小利奥也在一年多后因为癌症过世。“富不过三代”，在中国如此，在美国也一样。

危急时刻，伯恩①走马上任。伯恩是个“狠角色”，一上来就把7000名员工裁掉4000人，关闭了100个网点，退出没有优势的区域。在新泽西州，伯恩想把保单价格提高35%，遭到了该州保险委员会的阻挠。谈不妥后，伯恩当面破口大骂，把营业执照扔给监管人员。伯恩回到公司就通知3万名车主换其他公司，解雇了2000名雇员，彻底退出了该州。其他州的监管机构明白伯恩是玩真的，不愿意本州出乱子，大多同意了GEICO涨价。

更为奇葩的是，伯恩要求竞争对手为GEICO提供再保险，说白了就是要竞争对手分担损失。伯恩威胁说，如果GEICO破产了，那些GEICO没有赔偿的

① John Byrne，1932年7月11日—2013年3月7日。

"无过错保险"保单还是会转回给竞争对手。一个头脑清楚的"老混蛋"不买伯恩的账，表示赔钱也愿意。只要消灭了GEICO，长期就能赚到更多的钱。但大部分公司的CEO并不是大股东，他们考虑的重点是保住短期利润，而不是优化长期竞争格局。最终，27个竞争对手公司联合为GEICO提供了1600万美元的再保险。

以上这些措施只是"止血"，GEICO更需要"输血"。只有大量补充资本金，才能弥补公司的赔付，保证稳定的运营资金。可是，在众人都恐慌的时候，到哪里去找"有钱不怕死"的"金主"呢？

要点：GEICO管理层迷信大数据，创始人孙子死亡。

巴菲特抄底

人的一生看命，企业的一生也看命，偶然遇到的贵人也许能救自己的性命。1950年秋季，巴菲特在大量阅读上市公司年报时发现老师格雷厄姆是GEICO的董事长，这激起了他的好奇心。1951年1月，巴菲特在大雪中坐火车从纽约赶到了华盛顿，独自敲开了GEICO总部的大门，和正在加班的公司副总戴维森①畅聊了4个小时。

拜访GEICO后巴菲特将自己一半的资金投入GEICO，以29.375美元的均价分4次总计买了350股，当年年末增值了28%。巴菲特不但自己买、向亲朋好友大力推荐，还在主流刊物上撰文推荐GEICO。1951年12月6日，21岁的巴菲特在当时知名的投资刊物《商业与金融纪事报》的《我最喜欢的股票》专栏，发表文章推荐GEICO②。GEICO是巴菲特首次独立推荐并大获成功的股票，满载着巴菲特青春的骄傲。

1952年，巴菲特以43.625美元的价格把GEICO的股票清空了，原因是他需要资金购买西部保险证券公司（Western Insurance Securities）的股票，该公司

① Lorimer Arthur Davidson，逝于1999年11月7日，享年97岁。1958年起担任GEICO的CEO。
② 伯克希尔2005年的年度报告中刊载了原文。

的股价仅相当于1倍市盈率。1965年，格雷厄姆卸任GEICO董事长职位。1971年，格雷厄姆的合伙人纽曼（Jerry Newman）卸任GEICO董事，并推荐了巴菲特接任董事职位，却因美国证监会的反对而作罢。虽然没能当上董事，但巴菲特一直在关注GEICO。1975年吉登“瞎折腾”时，巴菲特还专门去GEICO总部试图说服吉登，却在几分钟后被扫地出门。

吉登下台后，巴菲特通过华盛顿邮报公司的实际控制人凯瑟琳·格雷厄姆牵线，想和GEICO新的一把手伯恩沟通。伯恩不知道巴菲特是谁，拒绝了，25年前和巴菲特畅聊的戴维森知道此事后让伯恩马上去见巴菲特。伯恩和巴菲特在凯瑟琳的家中见面，巴菲特直指要害，问伯恩如何避免GEICO破产。伯恩临危不乱，条理清晰地讲了已经取得的进展和未来工作计划。会谈后巴菲特对伯恩评价很高，认为他既能分析，又会推销。

第二天早上，巴菲特买入50万美元的GEICO股票，成交价在2.125美元。这是巴菲特自1952年清仓后首次买入GEICO的股票。随后只要有人卖，巴菲特就买，1976年总计买入了价值412万美元的GEICO的股票，均价3.18美元。虽然巴菲特开玩笑说GEICO的股票“明天就可能一文不值”，但他心里知道自己和老师格雷厄姆一样，低价买到了宝藏。

伯恩计划发行7500万美元的可转换优先股（convertible preferred stock）。他四处说巴菲特已经投了400万美元，跟着巴菲特绝对没错。那时候巴菲特小有名声，但远够不上美国富豪榜。华尔街那帮“专业”投资机构听了都点头，就是不敢跟着巴菲特抄底。伯恩找到了所罗门兄弟公司（Salomon Brothers, Inc.），讲得天花乱坠，甚至说救GEICO符合“上帝的利益”。所罗门兄弟公司的人摸清楚巴菲特会买，同意包销GEICO的证券，但求伯恩不要再像唐僧那样唠叨了。其他金融机构看到所罗门兄弟公司敢包销，突然意识到这是个送上门的机会，立马“空翻多”积极认购。巴菲特只拿到约1/4的额度，价值1900万美元的可转换优先股。GEICO的普通股也大涨到8美元，如果小利奥能再熬几个月，股价上涨足够帮他还上欠款，他的儿子可能也不会死亡。

巴菲特在1976年抄底GEICO后没有卖出过，1980年后也没有增持GEICO。由于GEICO持续回购股票，伯克希尔的持股比例不断上升。截至1980年年末，伯克希尔持有1/3的GEICO股票。1991年，持股比例上升到48%。1995年8月25日，伯克希尔在持股比例达51%的情况下，宣布以23亿美元公开要约收购剩余49%的股份。GEICO是一只下金蛋的鸡，巴菲特要完全拿下。

巴菲特开始想用换股的方式拿下GEICO剩余股份。这样可以节税，但代价是会稀释伯克希尔的股权。不过，换股交易有两个问题：一是伯克希尔相对于GEICO的股价太高了，持有20股GEICO的小股东，只能换0.1股伯克希尔的股票，而股市没法交易0.1股；二是伯克希尔不分红，GEICO分红，美国市场机构投资者占比很大，很多机构投资条款规定必须投资分红的股票，这些机构反对换股。

为了解决上面两个问题，巴菲特提议伯克希尔发行可转换优先股。1股伯克希尔可转换优先股换1股GEICO的股票，分红等同于GEICO当前的水平。巴菲特提议每股优先股股价为55美元，GEICO的管理层要求不能低于60美元，双方没谈拢。7个月后GEICO的管理层加码，把每股GEICO的对价提升到70美元的可转换优先股或者70美元现金。

巴菲特问："价格能否便宜些？"

面对已经是自己的大老板并且马上会成为自己唯一老板的巴菲特，GEICO的管理层说："不。"

巴菲特回复说这个价位他不可能接受可转换优先股，只可能考虑现金对价。在决策前，他还要问问芒格的意见。当天晚些时候，巴菲特正式同意以每股70美元现金收购。现金收购相当于GEICO股东卖出股票，其所得需要纳税。与巴菲特长谈的戴维森已经93岁了，他虽然因此交了不少税①，但也支持巴菲特的收购。

有人问巴菲特：1980年之前购买GEICO公司1/3股权只花了4570万美元，为何当时不多花点钱把公司整体收购了，而是等这么久花23亿美元的代价来买剩余49%的股份？

① 美国市场卖出股票时赚的差价要收资本利得税。戴维森持有股票的时间很长，所以资本利得税很高。

巴菲特回答得很简单："这需要花很多钱。[①]"

巴菲特整体收购后，GEICO从交易所退市，不再有股价和市值。从伯克希尔的年报中可以得到GEICO的经营信息。2020年GEICO的保费收入为349亿美元，约是1995年保费收入28亿美元的12.5倍。假设市值增长与保费收入增长相同，2020年年末GEICO市值接近600亿美元。格雷厄姆和巴菲特两代大师，分别在最危险的时刻投入重金，挽狂澜于既倒，成就了商业传奇。GEICO市值历史如表2-4所示。

表2-4　GEICO市值历史

时间	事件	市值（估值）/美元
1936年	利奥和莉莉安创业	10万
1948年	格雷厄姆买入	142.5万
1951年	巴菲特学生时代首次买入	700万
1972年	阶段高点	8亿
1976年	巴菲特首次大规模买入	2600万
1980年	巴菲特持有1/3股权	3亿[②]
1995年	巴菲特将公司私有化	47亿
2020年年末		600亿

要点：GEICO 创立84年，市值涨了60万倍[③]。

贪婪也要看对象

"在众人恐惧时贪婪"，这句话并不是鼓励抄底。巴菲特一生中投资的公司不多，绝大多数股票即使从100元跌到1元，巴菲特也是不要的。他注重的是

① 我个人对这句话的理解如下：首先，1980年巴菲特的资金远没有1995年充裕，把GEICO完全私有化的代价不只是1/3股权的3倍，如果硬要"吃下"，会挤占其他项目的资金；其次，巴菲特当时还在探索以保险"浮存金"为核心的控股集团架构，没有成熟的成功经验，当时GEICO只是投资项目之一，而不是居于核心地位的"资金发动机"。巴菲特先获得相对控股地位，摸着石头过河。等经历多个周期，有约20年的经验之后，再全盘拿下。

② 在《1980年致股东的信》中，巴菲特列出了当年年末GEICO的市值。

③ 在《2020年致股东的信》中，巴菲特指出GEICO在1937年的保费收入为238288美元，2020年年末的保费收入为350亿美元，据此可以推算出1937—2020年GEICO的营业额增长了约15万倍。

股票未来值多少钱，而不是过去值多少钱。如果盲目贪婪，买价再低都可能跌落再跌落。泡沫越大的股票跌得越快，看起来上涨空间大，但上涨的可能性很低。大家可以复盘A股“乐视网”的走势，如果“在众人恐惧时”抄底这只股票，交易者会血本无归。

在《1980年致股东的信》中，巴菲特以GEICO为例，指出了在“在众人恐惧时贪婪”的原则。首先，巴菲特表示绝大部分“让众人恐惧”的股票都是需要远离的，完全不值得抄底。几十年间，各路人马给巴菲特推荐了几十个行业的数百家“即将从困境中反转的企业”。经过长期的观察，巴菲特的结论是“让卓越的管理者去拯救经营困难的公司，最终困难公司依旧是个‘老大难’，而卓越管理者的名声却被拖下水，这鲜有例外。[①]”

其次，巴菲特肯定了伯恩的贡献。1976年，GEICO处在破产的边缘。好在伯恩及时出现，以卓越的管理能力，帮助GEICO摆脱了困境。

最后，巴菲特指出了“商业优势（business advantage）”的重要性。GEICO从创业起就坚持低成本直销的业务模式，整个公司体系的设计和运转都建立在此基础上。其他车险公司的保单销售模式不同，很难改变自己和GEICO竞争。GEICO的业务模式对客户有巨大的价值，帮助优质客户节省了可观的保费。几十年来，公司赚到了充足的利润，一直在强化商业优势。后来公司虽然陷入困境，但商业优势并没有消失或者被削弱。

GEICO和1964年美国运通（American Express）发生色拉油丑闻时的情况一样。两家都是一流的公司，只是一时出现了财务困难。在卓越的管理者像做外科手术般，切除公司可识别的“癌细胞”后，两家公司依然拥有超强的商业优势。对于不具备以上条件的困境公司，反转只是一种奢望。

在根据巴菲特的以上原则选择出值得贪婪的对象后，还要有数十年的耐心，才能赚到大钱。做短线、博反弹、“捞一票就走”的想法属于暴殄天物，浪费了“众人恐惧”这种难得的机会。

格雷厄姆在《聪明的投资者》的最后，加入了两页半的后记。其主要内容是1948年，格雷厄姆违反了他反复强调的分散风险原则，用25%的资金集中购买了GEICO的股票。该股票买完就不停地涨，格雷厄姆一直觉得GEICO估值太

① With few exceptions, when a management with a reputation for brilliance tackles a business with a reputation for poor fundamental economics, it is the reputation of the business that remains intact.

高，但因为多种因素一股也没卖。最后得到了一个意想不到的结果：一只股票的收益远远超过历年其他所有投资收益的总和。

格雷厄姆坦率地分享了这个和他的理论严重抵触的案例。20年来他做了大量的调查、研究、分析，投入大量精力，做了无数次的权衡，但所有盈利远不如这一只股票。他感叹道："一次幸运的机会或者说一次极其英明的决策，可以超越老手一辈子的努力！而谁又能区分幸运和英明呢？[①]"

格雷厄姆要是买入后很快脱手，就会和他买其他股票的结果一样，赚不了几个钱。那些阻碍格雷厄姆卖出的限制，实际上是财富的阶梯，帮着遏制冲动而赚了大钱。这就像全球的房产，每个国家房产交易的手续都远比股票复杂，没有人做房产短线交易。结果几十年累积下来，啥也不需要做的"睡资产"却比让很多人殚精竭虑的股票赚得多。

建议将巴菲特和格雷厄姆对GEICO的总结放到一起看。选不出好公司，"在众人恐惧时贪婪"等于自寻死路。选出好公司，持有时间短了属于浪费。就像《射雕英雄传》里的黄蓉，在众人都不看好郭靖的时候精准出手，出手就奔着结婚去，终身绑定。黄蓉要是当时没有眼光，选了杨康、欧阳克，那婚姻就是坟墓。要是选了郭靖，但只是顺走匹宝马、消磨些寂寞就分手，那江湖上也不会有她的传奇。

要点：能度过危机的好公司才值得"贪婪"。

小 结

在众人恐惧的时候，重仓并长期持有一家具有商业优势的公司。这就是巴菲特赚大钱的秘密。

① One lucky break, or one supremely shrewd decision—can we tell them apart? —may count for more than a lifetime of journeyman efforts.

主题 3 盈利：复利的来源

理想的商业是股本可以获得高回报，而且这些回报可以再投入运营，获得同样高的回报。[①]

——巴菲特

THEME

① The ideal business is one that generates very high returns on capital and can invest that capital back into the business at equally high rates.

第一节 只买增长的，不买便宜的

判断一个公司的价值，格雷厄姆的标准是“变卖现有家产，看其值多少现金”，巴菲特的标准是“未来能挣多少钱”。

保守的格雷厄姆

巴菲特最推荐的投资书籍是格雷厄姆写的《聪明的投资者》，此书在1949年首次出版，大受好评，多次再版。第4版由格雷厄姆在1971—1972年修订，1973年出版。中文译本大多由第4版翻译而成。

《聪明的投资者》名气很大，很多投资者都看过。但看完的人不多，很多人第一章没读完就看不下去了。最根本的原因在于读者的目的和格雷厄姆的意图不匹配，读者想从书中找到“致富捷径”，格雷厄姆却反复强调股市的凶险①。有意思的是，正因为这不是一本宣传快速致富的书，所以直到今天还有人读。而那些畅销的股市“秘籍”，大部分变成了废纸。

《聪明的投资者》全书正文共20章，到第11章“普通投资者证券分析的一般方法”，格雷厄姆终于写明了股市赚钱的方法。

格雷厄姆指出市场上流行的盈利方式有如下三种：

（1）市场交易（trading in the market)。

跟随趋势，在市场上涨时买入，市场下跌时卖出。在具体的股票选择上，追逐近期交易活跃的股票，看涨停板、成交量、换手率等技术指标。大多数“技术分析”派采用的都是这个策略，很少看财务信息。

① 想要快速了解《聪明的投资者》的精华，参见主题5第一节的“速读《聪明的投资者》”部分。

（2）短线择股（short-term selectivity）。

买进预计短期盈利增长，或者有利好的股票。例如某新能源汽车出货量超出预期，预计其当季的财务报表很好，就买入。某连锁酒店被曝光不换床单，预计其当季入住客人数减少，利润减少，就卖出。

（3）长线择股（long-term selectivity）。

选择过去盈利良好，而且未来也会保持良好盈利的股票。例如汽车制造企业过去赚了很多钱，有人认为这种盈利会一直保持下去，毕竟大多数人没有车而且渴望一辆车。于是，就买入汽车制造企业的股票。

但格雷厄姆认为这些流行的做法都赚不到钱。

对于“市场交易”，格雷厄姆认为跟随趋势交易不能保证本金安全，更不能保证收益。大部分技术分析的核心是“追涨杀跌”，这不合逻辑，因为同样的东西应该在其便宜的时候买。对于同一家公司，显然股票价格越低的时候越值得买入，越高的时候买入反而越有风险。

对于“短线择股”，格雷厄姆认为有两个因素限制了这个策略。一是人总会犯错误。例如2020年1月中国已经采取强有力措施抗击新冠肺炎疫情时，美国大多数交易者不以为然，以为它就是“大号流感”，直到2月中旬才意识到情况严峻。二是市场参与者的竞争。重点公司当年和下一年的盈利，都被分析师仔细测算过了，并以多种形式告知市场参与者。只根据短期业绩预测进行股票交易，很难赚到钱。

对于“长线择股”，格雷厄姆认为其出错的可能性比“短线择股”更大。时间是最大的障碍，长期会发生很多预料不到的情况，可能影响企业的盈利甚至威胁企业的生存。很多天资聪颖又勤奋研究的人，想在热门行业中发掘出明星公司，结果不但没赚到钱，反而亏了不少。以航空业为例，在20世纪50年代，投资者和分析师都看好航空客运、货运的快速增长，因此航空股成为当时市场上热门的股票。客运量、整体收入的增长确实都实现了，但航空公司买飞机消耗了大量资金，航空股表现很一般。

否定了上述三种策略，打击了投资者的热情后，格雷厄姆又把投资者拉回来。他表示长期稳定盈利的策略是存在的，即买低估值的股票。

市场上总会存在一些没有人关注或者不被大众看好的股票，这些股票的价格在净资产附近。在大萧条时期、1957年、1970年，有大量股票的价格低于每股净资产。如果投资这类股票，长期的收益会超过热门股票。因为热门股票在很大程度上会受市场情绪的影响，股价可能暴跌。而那些价值被低估的股票，其股价有净资产的支撑，不太受市场情绪的影响，更容易实现长期收益。

有人怀疑格雷厄姆，如果买股价低于净资产的股票就能赚钱，那每个人都能掌握这个赚钱方法——显然这是不可能的。格雷厄姆强调：低估值的股票可能在很长时间不会上涨，甚至会进一步下跌。投资者要等待很长时间，经受极大的考验。这种策略不容易学会，竞争者不多，在市场上一直有效。

如果把《射雕英雄传》里的人物当作股票，格雷厄姆会优先考虑金国王爷完颜洪烈。完颜洪烈拥有大量现金，而且拥有美酒、药材、金银珠宝、核心地段房产，把这些卖了马上就可以换成现金。周伯通、洪七公无房、无车、无存款，不值得考虑。黄药师、欧阳锋房产面积虽不小，但位置太偏僻。郭靖的汗血宝马看起来还值点钱，但大部分人驾驭不了，实际价值几乎为零。至于这些人未来的收益如何，格雷厄姆并不想消耗脑细胞去考虑。

要点：格雷厄姆关注已有资产变现的价值。

“烟蒂股”

巴菲特是格雷厄姆的得意门生，把格雷厄姆的投资方法用得青出于蓝而胜于蓝。唯一的缺点是，他学会的时候太年轻了，不容易控制住自己的情绪。但巴菲特当时最大的优点也是年轻，有足够的时间化腐朽为神奇。

伯克希尔是巴菲特的得意作品①，是他用格雷厄姆的方法投资的知名公司。1962年，巴菲特发现一家主营纺织业务、很少有投资者看好的公司。这家

① 伯克希尔的成功并不代表“烟蒂股”值得买。如果不是巴菲特操盘，换成其他任何人，这家公司早消失了。这部分内容请参阅《2014年致股东的信》中“Berkshire—Past，Present and Future”部分。

公司利润不高但资产不少，每股扣除负债后的流动资产有10.25美元，每股净资产为20.2美元。12月，巴菲特通过巴菲特有限合伙[①]以7.5美元的价格买入伯克希尔的股票，该价格只有公司净资产的1/3。

一年半后，1964年5月6日，巴菲特收到了伯克希尔大股东斯坦顿（Seabury Stanton）的一封信，信中表示愿意以每股11.375美元的价格收购巴菲特所持有的公司股票。伯克希尔当时共有1583680股，其中巴菲特持有约7%的股份（约11万股）。在巴菲特收到这封信之前不久，斯坦顿向巴菲特询过价，巴菲特明确表示卖价是每股11.5美元。而斯坦顿亲口答应："好的，我们成交。"巴菲特一直期待这笔交易，并且他认为价格应该是斯坦顿承诺的每股11.5美元，而不是11.375美元。斯坦顿把承诺当成空气，每股砍了1/8美元[②]，约1.1%。巴菲特不缺这1.1%，一年半赚50%，也不错了。但巴菲特认为斯坦顿在耍他，咽不下这口气。

巴菲特不但拒绝了斯坦顿的报价，一股不卖；而且反过来大举买入。到1965年4月，巴菲特已经持有伯克希尔392633股，约占当时总股本1017547股[③]的39%，成为新的大股东。在当年5月的董事会上，巴菲特把"不知好歹"的斯坦顿赶出局，彻底控制了伯克希尔。

冲动是魔鬼。巴菲特只过了1年好日子，就发现自己被"套牢"了。他买伯克希尔股票的时候，就知道其纺织业务极其糟糕，行业的衰败也不是可以挽回的。就为了这1/8美元的差价，巴菲特将25%的资金投入了这个夕阳行业。即使巴菲特成了大股东，公司的主营业务也没有改善，来自全球特别是亚洲的压力让伯克希尔举步维艰。1969年就有投资者问他为何不关闭纺织业务，他在《致合伙人的信》[④]中，说："我不想关闭一项雇佣了1100人的业务……"挣扎了16年，到1985年，巴菲特终于认命，关闭了纺织业生产线。

---

① Buffett Partnership Ltd.，简称BPL，是巴菲特管理的私募基金。

② 当时美国股票交易的最小差价是1/8美元，而不是0.01美元。例如一只股票买家出价11美元，卖家的出价必然是"11又1/8美元"，而不是"11.01美元"。这个"奇怪"的报价系统源于西班牙对黄金等贵金属的报价。直到2001年4月9日，美国SEC才要求所有公司采用十进制（decimal system）报价。

③ 这个总股本较巴菲特收到报价时的1583680股减少了约1/3，因为当时公司在不断回购股票。

④ 《致合伙人的信》写于1957—1970年间，与《致股东的信》是不同的系列。

巴菲特吃了大亏后，用“烟蒂股”（cigar butt）比喻看起来很便宜，但其实并不能让投资者发财的股票。在股市上投资这类股票的人，就像游荡在大街上四处找烟蒂的人。走了很远、花了很多时间，好不容易发现一个“别人抽剩的烟屁股”，虽然湿答答、脏兮兮的，但还可以抽一口。尽管它确实免费，但是只能吸一口，吸完什么也没有了，只能再去找下一个。

十多年前接触“烟蒂股”这个词的时候，我有些误解，以为“烟蒂遍地都是”，我周边的情况也确实如此，只要愿意，可以毫不费力地一个接着一个捡起来抽。等参加伯克希尔股东大会的时候，看到奥马哈大街上车辆川流不息，却很少有行人，我才突然意识到：在美国大街上捡个烟蒂是很困难的。不是说美国人不抽烟或者讲究公共卫生，而是大街上人太少。巴菲特用“烟蒂股”这个词，美国投资者很容易理解“找到烟蒂很难”的隐含意思，而我把这事想得太简单了。

巴菲特的这笔投资，就好像折价收购了黄药师的桃花岛。尽管买的时候知道这个岛很偏远，游客人数在下降，但觉得岛上的酒店值钱，喜欢看金庸小说的人很多，买下了至少能小赚。没想到当了岛主后，发现年轻人根本不爱看金庸小说，酒店不仅游客稀少，还要掏大笔费用维修保养。巴菲特贪小便宜吃大亏，只好琢磨伯克希尔的转型。

要点：巴菲特想捡个便宜的“烟蒂股”，没料到越陷越深。

小糖果的大智慧

1959年，巴菲特和芒格一见如故。当时巴菲特29岁，芒格35岁。芒格不客气地指出按照格雷厄姆“烟蒂股”的投资方法，选不出好公司，赚不了大钱。巴菲特对此早有察觉，但没有系统总结。他认可芒格的说法，但“知易行难”，行动上还有很深的格雷厄姆烙印，所以在见了芒格之后仍旧买了伯克希尔的股票。直到1972年巴菲特在芒格的力劝下买入喜诗糖果[1]，才算是从思维上跳出了格雷厄姆的限制，开始形成他自己的投资哲学。

① See’s Candies，公司网址：https://www.sees.com/。

1854年，喜诗（Mary See）出生于加拿大，她20岁结婚，和丈夫一起运营小酒店。她最爱的是巧克力，对甜和苦的融合有超凡的把握能力。1919年她的丈夫过世，喜诗全家搬迁到美国洛杉矶。1921年，大儿子查尔斯（Charles A. See）用妈妈的独家配方开了第一家喜诗糖果店。4年后店面扩展到12家，其中一家设立在洛杉矶著名的中国剧院[①]。

1929年，美国陷入大萧条，人们的收入锐减。很多巧克力商家因为房租、原材料成本没有下调，依然坚持每磅（1磅约为453.59克）80美分的售价，结果没人来买只能关门。查尔斯为了在保证质量的同时严控成本，想出了一个绝妙的点子：如果单次购买50磅且提前付款，每磅的售价降低到42美分。这种"大量优价[②]"的定价策略吸引客户大量购买，降低了库存和销售成本，还压缩了竞争对手的销量。

1942年第二次世界大战期间，黄油、糖、奶油等巧克力原材料都需要配给，供应极度紧张。喜诗糖果内部展开了激烈的大讨论，研究在不降低品质、不牺牲口感、缺少原材料的情况下如何满足客户的需求。公司最后用了一个险招：用最好的原材料，但降低产量。每个店面每天只分配少量的巧克力，卖完就关门，结果每天还没开门，客户就排起了长队。这是"饥饿营销"的绝妙案例。

1949年，查尔斯先生过世。这时喜诗糖果已经有78家店面和2家巧克力工厂。此后公司由查尔斯先生的两位儿子，劳伦斯[③]和哈里（Charles B. See，巴菲特和媒体常称他为Harry）运营。1969年，劳伦斯先生过世。2年后，弟弟哈里先生不想继续运营，决心把这家巧克力连锁店卖掉。蓝筹印花公司[④]的威廉（William Ramsey）知道这一消息后，给巴菲特打了个电话。

一开始巴菲特没兴趣。喜诗糖果的店面集中于加利福尼亚州，而巴菲特住在2500公里外，他当时不那么爱吃巧克力。威廉把喜诗糖果的财务信息发给了巴菲特，坚持让巴菲特再看看。巴菲特深入了解喜诗糖果后，咨询了芒格的建

① TCL Chinese Theatre，此前称为Grauman's Chinese Theatre。好莱坞众多影片在此首映，旁边星光大道上有诸多影视明星手印。
② volume discounts pricing，芒格最喜爱的公司开市客（Costco）也采用这种策略。
③ Laurance Alexander See，1962年，劳伦斯和他的夫人展开离婚诉讼，此案确定了夫妻共同财产（community property）的概念和离婚时平分共同财产的原则。此前，很多法院认为离婚时女方只能得到自己的资产，不能分男方的资产，这对没有工作的家庭妇女不公平。
④ 蓝筹印花公司的介绍参见主题6第二节的"抓住重点"部分。

议，决定参与收购。哈里开价4000万美元，巴菲特可不是愿意付出高价的人，他砍了500万美元。哈里没同意，大家各回各家。喜诗糖果没找到更好的买家，最终接受了巴菲特的出价。1972年1月3日，交易完成（表3-1）。

表3-1　1971年的喜诗糖果①

项目	数额
销售收入	3000万美元
销售量	1600万磅
平均每磅售价	1.95美元
税前利润	400万美元
税后利润	200万美元
公司账面现金	1000万美元
净资产	800万美元
总股本	100万股
巴菲特收购价	3500万美元
扣除账面现金的净收购价	2500万美元
净收购价/税前利润	6.25倍
净收购价/税后利润	12.5倍
净收购价/净资产	3.125倍

注：（1）巴菲特用多种方式表达过喜诗糖果当时的净资产。
《1983年致股东的信》："net tangible assets"是800万美元。
《1991年致股东的信》："net worth"是700万美元。
《2007年致股东的信》："The capital then required to conduct the business"是800万美元。
（2）巴菲特在大多数场合认为收购价是2500万美元，而不是"扣除账面现金"前的3500万美元。

除了收购价格，在收购时双方谈得最多的就是高管人选。原来的管理人是哈里，他不想干了才卖掉公司，不可能留任。巴菲特不想从其他公司挖高管，希望从喜诗糖果现有管理团队中提拔一个了解公司、对巧克力有热情的人。在哈里的推荐下，巴菲特选定了查克（Chuck Huggins）。此前，1951年，从"二战"退役归来的伞兵查克加入了喜诗糖果，担任包装部门经理，20年内逐步晋

① 数据来源：相关年度《致股东的信》和See's Candies Case Study Prepared by John Chew（https://www.valuewalk.com/wp-content/uploads/2015/01/Sees_Candies_Case_Study.pdf）。

升到副总经理。巴菲特收购喜诗糖果后，哈里离职，查克成为总经理。查克一干就是34年，直到2006年才退休。

要点：巴菲特在芒格的劝说下“高价”收购了喜诗糖果。

“永动机”

喜诗糖果的投资是巴菲特投资哲学的转折点。此前巴菲特一直采用格雷厄姆的方法：（1）买“烟蒂股”；（2）免费“抽”一口；（3）扔掉，然后寻找下一个投资标的。伯克希尔的惨痛教训让他意识到格雷厄姆的投资策略已经走到了尽头。他不断地思考，寻找全新的投资模式。喜诗糖果是“永动机”投资模式的第一个案例，通过喜诗糖果，巴菲特找到了属于自己的道路。

“以合理的价格买入优秀公司，远胜于以超低价格买入普通公司。[①]”从喜诗糖果开始，巴菲特不再寻找低估值的股票，转而寻找能够“长期产生复利的企业”。他认为长线择股策略是可行的，该策略基于未来盈利估算公司的价值，所以巴菲特愿意以3倍的市净率购买喜诗糖果。而格雷厄姆基于过去，只算企业已经积累了的财富，不愿意购买市净率高于1倍的公司。

从喜诗糖果开始，巴菲特持股时间显著增长，交易频率显著下降。此前巴菲特买卖相对频繁，因为“烟蒂股”免费“吸”了一口之后，再留在手上就没有意义了。在历年《致股东的信中》，巴菲特列出了喜诗糖果的财务信息（表3-2），可见喜诗糖果的销售收入和税前利润长期稳定增长，持续产生复利。对于这种公司，没有卖出的必要。到2022年，巴菲特将持有该公司50年。

喜诗糖果是拥有定价权的公司。“如果你要在情人节向心爱的人表达爱意，你会选择送喜诗糖果，还是送便宜些的牌子？”答案显然是“喜诗糖果”。大多数人不会为了省一点点钱，而送给爱人便宜的商品。

巴菲特看重喜诗糖果的“永动机”性质：不需要太多的投入，就可以持续产生利润。在《2007年致股东的信》中，巴菲特表示，1972年买入喜诗糖果的时候，喜诗糖果的年销售量为1600万磅，2007年其销售量为3100万磅，平均每一年销售量的增长只有2%。但喜诗糖果对伯克希尔的贡献，绝不仅仅是每年2%的增长率。

① It's far better to buy a wonderful company at a fair price than a fair company at a wonderful price.

表3-2 喜诗糖果财务摘要

时间	销售收入/万美元	税前利润/万美元	税后利润/万美元	净资产/万美元	销售量/万磅[1]	门店数/家
2011年		8300				
2007年	38300	8200		4000	3100	
1999年		7400				
1998年		6200				
1997年		5900				
1996年		5190				
1995年		5020				
1994年		4753.9				
1993年		4115				
1991年	19600	4239		2500		
1990年		3958				
1989年		3423.5				
1988年		3247.3			2510	
1987年		3169.3				
1986年		3034.7				
1985年		2898.9				
1984年		2664.4				
1983年（53周）	13353.1	2741.1	1369.9	2000	2465.1	207
1982年	12366.2	2388.4	1187.5		2421.6	202
1981年	11257.8	2189.1	1077.9		2405.2	199
1980年	9771.5	1547.5	754.7		2406.5	191
1979年	8731.4	1278.5	633		2398.5	188
1978年	7365.3	1248.2	617.8		2240.7	182
1977年	6288.6	1260	615.4		2092.1	179
1976年（53周）	5633.3		556.9		2055.3	173
1975年	5049.2		513.2		1913.4	172
1974年	4124.8		302.1		1788.3	170
1973年	3505		194		1781.3	169
1972年	3133.7	420	208.3		1695.4	167
1971年	3000	400	200	800	1600	

注：（1）1972—1983年的销售收入、税后利润、销售量、门店数来自《1983年致股东的信》。

① 1磅≈453.6克。

（2）1972年的税前利润来自《1991年致股东的信》。
（3）1971年的销售收入、净资产、销售量来自《2007年致股东的信》，税后利润来自《1983年致股东的信》。税前利润数据来自See's Candies Case Study Prepared by John Chew。由于巴菲特在1972年1月3日收购喜诗糖果，所以将“巴菲特收购喜诗糖果的数据”列为1971年年末的数据。
（4）其他年度数据来自对应年度《致股东的信》。
（5）财务年度结束于每年的12月31日，1972—1983年除注明外均按每年52周计算。

1972—2007年，喜诗糖果税前利润从420万美元增加到8200万美元，总计为伯克希尔贡献了13.5亿美元的税前利润。1971—2007年，喜诗糖果的净资产从800万美元增加到4000万美元。也就是说，36年间喜诗糖果只追加了3200万美元用于经营，余下的13.18亿美元全部归属于伯克希尔，巴菲特用这些钱收购其他盈利的企业。就像伊甸园里的亚当和夏娃开启了人类生生不息的繁衍的篇章，喜诗糖果也为伯克希尔源源不断地提供收购资金。

在美国，像喜诗糖果这样的企业并不多。许多企业若想要有同样的利润增幅，则需要在流动资金、存货、固定资产等方面投入4亿美元的资金。用4亿美元的投入赚8200万美元没有什么不好，但还是比不了喜诗糖果只用4000万美元就赚了同样的利润。

有朋友可能会问：半个世纪前的糖果店对现在有啥意义呢？2020年3月，安迪[①]采访了巴菲特：“你觉得FAANG[②]的股票有泡沫吗？”

巴菲特回答说：“没有，正相反。这些公司除了奈飞，基本都不需要新增资本投入。这些公司有极佳的商业模式，使它们和其他公司越来越不同。如果你回头看10年、20年、30年前的全球市值排名前10的公司，你会发现是AT&T、通用汽车、标准石油等公司，这些公司需要被不断地投入资本。就像卡内基[③]的钢铁厂，建成一个后运营三四年，才能积累到足够的钱去建下一个。石油工业也一样，需要不断地投入资本。现在全球市值排名前5的公司占股票总市值的10%，这些公司不需要资本投入。它们虽在某些地方要花钱，但总的来说，它们是轻资产公司，和此前的巨头不一样。”

① Andy Serwer，雅虎金融（Yahoo Finance）的总编，本书后续多次提到安迪对巴菲特的采访。
② FAANG指Facebook、Amazon、Apple、Netflix、Alphabet（Google的母公司）五家公司。2020年更多的提法是FAAMG，用微软（Microsoft）替换了奈飞（Netflix）。
③ Andrew Carnegie，1835年11月25日出生于英国，1919年8月11日逝世于美国马萨诸塞州。

由此可见，从糖果店到FAANG，好的公司都有相同的“永动机”特性：不需要太多资本投入，盈利就能一直增长[①]。

喜诗糖果就像《射雕英雄传》里的郭靖。格雷厄姆是不会投资郭靖这种“穷小子”的，巴菲特却会发现郭靖的优点。一是所需投资极少，只需粗茶淡饭，不用山珍海味。二是练武用心，自觉勤学苦练，不用师傅盯着。三是长期回报稳定：武功日渐增长，江湖地位稳步提升。选择这种股票，既省心省力又能赚大钱。

要点：喜诗糖果和FAANG一样，不需要太多投入，就能持续让钱生钱。

小 结

格雷厄姆喜欢“股价打骨折”的股票，巴菲特用格雷厄姆的方法投资伯克希尔，不小心被套牢。自从投资喜诗糖果后，巴菲特不再寻找“烟蒂股”，转而长期持有不需要太多资本投入，盈利就能一直增长的“永动机”类股票。

① “...have an ever-increasing stream of earnings with virtually no major capital requirements.”

第二节 黑客与巴菲特

如果生活在金庸先生描写的江湖世界，很多人愿意“挥刀自宫”练《葵花宝典》，为成为顶级高手而冒险。但如果已经是顶级高手，一般是不会瞎冒险“挥刀自宫”的。绝大部分嘲笑巴菲特不投科技股的人，还处在需要冒险的阶段。

错过的高科技公司

巴菲特错过的高科技公司数不胜数，擦肩而过的有英特尔、微软、谷歌。

1968年，巴菲特应罗森菲尔德[①]之邀加入了格林内尔学院[②]的董事会。此后不久，该学院的校友诺伊斯[③]打算离开仙童半导体[④]自己创业。学院相信诺伊斯的天赋和能力，愿意参与他创建的新公司。诺伊斯给了学院购买30万可转换债券的额度，这样即使新公司发展不利，学院仍旧可以获得债券的利息。

诺伊斯创立的公司就是英特尔，虽然格林内尔学院较早出售了其股票[⑤]，但也获得了高达46倍的回报。巴菲特知道诺伊斯发明了半导体集成电路，参与创立仙童半导体公司并大获成功，在技术和管理上都极具才华。但巴菲特

① Joseph Frankel Rosenfield，1904年5月16日—2000年6月7日，巴菲特和媒体常称他为Joe。他邀请巴菲特加入格林内尔学院（Grinnell College），并向巴菲特介绍了投资英特尔的机会。

② Grinnell College，成立于1846年，位于美国艾奥瓦州，该州与巴菲特所在的内布拉斯加州相邻。学校网址：www.grinnell.edu。得益于巴菲特的投资建议，2019年该校基金会资产规模约为20亿美元，是美国按在校学生人数计算，人均资金最富足的院校之一。

③ Robert Norton Noyce，1927年12月12日—1990年6月3日。他与戈登·摩尔（Gordon Moore）和安迪·葛洛夫（Andrew Grove）一同创立了英特尔。诺伊斯在格林内尔学院时是个“问题学生”，曾经做了道“烤乳猪”，但猪是偷来的。

④ Fairchild Semiconductor，研发出商用集成电路，诺伊斯是该公司创始人之一。

⑤ 可转换债券可以转为股票，在英特尔大获成功后，格林内尔学院将债券转为股票出售。

没有投资英特尔[①]，他解释说："我不是反对投资英特尔，只是不了解半导体行业。而我不会投资我不了解的行业[②]。"然后补充说："对此，我的姐妹很不理解。"

很多人和巴菲特的姐妹一样，很难理解巴菲特这句"不会投资我不了解的行业"。英特尔的业务多么简单，就是制造每台计算机都需要的芯片嘛。大众认为巴菲特应该认真检讨，复盘自己为什么犯下如此严重的投资错误，而不是一直嘴硬，导致又错过了微软。

1991年的一天，比尔·盖茨接到妈妈的电话："7月5日你和巴菲特见个面吧。"盖茨这种超级牛人，一般不觉得有必要见其他人。与其浪费时间和巴菲特瞎聊"市盈率""选股"这种无聊的事情，不如好好工作。盖茨直白地说："他就会买卖纸片。[③]"然后礼貌地说："7月5日那天我已经有日程安排了，我非常忙，抱歉。"

知子莫若母，盖茨的妈妈只说了一句："凯瑟琳[④]也来。"

盖茨从未见过凯瑟琳，但凯瑟琳拍板发表越南战争绝密文件、揭露"水门事件"的勇气给盖茨留下了很深的印象。盖茨马上改口说："我来几个小时就走。"

当天，巴菲特、凯瑟琳和几位知名记者挤在一辆小车里，开了几个小时去盖茨的度假别墅。相比盖茨乘坐轰鸣而来的直升机，巴菲特这种低调的出场方式更令盖茨的家人震惊。巴菲特、凯瑟琳和盖茨先聊了零售商减少广告投放对报纸的冲击，然后巴菲特问了盖茨几个问题："如果是你创立IBM，哪些方面你会做得不同？IBM的增长点在哪里？对于他们来说，什么发生了变化？[⑤]"盖茨一下子就被巴菲特的问题抓住了，两人整整谈了一天，临走时，巴菲特邀

---

① 参见《跳着踢踏舞去上班》（*Tap Dancing to Work：Warren Buffett on Practically Everything*，1966—2013）一书的第4章。

② I don't go into businesses that I can't understand.

③ Look, he just buys and sells pieces of paper. 这句话来源于https：//buffett.cnbc.com/buffett-timeline/。

④ 凯瑟琳·格雷厄姆（Katharine Meyer Graham），1917年6月16日—2001年7月17日，华盛顿邮报公司董事长。

⑤ If you were building IBM from scratch, how would it look different? What are the growth businesses for IBM? What has changed for them?

请盖茨去奥马哈看橄榄球赛。盖茨答应了，没再说自己很忙。

即便如此，伯克希尔也从未买过微软的股票。在2018年的伯克希尔股东大会上，有人问巴菲特：“你已经买了苹果公司的股票，投资高科技行业。盖茨先生就在会场。你为什么从来不买微软公司的股票？”

巴菲特大笑：

“在早期，答案非常清楚：因为我笨。”

“自从盖茨加入伯克希尔董事会，甚至早在我们成为朋友的时候，伯克希尔如果购买微软股票就是犯错。假设伯克希尔买入微软，一星期或者一个月以后，微软的盈利超过预期、进行了并购，或者发生任何导致股价波动的事情，我和盖茨都可能被不公平地怀疑甚至被起诉，人们会说这是因为盖茨告诉了我一些消息，或者我告诉了盖茨一些消息。”

“我不想惹上这样的麻烦。有些麻烦我一点也不想碰。我们可能谈过了一些事情，我可能和别人谈过些事情，这些谈话事后看可能暗示了某些信息。所以我和手下，例如泰德和托德[①]，说过一些事情不能做。如果刚买就有好事情发生，很多人不会相信我们。”

“因为以上原因和我的愚蠢，我们少赚了很多钱。”

谷歌是媒体关心的另一家公司。2020年3月安迪采访巴菲特时有一段有趣的对话。

安迪：“你为什么没有投资谷歌？”

巴菲特：“这是一个好问题，但我没有好的答案。我确实应该投资谷歌。一方面，谷歌还没有上市的时候，我和谢尔盖·布林、拉里·佩奇[②]见过面，我们简单聊了聊伯克希尔投资谷歌的可能性。当时GEICO大量使用谷歌，我知道搜索的力量，自己也经常搜索，搜索对我和GEICO都很有价值，这点在我的理解范围之内。另一方面，我看到谷歌在很大程度上改变了搜索方式。我就想：也许其他人会超越谷歌。如果有人起步稍早，说不定已经超过谷歌

① Ted Weschler和Todd Combs。巴菲特的两位投资经理，每人各负责100亿美元二级市场的投资。巴菲特看到其中一位买入苹果公司后，加大了对苹果公司的投入。2020年伯克希尔持有的苹果公司市值超过千亿美元。

② Sergey Mikhaylovich Brin和Lawrence Edward Page，谷歌的两位创始人。

了。我离谷歌总是差这一步。”

安迪：“你有没有狠狠踢自己一脚？问自己：‘巴菲特！这是怎么搞的？’”

巴菲特：“没有。我犯过很多错误，如果每次都踢自己，我的脚就累坏了。你在投资中不需要踢自己，当你犯错误的时候也不需要踢自己。犯错误是投资行为的一部分。”

要点：巴菲特错过了英特尔、微软和谷歌，但犯错误是投资行为的一部分。

投资亚马逊

早在2002年，巴菲特就投资了亚马逊近1亿美元。但巴菲特买的是亚马逊的债券，而不是股票，巴菲特当时并不看好亚马逊的股票。

2002年7月，巴菲特给贝索斯写了一封信，支持贝索斯将期权列为成本[①]。一周后，伯克希尔旗下的GEICO披露[②]投入约9800万美元买入109239张票面利率为10%的债券。每张债券面值为1000美元，而交易价格只有900美元。这些债券发行于1998年，前5年不付息。亚马逊已经回购了2.66亿，还剩下2.64亿。有关人士预计亚马逊会在2003年5月1日，即5年免息期到期前回购这些债券。否则，亚马逊每年需要支付2640万美元的利息。

2002年年末亚马逊账面现金余额13亿美元，长期负债23亿美元。2003年5月亚马逊以1050美元的价格回购债券，巴菲特获利约1600万美元，这相当于22%的年化收益率。在《2002年致股东的信》中，巴菲特解释了投资亚马逊及其他公司垃圾债券[③]的逻辑：

“投资垃圾债券和投资股票有很多相似之处：都需要我们比较价格和价

① 当时大部分互联网公司发放“免费”的期权给管理层和员工，并且不计入财务成本。2002年，亚马逊的创始人——2020年世界首富贝索斯（Jeff Bezos）带头将期权列入公司成本。

② GEICO向监管机构“全国保险委员会协会（National Association of Insurance Commissioners）”披露了投资信息。

③ Junk Bonds，另一个更好听的名字是“高收益债券（High-Yield Bond）”，指信用评级在投资级以下的债券。

值，需要我们在数百只证券中找到‘回报／风险比’等能对我们产生吸引力的标的。投资垃圾债券和投资股票也有重大的区别。在股票投资上，我们期望每一笔投资都有良好的回报，聚焦于融资保守、竞争力强、由诚信且能干的人管理的企业。如果我们以合理的价格投资这样的企业，几乎不会亏损。在过去38年，伯克希尔投资的企业[①]，盈利金额是损失金额的100倍以上。”

“购买垃圾债券，就是与非常脆弱的公司打交道。这些公司往往借了大量的债务，所属行业资本回报率低。而且，管理层的管理能力也令人怀疑。甚至有些管理层的利益和债权人的利益是对立的。因此，我们预计在垃圾债券上的投资可能会产生很大损失。好在直到现在，我们在这个领域做得还不错。”

从上面的情况分析，巴菲特当时并不认为亚马逊是“符合股票投资标准的公司”，而认为其只是“符合垃圾债券投资标准的公司”。巴菲特不会怀疑贝索斯的能力和诚信，他在给贝索斯的信中高度赞扬了这位白手起家的创业者。但“大量债务”“资本回报率低”是当时亚马逊的实际情况，很多人担心亚马逊活不下去，因此低价出售手中的债券给巴菲特，否则，巴菲特持有的亚马逊债券的到期收益率也不至于高达22%。

在出售亚马逊的高收益债券后，巴菲特一直没有再买亚马逊的股票。2019年第一季度，伯克希尔季报首次披露买入亚马逊（表3-3）。巴菲特随后表示这是投资经理泰德或者托德的决策，和他本人无关。

表3-3　伯克希尔的亚马逊持仓[②]

报告期	持股数	占比	操作	季末股价/美元
2020年第四季度	533300	0.64%		3257
2020年第三季度	533300	0.71%		3149
2020年第二季度	533300	0.73%		2759
2020年第一季度	533300	0.59%	减仓1%	1950
2019年第四季度	537300	0.41%		1848
2019年第三季度	537300	0.43%		1736
2019年第二季度	537300	0.49%	加仓11%	1894
2019年第一季度	483300	0.43%	买入	1781

① 不包括General Re和GEICO这两家伯克希尔旗下的保险公司。General Re在2000年前后产生巨额亏损。
② 数据来源：https://dataroma.com/m/hist/hist.php? f=BRK&s=AMZN。

注：“占比”指季末“持有亚马逊的市值/伯克希尔二级市场持仓市值”，其中伯克希尔二级市场持仓市值仅包括在美国上市公司的市值，不包括比亚迪等非美国上市公司的市值。

毫无疑问，巴菲特错过了亚马逊这只大牛股。巴菲特购买亚马逊债券的时间是2002年7月底，当时亚马逊的股价在13美元左右，2020年年末每股近3300美元。如果巴菲特当时买了等值的股票而不是债券，可以多赚约250亿美元。

随着亚马逊的飞速发展，媒体经常会问巴菲特为何没有买入亚马逊的股票。巴菲特基本上先承认自己错过了投资机会，然后大赞贝索斯改变了世界，肯定亚马逊给生活带来的便利。接下来话锋一转，强调他不能对亚马逊的未来进行预测，也不会因为股价上涨就投资。即使像亚马逊这样从小作坊“坐火箭”飞升为全球顶级的公司，巴菲特只要觉得没有充分的把握预见未来，就不会投资。

要点：2002年巴菲特投资过亚马逊债券，但没有买亚马逊股票。

不能预见

有些人会奇怪：亚马逊在未来10年肯定会发展得越来越好啊，这是显而易见的，而不是“不能预见”的事情。

让我们简单对比亚马逊和可口可乐，说明巴菲特为什么不能“预见”亚马逊。

你问问身边的10个朋友：“你看好10年后的亚马逊吗？”

他们都会说：“看好啊。”

你再问：“你觉得10年后亚马逊会提供什么产品？”

然后，你就会听到各种奇思异想了。

有说无人机送货的。炎炎夏日，你因口渴而下订单买了罐饮料，2分钟后头顶上飞来一架无人机，带给你冰冰凉的可乐，让你心旷神怡。

有说智慧家庭的。严冬回家，亚马逊自动给你调好空调、烧好洗澡水、播放亚马逊最新的视频。当然，视频中会插播广告，推荐你最需要的保暖产品。

有说消费金融的。从亚马逊购买的所有产品和服务都可以分期，让你提前享受人生。

有说大娱乐的。看书、听书、看电影、听音乐、玩游戏，全部能在亚马逊一站完成。

虽然你的朋友们都看好亚马逊，但他们想象中的“亚马逊”并不相同，十个人有十种答案。亚马逊25年销售额增长了77万倍，投资者无论如何猜测都有一定道理。亚马逊历年数据如表3-4所示。

表3-4 亚马逊历年数据①

时间	净销售/亿美元	净利润/亿美元	经营性净现金流/亿美元	每股利润/美元	期末股价/美元
1995年	0.005	−0.003	−0.002	0	
1996年	0.16	−0.06	−0.02	−0.03	
1997年	1.5	−0.3	0.007	−0.12	5.02
1998年	6	−1.24	0.31	−0.42	53.54
1999年	16	−7.2	−0.91	−2.2	76.13
2000年	28	−14.11	−1.3	−4.02	15.56
2001年	31	−5.67	−1.2	−1.56	10.82
2002年	39	−1.49	1.74	−0.39	18.89
2003年	53	0.35	3.92	0.08	52.62
2004年	69	5.9	5.67	1.39	44.29
2005年	85	3.59	7.33	0.84	47.15
2006年	107	1.9	7.02	0.45	39.46
2007年	148	4.76	14.05	1.12	92.64
2008年	192	6.45	16.97	1.49	51.28
2009年	245	9.02	32.93	2.04	134.52
2010年	342	11.52	34.95	2.53	180
2011年	481	6.31	39.03	1.37	173.1
2012年	611	−0.39	41.8	−0.09	250.87
2013年	745	2.74	54.75	0.59	398.79
2014年	890	−2.41	68.42	−0.52	310.35
2015年	1070	5.96	119.09	1.25	675.89
2016年	1360	23.71	172.03	4.9	749.87
2017年	1779	30.33	183.65	6.15	1169.47
2018年	2329	100.73	307.23	20.14	1501.97
2019年	2805	115.88	385.14	23.01	1847.84
2020年	3861	213.31	660.64	41.83	3258.93

注：股价、每股利润均为当年数据，不复权。

① 数据来源：净销售（Net sales）、净利润（net income/loss）、经营性净现金流（Net cash provided by (used in) operating activities）、每股利润（Diluted earnings per share）等数据来自于亚马逊的年报。部分信息依据后续年报，与当年年报不一致。

你要是问这10位朋友："你觉得10年后可口可乐会提供什么产品？"

大家的回答肯定是一致的："让人快乐的饮料。"

客户对可口可乐的需求是很明确的，就是饮料。但客户对亚马逊的需求是不一样的，有些人看重购物的便利性，有些人看重娱乐的即时性，还有一些人看重购物衍生的金融服务。所以，人们很容易预测10年之后可口可乐还在卖饮料，但没人能准确预测10年之后亚马逊能提供哪些服务。

我们还可以从历史中寻找未来的线索，看看可口可乐和亚马逊各自的对手。

可口可乐的发展目标非常清晰，就是不断强化其品牌，把可口可乐卖给更多国家的更多客户。可口可乐最大的竞争对手也没有变动，一直都是百事可乐。相比之下，亚马逊的发展则超出了所有人的预期。亚马逊的竞争对手也换了好几茬，各大公司不知不觉间就发现亚马逊已经兵临城下。

1995年，亚马逊成立，在网上销售图书。当时亚马逊的竞争对手是美国最大的实体书店巴诺（Barnes & Noble）。

1998年，亚马逊收购了网上销售鞋类的公司Zappos.com，开始进入鞋类物品领域，冲击百货商店的鞋类柜台。

1999年，亚马逊开始多品类销售。产品线从书、鞋这样标准化的商品，扩展到服装、食品等多种细分品类的商品。最大的竞争对手也从巴诺书店，变为沃尔玛。竞争对手的市值跃升到千亿美元量级。

2006年，亚马逊推出云服务（Amazon Web Services，AWS），为中小企业提供云端的计算和存储服务，撼动了拥有强大本地计算和存储能力的IBM的地位。

2012年，亚马逊推出Kindle Fire，通过此前在Kindle电子书上的积累，切入平板电脑市场，对手是苹果和三星。

2017年，亚马逊发行的电影《海边的曼彻斯特》获得奥斯卡最佳原创剧本奖。亚马逊开始挑战好莱坞。

要点：一千个人对亚马逊有一千种预测，但对可口可乐的预测只有一种。

宁可错过，绝不犯错

没有人能抓住每一只大牛股。在金庸先生虚构的江湖里，也没有主角能学会所有的武功。郭靖不会碧海潮生曲，萧峰不会六脉神剑，段誉不会的武功多得数不出来，但这并不妨碍他们成为顶级高手。

《射雕英雄传》中有一段有趣的对话：

洪七公道："那女娃娃的掌法虚招多过实招数倍，你要是跟她乱转，那非着她道儿不可，你再快也快不过她。你道这一掌是真的吧，她偏偏是假的，下一招眼看是假的了，她出你不意却给你来一下真的。"郭靖连连点头。

洪七公道："所以你要破她这路掌法，唯一的法门就是根本不理会她真假虚实，待她掌来，真的也好，假的也好，你给她来一招'亢龙有悔'。她见你这一招厉害，非回掌招架不可，那就破了。"

这段话说的道理与股市中的一样。

"市场先生"的虚招多过实招数倍，投资者要是跟着他乱转，非着他道儿不可，你再努力也猜不透他。你道今天应该涨吧，他偏偏是跌的，明天眼看是跌的了，他出你不意却给你来个涨停。

所以你要破"市场先生"的狡诈，唯一的法门就是根本不理会他真假虚实，每天开盘，真的也好，假的也罢，你给他来一招"价值投资"。他见你心神不乱，只对比价格与价值，那就破了。

在江湖上，重点是击退敌人，至于是用"降龙十八掌"击退的，还是用"碧海潮生曲"击退的，并不重要。在股市上，重点是赚到钱，至于是买亚马逊赚到的，还是买可口可乐赚到的，又有什么区别？批评巴菲特不投资亚马逊和批评郭靖不会吹奏乐器一样，精准地指出了一个知名人物不擅长的领域，但对提高自己的能力没太多帮助。

安危相易，祸福相生。投资每一只股票都有风险，就像学习每一种武功都有代价。"葵花宝典"是金庸先生笔下最短时间内能学会的最厉害的武功，无数江湖英雄为之倾倒，恨不得尽早给自己一刀。有意思的是，只要是顶尖高手，无论是正派的方证大师还是邪派的任我行，或是自成一派的令狐冲，都没有兴趣学这门武功。这是为什么呢？

对于飘在江湖上的普通人来说，挥刀自宫就能成为顶尖高手，性价比极高。若不给自己一刀，脑袋上随时可能挨别人一刀，到时候就什么也没有了。不管是为了报仇、为了名利，还是为了财宝，都值得冒险从一个“随时会消失的人”变成“随时能让别人消失的人”。

对于顶级高手来说，重要的是确定性，而不是冒风险。即使不练《葵花宝典》，自己也是江湖上响当当的人物，可以端着一大碗白酒站在台上讲话，让台下群豪欢声雷动。练《葵花宝典》，能否练成不好说；即使练成，能否打败其他顶级高手，也是个问题。万一练不成，代价是不可挽回的，原先鼓掌的群豪马上就开始传你的八卦了①。

巴菲特对于投资只有理性没有幻想。在他出生时（1930年），美国正在经历大萧条，失业率最高达到25%，工业总产值下降46%。随着时间的流逝，生活不是越来越好，而是越来越糟糕。市场上到处都是市值低于净资产的股票，还有不少市值低于净现金的股票。推销股票的人都被认为是骗子、强盗，没有人相信盈利的上市公司能够创造价值，更没有人相信巨额亏损的独角兽企业能够改变世界。

成长于大萧条时期的巴菲特追求长期的确定性，他认为避免损失比追逐奇迹重要。虽然他错过了很多非常成功的独角兽企业，但确保了自身本金安全；他没有投资改变世界的企业，但这并不妨碍他通过复利积累财富。在《福布斯》全球富豪榜上，有很多是高科技公司的创始人，但没有人是通过在二级市场购买科技股而暴富的。亚马逊股价从1997年的5.02美元涨到2020年年末的3256.93美元，走势令人惊心动魄，只有创始人、核心员工这些愿意把命运与公司绑定的人才能承受住。二级市场的投资者有太多选择，在艰难时刻不会死守一只股票。

相比之下，A股交易者在二级市场上“骑”过不少“颠覆人类”的“独角兽”，享受过疯狂的上涨。以乐视网为例，该公司巅峰时期同时在手机、新能

① 进一步说，江湖顶级高手不但自己不轻易冒风险，而且要避免挑战者快速崛起。所以王重阳把《九阴真经》压在蒲团下，任我行把《葵花宝典》化为碎片。

源汽车、电视及内容、共享出行四大领域出击，并在互联网金融、地产等领域有布局。创始人发明了“生态化反”这个奇怪的名词，勾勒出同时挑战苹果、特斯拉、滴滴等商业巨头的市场远景。股民们在二级市场上不断买入，生怕错过暴富的机会，2015年乐视网市值最高时超过1500亿元。可惜的是，短短3年时间乐视网就从独角兽企业变为A股“亏损王”，2017年巨亏139亿元。2020年6月，乐视网退市。能够在乐视网低点进入、高点套现，并且平安着陆、把钱挣到自己口袋里的人真不多。

中国经济的快速发展，创造了太多的财富神话。每个人都想复制别人的成功，生怕被同龄人甩在身后。对于独角兽企业勾勒的财富远景，投资者更倾向于认同、接受，急切地想要上车。投资者期望通过在一个股票上下重注，在短期内就实现财富自由。对于公司成长的艰辛和风险，多数投资者选择性地忽视。对于创始人的能力，有些投资者则选择性地放大。然而，股市比金庸先生虚构的江湖复杂，我们也不是小说中的主角。借鉴巴菲特追求确定性的价值投资方式，谨慎地做好每一笔投资，确实不能让我们在短期内实现财富自由，但能让我们的日子过得越来越好。

要点：不投资独角兽企业也能变富。

小结

巴菲特虽然确实不擅长投资科技股，但他长期保持在全球富豪榜前十位。价值投资的方法不能让我们抓住每一只牛股，但能让我们越来越富裕。

第三节 重要的是盈利，不是规模：LTV案例

为什么巴菲特兼并收购赚了很多钱，而很多公司持续地兼并收购却把自己“玩死了”？让我们来看看“四年百倍”公司LTV[①]的故事。

“四年百倍”

LTV的创始人詹姆斯[②]于1922年在美国的俄克拉荷马州出生。他的父亲在一次打斗中杀死对手，法院认定是正当防卫，所以最终被无罪释放。但他父亲压力太大，到修道院遁世，不照看家庭。11岁时詹姆斯的母亲过世，他和两个哥哥分离，一人被送往位于印第安纳州的姑妈家。

詹姆斯自青春期就特立独行。高中时，他修满了学分，但学校不让他提前毕业，他干脆不要毕业证书出去流浪。18岁时他找到人生第一份工作，成为一名电工。同年结婚，3年后有了第一个孩子。他白天当电工、晚上修飞机，只为了挣奶粉钱。1944年，22岁的詹姆斯加入美国海军，在密西西比州的电力工程学校学习。2年后，詹姆斯以第2名的成绩毕业，从此他便自信能在智力上碾压对手。

詹姆斯于1946年开始经商，起家时只有一辆皮卡和价值2000美元的军队剩余物资。第一年他勉强实现盈亏平衡，第二年销售额就达到20万美元，第三年销售额翻倍到40万美元。1954年，公司销售额达到100万美元。詹姆斯希望公司上市，但没有投资银行愿意帮他募资。他不等不靠，在得克萨斯州的农贸市场摆摊募资，成功集到80万美元。

① 全称为Ling-Temco-Vought。巴菲特对LTV的论述请见《2014年致股东的信》。
② James Joseph Ling，1922年12月31日—2004年12月17日。他以自己的姓“Ling”作为集团名称的第一个词。Ling这个姓看起来有点像中国姓氏，但他是一位地道的白人。

詹姆斯擅长并购。1956年小试牛刀，买下了加利福尼亚州的一家电器公司。1959年詹姆斯的公司“吃”下一家声誉卓著的音响公司（Altec），从此在市场上小有名气。1960年，在美苏太空争霸的背景下，詹姆斯进入军工行业，他拿下生产导弹的大型企业坦科①，公司一跃成为美国500强企业。

马不停蹄地，詹姆斯锁定了钱斯沃特（Chance Vought）公司作为下一个目标。该公司在“二战”期间制造海盗式飞机、十字军战斗机、狮子座导弹等，是美国老牌军工企业。钱斯沃特公司年销售额为2.5亿美元，是詹姆斯公司的2倍。詹姆斯“蛇吞象”的难点在于钱不够，但这难不倒他。他首先把生产资金抽出来买股票，接着从保险大王特洛伊②那里借到600万美元。到1961年年初，詹姆斯买下了钱斯沃特10%以上的股票。随即，詹姆斯直接以每股43.5美元的价格，在市场上要约购买15万股钱斯沃特股票。

钱斯沃特公司管理层刚开始看不上詹姆斯，认为规模只有其一半的企业“吃”不下自己。兵临城下后匆忙发起诉讼，以拖延收购。美国司法部也对该并购发起调查，但詹姆斯认为这是美国司法部部长罗伯特③公报私仇，因为詹姆斯在总统竞选中没有支持罗伯特的哥哥——约翰·肯尼迪④。

法院的最终判决有利于詹姆斯，1961年3月詹姆斯以40%的股份控制了钱斯沃特公司。自此，詹姆斯的公司更名为LTV。这场“硬仗”为詹姆斯赢得了声誉，被媒体报道为“创新企业家带领的创新企业吞下老牌公司”。

詹姆斯没有局限于在军工行业搞并购，坦科公司被美国政府取消过导弹订单，詹姆斯认为政府采购是靠不住的。1966年，詹姆斯对年销售额高达10亿美元的威尔森食品（Wilson Foods）发起并购，该公司有肉类分装、体育运动和制药三大板块。威尔森食品的股价从未超过57美元，詹姆斯以62.5美元要约收购30%的股票，威尔森食品的管理层的对抗方案是承诺投资者50%的分红。即

① Temco，公司随后更名为Ling-Temco。
② Troy Victor Post，1906年2月3日—1998年5月24日。詹姆斯还从他手上收购了布兰尼夫航空公司（Braniff Airways）。
③ Robert Kennedy，1925年11月20日—1968年6月6日。曾担任美国司法部部长，在竞选美国总统时遇刺身亡。
④ John Fitzgerald Kennedy，1917年5月29日—1963年11月22日。他是美国历史上第4位遇刺身亡的总统。

便如此，大部分投资者还是站在詹姆斯这边，威尔森食品被詹姆斯收入囊中。LTV的股价1965年最低时为16.75美元，1967年最高涨到169美元。

1968年年末，詹姆斯对J&L钢铁（Jones and Laughlin Steel of Pittsburgh）发起并购。J&L钢铁过去几年平均盈利4000万美元，股价为50美元。詹姆斯直接出价85美元，毫无悬念地拿下控股权。

1969年年初，詹姆斯达到事业顶峰，打造了一个强大的多元化企业集团。LTV旗下拥有当时美国最大的体育用品生产商和肉类分装商威尔森食品，美国第6大钢铁制造商J&L钢铁，美国第8大航空公司布兰尼夫，美国第8大国防工业公司钱斯沃特，以及美国人熟知的国家汽车租赁公司（National Car Rental）。1965年，LTV的总销售额只有3600万美元。1969年LTV的总销售额达到38亿美元，成为美国第14大公司。

要点：LTV公司持续并购，4年增长100多倍。

“2+2=5”

詹姆斯在LTV的年报里阐述了并购标准：必须实现“2+2=5或者2+2=6”。也就是说，LTV并购另一家企业后，新企业的市值必须大于原来两家企业市值的总和。这个连小学生都不相信的“2+2=5”理论，詹姆斯讲起来头头是道。一时间财经媒体纷纷热捧，各家金融机构“跪求”送钱。

投资银行一般用“协同效应”来说明为什么“2+2=5”这种奇葩等式会成立。例如，一家钢铁公司收购一家铁路公司，两家公司处于产业链上下游关系，钢铁公司生产的钢直接可以用于铁轨的制造、桥梁的铺设，这就产生了纵向协同效应。又如，甲区域的钢铁公司收购相邻的乙、丙、丁区域的钢铁公司，那么这几家公司就成了同行业不同区域的关联公司，这样可以大幅削减重叠的营销成本、管理成本、运输成本等，产生横向协同效应。

投资银行还用“快鱼吃慢鱼”的故事来论证“2+2=5”：有A、B两家上市公司，两家公司属于同一行业。A公司是“快鱼”，善于抓住市场热点搞并购，市盈率50倍，每年利润10亿元，市值500亿元。B公司是“慢鱼”，扎实搞研发，不喜欢搞并购。B公司产品质量好，市场口碑好于A公司。但因为交易者认为B公司没有成长性，所以B公司市盈率只有15倍，每年利润20亿元，市值300亿元。投行人士发现这两家公司有“协同效应”，游说A公司收购B公司，这正中A公司下怀。A公司虽然产品质量一般，但搞并购是行家，元气满满的管理层增发股票收购了B公司，把B公司那帮搞实体经济的管理层扫地出门。

接下来就到了见证奇迹的时刻。并购后，A公司第二年利润为30亿元，相较于原来的10亿元利润，一年时间增长到原来的3倍。利润增速这么快的公司，50倍市盈率不算高。合并后的A公司利润为30亿元[①]，市值为1500亿元[②]；而两家公司合并前的总市值只有800亿元[③]。

从800亿元上升到1500亿元，这多出来的700亿元市值是怎么来的呢？投资银行解释说原来B公司的20亿元利润，在老派的管理层手上没有充分发挥作用，只值15倍市盈率；现在这笔利润在思想前卫的A公司管理层手上，市盈率可达50倍。所以这20亿元利润的市盈率增加了50－15=35倍，正好对应700亿元的市值。

如果是市盈率低的B公司收购市盈率高的A公司，那么合并后的公司利润依然是30亿元，但市值只有450亿元[④]，比两家公司合并前总市值要低。所以，兼并收购的财务“魔术”有两个条件：

（1）必须连续收购。

要实现财务“魔术”，只能是高市盈率公司收购低市盈率公司，不能反过来做。为了支持高市盈率，公司盈利必须保持高增长。一次收购是不够的，必须连续不断地收购，才能持续实现盈利高增长。要维持100%的利润增速，第一个收购目标的利润如果是1亿元，第二个目标的利润就得是2亿元，第五个目标的利润得是16亿元，第十个目标的利润就得是512亿元……利润2亿元的公司好找，利润16亿元的公司不容易找，利润512亿元的公司基本找不到。但只要开始

① 10亿元+20亿元=30亿元。
② 30亿元利润×A公司50倍市盈率=1500亿元。
③ A公司500亿元+B公司300亿元=800亿元。
④ 30亿元利润×B公司15倍市盈率=450亿元。

表演“收购—增长”的戏，就必须不停做下去，这就是詹姆斯的难处。

（2）被收购公司市盈率越低越好。

被收购公司市盈率越低，并购就会带来更高的市值增长①。问题在于很多低市盈率股票是没有增长的“烟蒂股”，可以免费吸一口，但也只能吸一口。连续并购这类公司，而且是并购这类公司中估值最低、问题最严重的公司，迟早会完蛋。这就像一个人吃一两个打折出售的腐烂水果可能只是拉肚子，连续不断地吃腐烂水果，累积的问题越来越严重，迟早会去医院。

巴菲特经常嘲笑投资银行讲的这个故事。事实上每一个兼并收购都声称能产生协同效应，但成功的并购不多，失败的并购却不少。有些公司兼并收购后管理越来越复杂，流程越来越长。于是，投资银行又论证把公司拆分了更好，理由是避免公司出现官僚主义。分了合、合了分，税交了不少，投资银行赚到了钱，股民的腰包反而瘪了。

对于LTV这样玩“快鱼吃慢鱼”魔术的公司，巴菲特一针见血地指出：这种魔术需要不断收购低市盈率的公司，而低市盈率的公司往往前景很差，迟早把整个集团拖下水。

要点：很多“快鱼吃慢鱼”的操作，实际上是“快鱼吃臭鱼”，最后“快鱼”成了“死鱼”。

LTV的坍塌

詹姆斯构建LTV用了22年，崩盘只用了1年，最大的问题是偿还短期债务。

对于连环并购方来说，仅用自身的盈利无法连续“吃”下目标公司，必须大量借债。借债的时候，LTV倾向于多借利率低的1～2年短期债，少借利率高的长期债。这样可以最大限度地节约财务成本，实现高利润增长。但这种做法

① 在上面的案例里，如果B公司合并前的市盈率只有5倍，那么合并前的市值为“A公司500亿元+B公司的100亿元（20亿元利润×5倍市盈率）=600亿元”。合并后市值不变，依然为1500亿元，此时市值增长为1500亿元－600亿元=900亿元，而此前情形中市值增长只有700亿元。

的缺点也很明显：借款期限和用款期限不匹配。并购后的整合不可能在短期内完成，LTV没有足够现金流来偿还短期贷款。这种“短贷长用”的做法在金融环境宽松的时候没问题，LTV可以通过“借新债、还旧债”的方式滚动续借短期债务。但在信贷收缩的环境下，问题就暴露了①。

收购J&L钢铁时，詹姆斯预计能获得3800万美元的利润，这样就可以将分得的红利用于支付短期借款利息，实际上J&L钢铁只有2200万美元的利润，是多年平均利润的一半。布兰尼夫国际航空也在快速增长后遭遇冲击，预估利润为2500万美元，实际只有620万美元。LTV旗下的其他公司也出现了类似的情况，因为大部分资金都被詹姆斯抽去搞兼并收购而不是业务经营，公司盈利能力越来越弱。

在危急之中詹姆斯把威尔森食品中的体育业务卖给了百事可乐②，拿回了6300万美元。但这笔钱远远不够，詹姆斯四处为布兰尼夫、J&L钢铁，以及旗下其他公司寻找买家。1970年年初，LTV披露的经营情况加剧了投资者的担忧。其净利润从上一年的盈利2940万美元变为亏损3830万美元，公司的负债高达29亿美元，利息支出超过2亿美元。LTV发行的1978年到期的100美元面值、5%票息债券跌到25美元，对应融资成本每年20%；而正常公司只需要6%～7%。华尔街流言四起，说LTV公司的短期债券需要展期，构成技术性破产。有分析师警告，LTV这样的巨头破产可能导致金融风暴，甚至可能引发1929年那样的大萧条。

潜在的收购者在暗中观察，准备“以彼之道，还之彼身”，以LTV的方式终结LTV。1970年5月17日，詹姆斯被迫辞去公司主席的职位，改由代表债权人利益的银行家上台。LTV股价1967年最高时为169美元，1969年年初为96美元，

① 詹姆斯抛出过两个互相关联的财务重组方案。一是将票面利率为5%的债券，按照已经大幅下跌的市场价格，更换为票面利率为6.5%并附加转股权的债券。这样削减了LTV的负债和财务成本。债券持有人承担了债券价格下跌的损失，同时可以获得更高的利率和转股权。二是把布兰尼夫航空公司的股权卖给休斯（Howard Robard Hughes Jr.）。要是别的人，火烧眉毛的时候直接谈个价，一手交钱一手交股权就完事了。詹姆斯设计的方案很有创意：定向增发1亿美元股票，附一个未来以固定价格收购股票的选择权。1亿美元的投入可以增大LTV的股本，缓解投资者的焦虑；休斯未来的认购可以激发债券投资者对LTV股权的兴趣，诱使前一个方案的债券投资者转股。但这两个互相关联的方案太复杂了，最终无一成功。

② 2019年年末，以安踏为首的财团收购了芬兰公司Amer Sports，间接控股威尔森体育。

在詹姆斯辞职那周跌到4.25美元。

詹姆斯“被辞职”后立马开始新征程。1971年，他抵押了自己的人寿保单，打造新的并购平台[①]。1972年他开始新征程的第一笔收购，倒霉的是他收购的这家公司隐瞒了大量负债，致使其在1975年被迫破产。詹姆斯刚东山再起就跳进了火坑，以后多次创业都未成功。2004年病逝于达拉斯，享年82岁。

1965—1967年间，LTV股价涨了9倍，同期巴菲特有限合伙只增值了80%，明显不如LTV。但投了LTV的人，如果一直持有，到1970年就会损失97%。而1965年投了巴菲特有限合伙的人，只要没有下车，早就实现赚一个亿的小目标了。

要点：LTV连环并购后极速坍塌。

利润增长是正道

很多人认为，巴菲特不就是通过伯克希尔不停地买买买吗，和LTV有啥区别？要是LTV也有保险公司，肯定比巴菲特做得更快、规模更大。这就像我高中的时候认为刘德华是男人，我也是男人，为什么班上的女生喜欢刘德华不喜欢我？要是学校不禁止做发型，我定能迷倒一片。但上大学后不管如何换发型，还是没人理我。直到30多岁，我才愿意承认根源不在发型，而在于我长得实在是憨厚。

世界上有很多企业学伯克希尔做兼并收购，但很少有企业能学到位。往往和LTV一样，还没收购几家企业，资金链就突然断了。这些企业失败的根源在于注重资产规模，而不是盈利。

资产规模可以带给企业很多好处。资产规模代表资金。有了资产，就有了抵押物；有了抵押物，就可以从银行贷到更多的资金；有了资金，就可以进行下一轮收购。企业希望通过滚动收购，把自己变成“大而不能倒”的企业，提高和银行等金融机构博弈的能力。所以詹姆斯收购时首先看资产规模，像喜诗

① 詹姆斯将该平台命名为Omega-Alpha。

糖果[1]这样盈利高但资产规模小的企业，詹姆斯是看不上的。

伯克希尔的收购标准与詹姆斯完全不同，巴菲特不重资产规模而重盈利能力。在《2014年致股东的信》中，巴菲特列出了六条标准，其中没有一条与资产规模有关。

（1）大体量的收购（税前盈利至少要7500万美元，匹配伯克希尔现有业务的可以放宽）。[2]

（2）已具备持续盈利能力（我们对未来盈利和“困境反转”的故事不感兴趣）。[3]

（3）股本回报要高，负债要少。[4]

（4）自带管理人（伯克希尔不提供管理层）。[5]

（5）业务模式简单（我们不能理解有太多技术的公司）。[6]

（6）出价（我们不想在不知道价格的情况下，浪费时间接触，哪怕是初步接触）。[7]

总共六条标准，前三条都是关于盈利的。

第一条要求7500万美元盈利。巴菲特把这条有明确数字要求的指标放在首位，一下子就可以排除很多候选公司。伯克希尔是市值5000亿美元的企业，如果候选公司盈利金额太低，即使收购了也不会提高伯克希尔的市值。巴菲特不会在琐事上浪费时间，他会把有限的精力集中在重大决策上。

第二条要求企业具备持续盈利能力。巴菲特不会浪费时间去听商业科幻故事，宁可错过个别伟大的公司，也不浪费时间考虑那些不靠谱的事。他也不喜欢那种体量巨大、曾经辉煌，但已经亏损的过气“明星”，在伯克希尔转型时

---

① 参见主题3第一节的“小糖果的大智慧”部分。

② Large purchases（At least $75 million of pre-tax earnings unless the business will fit into one of our existing units）.

③ Demonstrated consistent earning power（Future projections are of no interest to us, nor are “turnaround” situations）.

④ Business earning good returns on equity while employing little or no debt.

⑤ Management in place（We can’t supply it）.

⑥ Simple business（If there’s lots of technology,we won’t understand it）.

⑦ An offering price（We don’t want to waste time or that of the seller by talking, even preliminarily, about a transaction when price is unknown）.

期他已经吃够了苦头。这类公司处于夕阳行业，冗员众多，大多数情况下投入重金也不会扭亏为盈。

第三条要求股本回报高，负债少或者没有。有些企业，例如银行业，绝对利润可以达到7500万美元，也有连续多年的盈利历史，但负债特别多。这类企业在经济上行时还好，在经济下行时，可能会接连曝出坏账，导致资不抵债。巴菲特对银行业的投资有更加严格的标准。

第四条看起来与盈利无关，但对保持盈利的稳定性至关重要。伯克希尔没有做过敌意并购①，总是希望管理层继续带领公司发展。对于一个好公司来说，空降管理层、大规模调整人员、改变业务结构，就像杀鸡取卵，得不偿失。

第五条关注的是长期盈利能力。巴菲特从英特尔开始就知道自己理解不了技术复杂的公司，直接放弃。他也不认为奇思妙招、金牌营销、“网红”带货能够从根本上提升公司的盈利能力。他只关注商业模式简单、有显而易见“护城河”的公司，即使产品涨价，客户也不会离开，这样的公司不用投入太多资本也能持续盈利。

第六条属于谈判细节，巴菲特认为时间宝贵，不愿意将其浪费在讨价还价上。卖方知道巴菲特只会回答“是”或者“否”，报价上就会谨慎、合理，而不会漫天要价，再就地还价。

要点：巴菲特坚持把盈利而不是资产规模放在首位。

小结

资本对于收益的要求，就像鱼对于水的要求，绝对不会妥协。过于注重资产规模的企业，迟早会被负债拖垮。

① 伯克希尔与3G资本合作投资卡夫亨氏（The Kraft Heinz Company）后，3G资本对卡夫亨氏的管理层进行了大规模调整。这是3G资本主导的特例，不是巴菲特的长期风格。

第四节 增长不能中断

投资有两个原则：

第一，不要亏损。

第二，不要忘记第一条。①

不要亏损

这是一个古老的数学故事。很久很久以前，国王要赏赐一位大臣，大臣不要金银财宝，请求国王在国际象棋的棋盘上的第一个格子放1粒麦子、第二个格子放2粒麦子、第3个格子放4粒麦子……以此类推，每一个格子里的麦子都是前一个格子里的2倍。

结果，国王的仓库被搬空了，也只放了不到一半的格子。即使是现在，全球的麦子产量也填不满整个棋盘。这个简单的故事，展示了复利强大的威力！

假设规则变为先增长900%，再降低90%；再增长900%，再降低90%……如此循环。直观上看回报率是900%－90%=810%，比2倍的回报率高。实际上棋盘上的麦粒变为"1粒、10粒、1粒、10粒……"的循环。整个棋盘上的麦粒还不够一个人吃饱饭。

亏损不是削弱了复利，而是毁灭了复利。

所以，巴菲特说："第一，不要亏损。第二，不要忘记第一条。"在巴菲特的投资原则中，首要是避免本金损失。美国有3000多万家企业，最终能成为像亚马逊、谷歌这样的巨型公司的不到300家。也就是说，能产生爆发式增

① Rule No. 1：Never lose money. Rule No. 2：Never forget rule No. 1.

长的企业不到十万分之一。那些巴菲特不能合理预测的公司，也许有0.001%的可能性会奇迹般产生暴利，有99.999%的可能性遭受损失。巴菲特不会为了0.001%暴利的可能性，去冒99.999%损失的风险。看热闹的人赞扬冒险，但只有花自己钱的人，才知道“关灯吃面”是怎样的辛酸。就拿孙正义投资的WeWork来说，2019年其估值从480亿美元跌到75亿美元，此前数十年累积的声誉毁于一旦，此等辛酸有几人能懂呢？

巴菲特的长期年化收益率是20%。现在损失1元本金，相当于未来10年损失6元，未来20年损失38元。而且投资独角兽企业所需要的资金量相当庞大，动不动就是10亿美元。如果10亿美元投资打了水漂，那就相当于未来10年会损失60亿美元，20年后的损失就高达380亿美元。所以无论独角兽企业发展得多么成功，有多少客户，只要巴菲特自己看不明白，他就不会投资。

有朋友在这里可能会感到疑惑：巴菲特怎么能做到不亏损，难道他总是买在最低点？并且巴菲特说过：“除非你能忍受股价下跌50%而不惊慌失措，否则你就不应该买股票。[①]”这和“第一，不要亏损。第二，不要忘记第一条。”不是自相矛盾吗？

这两句话看似矛盾，一句说不要亏损，另一句说要能接受50%的下跌。事实上在巴菲特的逻辑体系里，这两句话不矛盾。巴菲特严格区分“内在价值”和“交易价格”，对“亏损”的定义和市场上绝大部分投资者不同。

我们用格雷厄姆的一段话来解释巴菲特理解的“亏损”。在《聪明的投资者》第五章结尾，格雷厄姆说：“市场价格的下跌并不会导致投资者的亏损。[②]”根据格雷厄姆的定义，“亏损”来自以下三方面：

（1）投资者被“市场先生”吓坏了而把股票卖了。

（2）公司实际经营出现重大困难。[③]

（3）投资者用大幅高于内在价值的价格买了股票。这是最常见的“亏损”。

---

① Unless you can watch your stock holding decline by 50% without becoming panic-stricken, you should not be in the stock market.

② Investor does not lose money merely because the market price of his holdings declines.

③ 巴菲特于2020年4月清仓西南航空、达美航空等，就是这种情况。此时的“亏损”和普通投资者理解的“亏损”是一个意思。

巴菲特说的“本金不要‘亏损’”，其中的“亏损”是格雷厄姆所列的上面三种情形，简而言之，就是本金的永久损失。股票价格的下跌在巴菲特看来不叫“亏损”。例如买了一套房，过去20年间房价虽然有下跌的时候，但后来都涨回来了。只要没有卖出，这20年间的波动就不算“亏损”。

2016年第一季度巴菲特首次投资苹果公司，季末股价收盘于110美元。到第二季度末，股价收盘于95.6美元。这时候，普通人认为巴菲特“亏损”了，但巴菲特自己不那么认为。他抓住时机，又买了500多万股。2020年年末，苹果公司的股价达到133美元。考虑到2020年8月28日苹果每1股拆分为4股，此时股价相当于拆分前的532美元。巴菲特用4年时间在这只超级大盘股上赚了4倍。

要点：好公司股价下跌不算亏损。

不要摊薄

如果20年前，有人要拿钱“入股”你的房产、想在你的房产证上加上他的名字，你是绝对不会同意的。再好的朋友、再亲的亲戚，他的名字都不会出现在你的房产证上。对于持续上涨的资产，几乎每个人都只希望自己持有，不会与他人分享。

但再精明的人，一生也难免跌倒。大多数人不会犯的错误，巴菲特却犯过。在《2014年致股东的信》中，巴菲特反思了收购戴克斯特鞋业（Dexter Shoes）时犯下的错误，当时他用2.5万多股伯克希尔A类股票而不是4.33亿美元现金收购对方。到2013年年末，戴克斯特鞋业价值归零，而付出的股票市值达到57亿美元。巴菲特声称这个错误应该被计入吉尼斯世界纪录。

让我们回到1993年，看看巴菲特是如何犯下这个错误的。巴菲特在纺织行业上吃过大亏，因此他知道美国在劳动密集行业上没有竞争优势。然而1991年收购的布朗鞋业（H. H. Brown）给了巴菲特极大的信心，改变了巴菲特对制鞋业的态度。布朗鞋业创立于1883年，1927年赫夫纳（Ray Heffernan）以1万美元购买了这家濒临倒闭的公司，并将其发展成为美国最大的制鞋公司之一。1990年92岁的赫夫纳过世，其家族决定出售这家员工2000人、年销售额2亿美元的公司。赫夫纳的女婿荣尼（Frank Rooney）在佛罗里达州打高尔夫球时碰到巴菲特的一个朋友，偶然聊到了这件事，联系上巴菲特后顺利完成了交易。

收购后，巴菲特对布朗鞋业非常满意。他表示伯克希尔对布朗鞋业有很高的期望，而荣尼确实也拿出了高于期望的实际业绩。1992年伯克希尔又通过布朗鞋业收购了洛尔鞋业（Lowell Shoes）。尽管收购前洛尔鞋业有不尽如人意的地方，但在荣尼的管理下洛尔鞋业再次超出巴菲特的预期。

基于前几次的成功，巴菲特决定在制鞋行业上扩张。1993年，荣尼牵线安排巴菲特和戴克斯特鞋业的老板阿方德[①]见面。巴菲特以现金出价，但被阿方德拒绝了，他要求巴菲特用伯克希尔的股份收购。阿方德的理由是他不想付高达交易额1/3的资本利得税，即股票升值部分的所得税。

阿方德当时已经快80岁了，有丰富的谈判经验。他看出巴菲特已经动心了，所以敢对巴菲特说“不”。阿方德于1914年出生于马萨诸塞州，父母都是从俄罗斯移民到美国的犹太人。他在1934年高中毕业后就加入了父亲工作的制鞋厂，当时每小时工资只有25美分，他以火箭般的速度从普通工人升到工厂主管。1940年他买下一家鞋厂自己经营，提升业绩后再卖出。1957年他再度创业成立了戴克斯特鞋业。

后来，阿方德打造了首家鞋业奥特莱斯店。鞋厂生产的有瑕疵的鞋，原本都是当作废料以每双1美元的价格处理给小贩的，小贩再以5美元一双卖掉。阿方德觉得这生意不错，20世纪60年代直接在鞋厂旁边开了一家奥特莱斯店，专卖有瑕疵的鞋，结果生意火爆。阿方德干脆低价销售没有瑕疵的库存鞋，结果又很快卖到断货。在与巴菲特接触那会儿，戴克斯特鞋业每年生产750万双鞋，款式以高尔夫球鞋为主，也有高端、怀旧客户喜欢的传统款式皮鞋。其生产基地主要在美国东北部的缅因州，部分在波多黎各。阿方德拥有77家奥特莱斯店，主要分布在美国东北部。

几个月后，伯克希尔的股票涨到了阶段高点。巴菲特一方面觉得伯克希尔

① Harold Alfond，1914年3月6日—2007年11月16日。

的股价已经被高估了，另一方面非常看好制鞋业务，就同意了阿方德的要求，用25203股收购了戴克斯特鞋业。道琼斯报道此事时说伯克希尔的股价是6600美元，后来发现漏了个“1”，应该是每股16600美元。这是消息公布日的价格，股票交割日伯克希尔的股价还有小幅上涨。

收购完成后，巴菲特在1994年乐观地表示美国天才般的管理者和熟练的技术工人会打败低工资水平国家。伯克希尔在制鞋业方面有7200名员工，年销售收入达到5.5亿美元，税前利润为8500万美元。多年后，巴菲特对收购戴克斯特鞋业这个决定后悔莫及。2001年戴克斯特鞋业关闭了最后一家工厂，如果1993年巴菲特付的是4.33亿美元现金，那么亏的也就是这个数了。但巴菲特支付给阿方德的是伯克希尔A类股票，2020年年末每股约35万美元，相当于巴菲特为戴克斯特鞋业付了近90亿美元。阿方德不愧为巴菲特的谈判对手中最有眼光的一位，因为即使当时伯克希尔股票在历史高位，他也坚持要股票不要现金。

2007年阿方德过世，享年93岁。他热爱体育，为缅因州的小学、中学、大学捐款修建体育馆，为社区捐款修建运动中心。他设立基金，每一个在缅因州出生的孩子就读大学时都可以得到500美元奖学金。他生前将绝大部分财产捐赠给阿方德基金会[①]开展慈善事业，目前该慈善基金主要持有的就是伯克希尔的股票。

以2020年年末伯克希尔股价计算，阿方德在交易中赚了近90亿美元，那谁亏了这90亿美元呢？不是巴菲特一个人承担了这个损失，而是全体伯克希尔的股东。截至2020年年末，伯克希尔的股本等同于1594469股A类股票[②]。如果收购的时候付现金，每股亏272美元；由于付的是股票，每股亏5453美元。全世界除了伯克希尔的股票，股价本身都没有到5453美元的。这个错误确实可以载入吉尼斯世界纪录！这就好比你买一套100万元的房子，如果多付了2万元现金，最终损失也就是2万元。但如果房产证上给原房东留了2%的产权，现在房子涨到了1000万元，那就亏损了20万元。

巴菲特舍不得支付股票并购企业，但无论在中国还是在美国，常见的就是

① 阿方德基金会网址：https：//haroldalfondfoundation.org。
② 信息来源：伯克希尔2020年年报K-72页，Average equivalent Class A shares outstanding。

定向增发股票收购，用现金收购的不多。老板们都是极为精明的商人，为什么他们愿意股权被摊薄？

这里有两方面的原因。对于上市公司来说，很多公司自身的业务不能持续产生复利。他们必须去收购有盈利的公司以获得利润的增长，增发股票、摊薄股权是一种必要的代价。对于被收购方来说，资产上市后的溢价集中体现于股价，所以他们要求得到股份而不是现金。相比之下，伯克希尔自身就能产生复利，有好的公司就买，没有好的公司就不买；能用现金支付就买，不能用现金支付就拉倒。

要点：用好公司的股票买了烂企业，就好像在房产证上加了别人的名字。

不要频繁交易

巴菲特的办公室里有一张棒球手泰德[1]的照片。泰德是美国职业棒球大联盟的球员，他的上垒率[2]达到0.482，是迄今为止所有棒球手中最高的。他是棒球运动的“球王”，如同贝利是足球运动的“球王”。

泰德写了一本畅销书《击球的科学》（*The Science of Hitting*）。他把击打区域分成横7竖11共77个击球点，每个击球点恰好为棒球大小。泰德计算了每一个击球点的成功率，结果只有15个点的成功率达到38%～40%，这些点被称为“甜点[3]”。泰德成功的秘诀，就是耐心等待“甜点”区域的球，而在其他区域尽可能不动。

巴菲特的投资原则和泰德的击球原则一致：把握时机再出手。2009年2月，巴菲特在和某商学院学生交流时说：“我不在意股价从10元跌到2元，但我在意公司的价值从10元跌到2元……我尽力让胜利的天平向我倾斜。我去拉斯维加斯

① Ted Williams，1918年8月30日—2002年7月5日。
② On-Base Percentage，棒球最重要的指标。其重要程度类似于足球运动的单场进球数。
③ sweet spot，也被翻译成“最有效点”。

的时候，不会在赌桌上放5美元，而喜欢别人在我的房间里放5美元。”

股票市场和打棒球不同：打棒球必须击球，而股票市场上没人强迫交易。即使股价从10元跌到2元，“市场先生”既不会强迫投资者买，也不会强迫投资者卖。投资者每个交易日都可以看“市场先生”的“直播”，看今日的“龙虎榜”、这个月的“领头羊”。但投资者没必要打赏“市场先生”，不需要“跟着别人给主播送礼物”，那样只会亏钱。致富的秘诀是控制住内心的冲动，耐心等到“甜点”区域出现，从“市场先生”那里大赚一笔。

2007年，一位学生问巴菲特如何看待非洲的投资机会。巴菲特回答说：“我只在有把握的情况下投资。一生中只需要做10次有把握的投资，你就会变得富有。你应该假设生命中只有20个点，每次交易就消耗1个点。我觉得如果进一步减少到只有10次交易机会，人们会变得更富有。在这种情况下会发生什么？人们在交易前会做很多研究，每一笔交易都是深思熟虑的。你不需要很多次4倍回报，就能变富。事实上你不需要做很多次交易，但周边的环境让你觉得需要不停地交易。”

人类天性好动，总要做一些事情来证明自己。交易者每天浏览朋友圈的天下大事、听取知识付费的深度分析、收到券商发来的研报资讯、盯着红红绿绿的交易行情，要控制住自己的交易冲动是非常困难的。买入股票后，一周不涨怪宏观形势，两周不涨批评经营管理，三周不涨就清仓换股。至于当初为什么要买这只股票，已经记不得了。每一笔交易都不在自己的“甜点”区域，没有一只股票有足够的时间产生复利。最终结果是买卖了几百甚至上千次的股票，盈利远远比不上长期持有的房产。

如何控制自己的冲动情绪呢？格雷厄姆教给巴菲特一个简单实用的抑制投机的做法：

每次买股票之前，都对着镜子说：“我准备在*X*亿元的市值，买*X*股XYZ公司的股票，理由是：A、B、C、D……”例如，“我准备在1.8万亿元的市值，买100股贵州茅台的股票，理由是……” 这里说公司的市值，比说股价的效果更好。

很多人心想：“对自己说有用吗？”实际上这种仪式感能够很好地遏制人

的冲动。就像发朋友圈之前要修图，精挑细选、精心“打磨”，很多照片修着修着就放弃了。在交易之前做阐述，说着说着，就会发现说服不了自己，成功避免了冲动型的交易。

在短视频时代，我建议做一个小的升级：把对着镜子说，改成对着手机录一段视频。过3个月，把视频重新放一遍给自己看，验证自己的判断是否正确。长期坚持下去，不但能加深对股市的理解，还能让自己更了解自己。

如果既不愿意对着镜子说，又不愿意录视频，可以考虑卸载手机上的股票交易软件，这样每次交易前都要重新下载软件，等待下载的过程能让自己冷静下来，控制冲动情绪。

要点：在“甜点”区域击球，等有把握时再出手。

活着

在《射雕英雄传》里，周伯通给郭靖讲《九阴真经》的作者黄裳复仇的故事，说黄裳跑到穷荒绝地专心破解仇家的招式，练成之后出来报仇却发现仇家全都消失了，怎么找也找不到，后来才发现，黄裳练了40多年武功，仇家因年龄太大都死了。这个故事告诉我们：只要活得长，什么仇都能报；如果活得短，那就什么都没有了。

在股市上，“活着”是一切的前提。“市场先生”看起来人畜无害，任劳任怨、一声不吭地报价，实际上是一位“隐形杀手”，交易者一不小心就会掉进他的陷阱。利佛摩尔、GEICO创始人的孙子（Leo Goodwin Ⅲ）的死亡都和“市场先生”有关。格雷厄姆在大萧条期间也被“市场先生”逼到破产的边缘，不得不靠写书为生。

要想在股市里长期活着，需要做到以下三点。

（1）遵纪守法。

如果只看短期收益，徐翔的业绩冠绝全球，只有巅峰时期的利佛摩尔可与之比肩。2010年7月成立的泽熙3期私募基金，在2015年11月净值约为41元，年化增长率约为140%。2015年11月1日，徐翔因涉嫌内幕交易等行为，被公安机关采取强制措施。2017年1月23日，徐翔一审被判五年六个月。

巴菲特历史长期年化收益率为20%，远远比不上徐翔。泽熙投资公司5年取得的成绩，伯克希尔要花20年。但伯克希尔的净值一直在增长，20年后还有第2个20年、第3个20年，而泽熙的资产已经被冻结。几十年来有无数像徐翔这样的人活跃在股市上，但像巴菲特这样90岁还在掌舵的投资者没有第二个。

建议普通投资者在股票选择上，不要相信“跟庄”“敢死队”“内幕”之类的违法违规信息。这些信息绝大多数不是真的，跟随只会赔钱。即使是真的，短期赚了钱之后，长期也会像徐翔那样赔光。所以巴菲特说：“如果有100万美元和足够的内幕信息，你一年内就能破产。①”

（2）不负债。

每次股市暴涨，朋友圈就会被一句话刷屏：“一把梭，不要怂。”

每次都有数位“股神”，抵押了房产、刷爆了信用卡，将违规套取的资金投入股市，再加上配资，在股市中赚得盆满钵满，收益率超过巴菲特*N*倍。这让很多初入股市的投资者觉得只要胆子大就可以赚钱，学习巴菲特就是浪费时间。

这些人知道赌输了会欠一屁股债，但觉得自己没多少钱，负债又如何？发家的富豪，哪个没有惊险地一跃？凭什么他们就能赌赢，我就不能试一试？如果没有命运女神的格外垂青，一把梭的人必然会后悔那一瞬间的冲动行为，怀念没有负债的轻松日子。

如果只是胆子大而没有眼光，可能赌赢一次，但不可能连赢三场。你能想象男足只凭运气，就能够连续战胜西班牙队、巴西队和法国队吗？每个股票市场都不缺昙花一现的“股神”，但只要有一次50%的亏损，这些借钱炒股的人就会亏得倾家荡产。所以霍华德·马克斯②说：“有老的投资者，有胆大的投

① With enough insider information and a million dollars, you can go broke in a year.

② Howard Marks，出生于1946年4月23日，橡树资本（Oaktree Capital Management）的创始人，著有《投资最重要的事：顶尖价值投资者的忠告》（*The Most Important Thing: Uncommon Sense for the Thoughtful Investor*）。他从1990年开始撰写投资备忘录，详见：https://www.oaktreecapital.com/insights/howard-marks-memos。

资者，但没有又老又胆大的投资者。[①]”

常有人质疑巴菲特太保守，认为伯克希尔应该大力举债投资。伯克希尔长期股本回报为20%，20世纪80年代后AAA级债券的长期利率不超过10%，近年来低于5%。巴菲特如果加大杠杆，借来的钱每年可以净赚10%～15%，这不是一个小数字。为了回应这种质疑，巴菲特在《2017年致股东的信》中说明了坚持适度负债的理由：

“短期股价的随机波动会对长期价值增长造成冲击，伯克希尔本身就是一个鲜活的例子。过去53年，伯克希尔将盈利再投资，让复利发挥魔力，不断积累价值。年复一年，我们不断前行。但伯克希尔也经历了4次惨痛的下跌。请看下面这张‘血淋淋’的表（表3–5）。”

表3–5　伯克希尔重大跌幅表[②]

时间	高位股价/美元	低位股价/美元	下跌幅度/%
1973年3月到1975年1月	93	38	59.1
1987年10月2日到1987年10月27日	4250	2675	37.1
1998年6月19日到2000年3月10日	80900	41300	48.9
2008年9月19日到2009年3月5日	147000	72400	50.7

“我郑重拒绝用借来的钱买股票，这张表就是最好的证据。股票在很短的时间内能跌到让人想象不到的幅度。哪怕你只是借了少量的钱、仓位没有立即受到威胁，你的大脑也会被惊恐的头条消息和令人窒息的评论弄得不知所措。而惊恐的大脑不可能做出良好的决策。”

“在此后的53年，伯克希尔的股票（和其他公司的股票）将会经历相似的下跌。没有人能告诉你下跌会在什么时候出现。股市的信号灯随时都可能从绿灯跳到红灯，中间没有黄灯警告。[③]”

巴菲特不但反对借钱炒股，而且反对借钱消费。在2020年5月3日的伯克

① There are old investors, and there are bold investors, but there are no old, bold investors.

② 数据来源：《2017年致股东的信》。

③ In the next 53 years our shares (and others) will experience declines resembling those in the table. No one can tell you when these will happen. The light can at any time go from green to red without pausing at yellow.

希尔股东大会上，巴菲特建议大家不要用信用卡分期付款。巴菲特讲了一个故事：股东大会前，一位朋友拜访他咨询投资建议，他在了解到她的信用卡欠了钱后，建议她先把欠款还清，因为信用卡的利率高达18%。巴菲特说自己都不知道怎么去挣18%①，要是自己欠了利率为18%的贷款，有了钱第一件事情就是把欠款还清。这位朋友不想还清信用卡欠款，巴菲特的建议并不是她想要的。随后，她说她女儿有一两千美元，问巴菲特应该怎么投。巴菲特建议："让你女儿借钱给你，你付她18%的利息。你女儿不会找到比这更好的投资机会了。"

巴菲特讲这个故事，是建议大家不要背上信用卡债务，免得生活看不到前景。他知道全世界有很多人都爱信用卡，喜欢刷卡马上得到自己想要的东西的感觉。但他认为很多东西可以等有钱了再买，没必要付高利息超前消费。

巴菲特的建议和伯克希尔的利益有一定冲突，因为伯克希尔重仓了信用卡公司和商业银行。美国运通、Visa、万事达等信用卡公司的主要收入来源之一就是信用卡分期消费贷款。美国银行、富国银行等金融机构又是信用卡公司的主要合作伙伴。即便有冲突，巴菲特还是直白地说了，可见他个人对于负债消费的谨慎态度。

（3）不沉迷。

很多交易活跃而且非常勤奋的投资者，最终都被"市场先生"累死。每年都有投资者英年早逝的消息，令人扼腕。

格雷厄姆在《聪明的投资者》里说过好几次："取得令人满意的投资结果比大多数人想的简单，取得卓越的投资业绩比大多数人认为的难。②"股市有让人痴迷于其中的神秘魔力，比游戏还容易让人上瘾。有些人在金钱上已经自由，但在情绪上高度依赖股市。吃饭时在琢磨该不该买，睡觉时在考虑该不该卖，半夜分秒不停盯外盘，白天心潮起伏看K线。这样在股市上搏杀，为了赚钱牺牲了健康，代价太大。

2019年5月安迪问巴菲特："你持有价值450亿美元的苹果公司股票③，你

① 巴菲特的年化收益率为20%，为什么他说自己挣不了18%？因为这18%是一定要支付的，而巴菲特挣到手的20%是有波动的。

② To achieve satisfactory investment results is easier than most people realize; to achieve superior results is harder than it looks.

③ 2020年年末伯克希尔持有苹果的市值为1204亿美元。

会多紧密地跟踪这家公司？”

巴菲特回答：“如果你需要紧密跟踪一家公司，那你就不应该投这家公司。[①]”

安迪不敢相信，问了一句：“真的？”

巴菲特说：“对。如果你买了一个农场，你会一起床就去看玉米长多高了吗？一些人说这几年玉米能卖个好价钱，一些人说卖不了好价钱，这让你烦心吗？我知道有丰年就会有荒年，我也不在意宏观经济预测或者其他信息。我买了个农场，只关心年复一年轮种的作物。我希望产出增加，正常情况下也确实如此。这个农场100年前的产出大约是每英亩（1英亩约为4046.72平方米）30～35蒲式耳（1蒲式耳约为36.37升）。现在丰年的产量能够达到每英亩200蒲式耳……[②]”

安迪迟疑了一下，问：“所以你认为苹果公司就像一个农场？”

巴菲特说：“苹果是一项长期投资。如果你有城里最好的汽车4S店，有品牌、有好的管理模式，你就不会每天都去店里问来了多少位顾客……如果你打算持有20年，一年365天，20年就是7300天。而每一天的情况不同，每一年的情况也不同，如果你认为每一天的情况都很重要，那你不应该买这家4S店。”

要点：在股市里，活着比什么都重要。

小结

活在股市里，不要亏损、不要摊薄、不要频繁交易，这样才能享受复利的长期增长。

---

① If you have to closely follow a company, you shouldn't own it.

② 巴菲特这段话的意思是，公司的增长不是靠一天天观察就能看到的。公司有赚得多的年份，也有赚得少的年份；有些人看好，有些人看空。这些都不重要，重要的是长期保持盈利增长的趋势，例如农场每英亩产出从35蒲式耳增加到200蒲式耳。

主题 4 长期：复利的累积

不管你多么聪明、多么努力，有些事情就是要花时间[①]。

——巴菲特

THEME

① No matter how great the talent or efforts, some things take time.

第一节 最不愿意付出的代价：时间

有些家长一边告诉孩子长期保持努力学习的态度，不投机取巧才能有好成绩，一边却想在股市、楼市上一把梭，迅速赚到大钱。

分红回报50%

如果有这么一只股票，分红相当于购买价格的50%，大家的第一反应可能是：骗子！

但巴菲特真的买到了这样一只股票，而且确实收到了相当于购买价格50%的分红，大家有没有兴趣看一眼？

这只股票就是可口可乐（表4–1）。

伯克希尔持有4亿股可口可乐，总成本为12.99亿美元。2019年可口可乐每股分红1.6美元，伯克希尔所得年分红总额为6.4亿美元，相当于买入金额的49.3%。2020年可口可乐每季度每股分红增加了1美分，全年每股分红1.64美元，伯克希尔所得年分红总额为6.56亿美元，巴菲特货真价实地收到了相当于买入金额51%的分红。

巴菲特不是1天就拿到51%回报的。可口可乐公司1988年每股分红1.2美元，年底股价为44.63美元①，分红回报率为2.7%，这不算低，但在当时的美国市场也不突出。巴菲特慧眼识珠，在众多股票中认定了可口可乐。他当时能想到2020年可口可乐的分红回报率会超过50%吗？我认为当时巴菲特肯定算过

① 数据来源于可口可乐1988年年报。可口可乐在1990年、1992年、1996年、2012年做过4次1股拆分为2股的股本变动，如果不考虑回购，1988年的1股相当于现在的16股。可口可乐的股本变动历史请见：https：//investors.coca–colacompany.com/stock–information/splits。

这笔账，知道自己能获得如此高的分红回报率，甚至可能预期更高的分红回报率。

表4-1 巴菲特投资可口可乐的分红回报率[①]

时间	可口可乐每股分红/美元	巴菲特所得分红/亿美元	分红回报率/%
2020年	1.64	6.56	51
2019年	1.6	6.4	49
2018年	1.56	6.24	48
2017年	1.48	5.92	46
2016年	1.4	5.6	43
2015年	1.32	5.28	41
2014年	1.22	4.88	38
2013年	1.12	4.48	34
2012年	1.02	4.08	31
2011年	0.94	3.76	29
2010年	0.88	3.52	27
2009年	0.82	3.28	25
2008年	0.76	3.04	23
2007年	0.68	2.72	21
2006年	0.62	2.48	19
2005年	0.56	2.24	17
2004年	0.5	2	15
2003年	0.44	1.76	14
2002年	0.4	1.6	12
2001年	0.36	1.44	11
2000年	0.34	1.36	10
1999年	0.32	1.28	10

从表4-1可以看到，20年来可口可乐公司的分红每年都在上涨，从未有下降的时候。2008年金融危机的时候，很多美国人还不上房贷，但照样会喝瓶可口可乐缓解忧愁。2020年很多餐饮门店长期关闭，人们就宅在家里喝可口可乐，越喝越快乐。在百年来人类遭受过的各种冲击中，可口可乐有顶级的抗打

① 数据来源：1999—2020年可口可乐分红数据来源于可口可乐公司历年年报。可口可乐2012年7月27日将1股拆为2股。按拆分后的股本计算，巴菲特持有4亿股，本文中的每股分红均按拆分后的股本计算。巴菲特投资可口可乐的成本为12.99亿美元。

击能力，其现金流一直相当充裕。

即便如此稳健，巴菲特获得高分红也经历了漫长的岁月。开始分红回报率不到3%，11年后分红回报率达到10%。又过了8年，2007年时分红回报率超过20%。2020年分红回报率达到51%，此时巴菲特已经投资可口可乐30年，其间一直持有不动，既没有做过可口可乐的波段，也没有把可口可乐清仓换成互联网大牛股。巴菲特就这么“简单”地拿到了回报。

2020年年末可口可乐的预期分红回报率为3%，高于巴菲特当年买入时的情况。如果一个美国妈妈现在买入，持有30年不动，还可以获得50%的分红回报率吗？可以用可口可乐公司的股票作为给孩子买房的替代选择吗？这些问题每个人都有自己的答案。决策的依据不仅仅是对可口可乐的判断，也包括对自己性格的认知。

对于一些交易者来说，无论分红回报率多高，都不愿意买入30年不动。特斯拉的老板马斯克①于2020年5月公开表态，认为巴菲特的工作“颇为无聊（pretty boring）”，就是研究“可口可乐或者百事可乐是否值得追加投资②”。一些交易者进入股市的终级目的是寻求刺激，希望随心所欲地决策，获得类似博彩的快感。让他们为了赚钱而“颇为无聊”地长期持有，是很反人性的。

要点：巴菲特持有可口可乐30年，2020年分红超过买入价格的50%。

可口可乐传奇

在巴菲特投资之前，可口可乐公司已经走过了漫长的岁月。1886年5月8日，美国南方亚特兰大一家药店（Jacobs' Pharmacy）的药剂师彭伯顿③发明了一种能够减轻头痛的药剂。他不断改进，偶然在冲调时加入了小苏打，使得药

① Elon Musk，出生于1971年6月28日。2020年年末拥有财富1556亿美元，为全球第二大富豪（福布斯根据股价实时计算的富豪排行榜，网址：https://www.forbes.com/real-time-billionaires/）。

② Does Coke or Pepsi deserve more capital?

③ John Stith Pemberton，1831年7月8日—1888年8月16日。

剂中有二氧化碳，口感更佳。药店的收银员罗宾逊[1]将这种药剂命名为“可口可乐”。第一年，他们平均每天卖出9杯这样的饮料，每一杯售价5美分。

1888年，眼光长远的坎德勒[2]从彭伯顿手上购买了可口可乐的神秘配方和所有专利，开始了可口可乐的远大征程。可口可乐的广告预算从1892年的1.1万美元增加到1901年的10万美元以上。随着可口可乐的发展，坎德勒也从街边饮料小商贩变为商业巨子，1914年他向埃默里大学[3]捐款100万美元。得到充足经费支持后，埃默里大学逐渐成为美国南方一流学府。埃默里大学的各项活动会反复检查饮料品牌，确保只使用可口可乐旗下产品，绝不会出现百事可乐的蓝色瓶子。

1919年，坎德勒的妻子与世长辞。他伤心欲绝，卧床不起，自知不久于人世，便把可口可乐股权作为遗产转移给孩子们。“富二代”们想的是快速变现，没兴趣劳苦经营。当年7月，孩子们背着父亲秘密与伍德罗夫[4]领导的财团沟通，以2500万美元出售了可口可乐公司。

1927年，就在南昌起义的同一年，可口可乐进入中国。最初“Coca-Cola”的中文译名是“蝌蚪啃蜡”，奇怪的译名、黑色的液体、喝下后体内汹涌而出的二氧化碳气体，销量惨淡毫不为奇。经营几年后，在英国的可口可乐海外总部再也坐不下去了。其在《泰晤士报》上登文，悬赏350英镑征集中文译名。蒋彝天才地译出“可口可乐”，音节上与英文契合，朗朗上口；内涵上喜庆欢乐，符合中国传统意蕴。

1936年，巴菲特6岁。现在6岁的孩子们多在教室里学数学，而当年6岁的巴菲特在加油站外卖饮料。巴菲特每天对各种饮料瓶盖进行“大数据分析”，看哪种饮料好卖。分析得出的结论是可乐。橙汁、矿泉水这些卖得都不如可乐。巴菲特从祖父的批发店里用25美分批发了6瓶可乐，搬到加油站以一瓶5美分的价格零售卖出。每卖6瓶，他得到30美分，获得5美分的利润。不过，当时

---

① Frank Mason Robinson，1845年9月12日—1923年7月8日。
② Asa Griggs Candler，1851年12月30日—1929年3月12日。
③ Emory University，建校于1836年。美国疾病控制与预防中心（Centers for Disease Control and Prevention，简称CDC）的总部紧邻埃默里大学。
④ Ernest Woodruff，1863年5月23日—1944年6月5日。

巴菲特卖的不是可口可乐，而是可口可乐的劲敌——百事可乐。

1939年，“二战”爆发。由于糖变成了军需物资，需要配给，很多饮料公司产量下滑。可口可乐不但没有受影响，反而成为随军饮料，跟随美军销向全世界。战争期间，可口可乐在亚洲、欧洲和非洲建立了64个灌装工厂，卖出50亿瓶。

1985年，可口可乐成立99周年，却迎来了历史上最大的危机。此前，百事可乐打造出青春激扬的品牌，市场占有率稳步上升，挑战着可口可乐的龙头地位。出生于古巴的可口可乐CEO郭思达[①]身体里流淌着切·格瓦拉一样的热血，立下誓言要改变可口可乐。他变革的目标，瞄准了99年未变的彭伯顿的可口可乐配方。如果配方都能变，可口可乐还有什么不能变?

同年4月23日，郭思达推出新口味，停止了老配方。他期盼的是鲜花，迎来的却是“大粪”。美国人民把愤怒宣泄到可口可乐的新配方上，各大媒体猛烈抨击可口可乐的管理层。民间谣言四起，认为郭思达是间谍，怀疑他是长期潜伏的敌人。百事可乐的领导做梦都没想到，在激战之中对方领导竟自废“武功”，狂喜之下将当天定为百事可乐公司假日。79天后，焦头烂额的郭思达投降，宣布恢复传统配方的经典可口可乐[②]的生产。群众喜笑颜开，纷纷购买经典可口可乐庆贺，当月可口可乐销量上升8%。

巴菲特没有参与可口可乐换口味的大戏。他从小卖百事可乐，喝了近50年的百事可乐。即使在可口可乐内外交困时，他也觉得可口可乐股票太贵，没有买入。转变发生在1987年，巴菲特和邻居基奥[③]在白宫的一场宴会上见面。奥马哈那条街“风水”相当好，不是小好，是大好。巴菲特是最知名的投资家之一，而基奥是可口可乐高管。基奥热情地邀请巴菲特尝尝可口可乐最新推出的樱桃口味，巴菲特喝下后，想起了很多事情：

他想到自己6岁就开始卖可乐，喝可乐。在51年间喝了无数罐可乐，这辈

① Robert Goizueta，1931年11月18日—1997年10月18日。

② Coca-Cola Classic，现在可口可乐采用经典可口可乐配方，容器上印有Classic的标志。1985年配方的可口可乐已经停售。

③ Donald Raymond Keough，1926年9月4日—2015年2月24日。曾任可口可乐的董事、首席运营官（chief operating officer）。基奥成为可口可乐高管后，邀请巴菲特喝樱桃味的可口可乐。巴菲特喝了非常喜欢，大举买入可口可乐的股票。

子都不爱喝别的饮料。

他想到自1886年可口可乐诞生以来，一代一代的美国人都爱喝可乐。

他想到自1930年他出生以来，美国的人均GDP增长了6倍，可口可乐一直在分享美国经济增长的成果。

他想到可口可乐几乎已经进入地球上每一个角落，全世界的人都爱喝可口可乐。全球的人口在不断地增长，经济也在不断地增长。买了可口可乐的股票，就可以分享全世界经济增长的成果，自己的钱能在全世界获得复利。

巴菲特30多年来买了纺织公司、印花公司等上百只股票，但“灯下黑”，一股可口可乐的股票都没买过。不过大师就是大师，着眼于未来、不纠结既往，出手就是大手笔。1988年巴菲特买入价值6亿美元的可口可乐股票，1989年继续买入4亿美元，5年后又投入近3亿美元，此后一直持有不动。

要点：可口可乐百年来遭遇多次冲击，但一直保持增长。

从200万美元到2万亿美元

芒格曾在一场演讲中问过一个经典问题：假设回到1884年，你有机会面见一位神秘富翁，他愿意出200万美元设立可口可乐公司，只要你能在15分钟内说服富翁相信你的商业方案能让公司价值在150年后增加到2万亿美元，就可以获得新设公司一半的股权。你会提出什么样的方案？

很多人思考的重点是“15分钟内说服富翁”，实际上最重要的是“150年后增加到2万亿美元”。没有150年的长远眼光，150分钟也说服不了富翁。有些人觉得：“人又活不到150岁，关心这么长远的事情干嘛呢？”有意思的是，同一批人很可能认为房屋产权即使定为150年也不够。因为芒格比我们想得深入，所以他比我们有钱；而不是因为芒格比我们有钱，所以他想得深入。这就像家长有长远的眼光，孩子才能少走弯路。

芒格将2万亿美元的市值目标进行了如下的分步测算。

（1）消费人群：2034年，全球的80亿人。

（2）人均饮水量：每人每天至少需要1.9升的饮料或者水。

（3）全球年饮水总需求：1.9升/人×80亿人×365天=55480亿升。

（4）假设碳酸类饮料占25%的饮水需求：55480亿升×25%=13870亿升。

（5）假设可口可乐占一半碳酸类饮料的市场份额：13870亿升×50%=6935亿升。

（6）对应可口可乐的瓶数：假设每瓶0.234升[①]，6935亿升÷0.234升/瓶≈29637亿瓶。

（7）年利润：如果每瓶赚4美分，每年就可以赚29637亿瓶×4美分/瓶≈1185亿美元。

（8）实现2万亿美元的目标：市盈率17倍[②]，对应市值1185亿美元×17≈2万亿美元。

经过上面的计算，我们可以发现2万亿美元的市值完全可以实现，核心在于每瓶赚4美分、卖出约3万亿瓶。为此，必须充分利用人类基本的生理和心理条件反射。

第一，必须增强可口可乐吸引力：

（1）提供人体必需的卡路里。

（2）在口感、香味方面给人最大的愉悦感。

（3）全球扩张，让所有人喝到，避免竞争对手的口味先占领市场。

（4）加入糖和咖啡因，从历史上看，人类喜爱的饮料都含有这两种物质。

（5）让人觉得凉爽。天气热的时候喝饮料降温效果明显，而且喝了还想喝。反之，天气冷的时候喝热饮并不能快速提升体温。

第二，应用巴普洛夫条件反射理论，让人类跳过大脑决策环节，下意识地想喝：

（1）让可口可乐和人类喜爱的东西产生连接。例如阳光的运动员、盛大的节日、温情的聚会等。

（2）必须将可口可乐和普通饮用水区别开，不能是无色、无味的饮料。需要添加色素、二氧化碳。

---

① 234毫升对应8盎司，是传统玻璃瓶装可乐的容量。现在常见的易拉罐装是355毫升，即12盎司。

② 2020年年末，标准普尔500指数的市盈率为37倍，可口可乐的市盈率是27倍。芒格以17倍市盈率估算可口可乐的长期市值是谨慎合理的。

（3）神秘配方。要对配方高度保密，给产品增添神秘的色彩。

（4）产生社会认可。把喝可口可乐打造成为一种潮流，让更多人主动加入。

（5）大力投入广告。应该将40%以上的销售额投入广告，在全世界人群中形成巴普洛夫条件反射。

第三，公司要避免犯重大错误：

（1）避免被抛弃。用独特的口味吸引消费者一罐接着一罐地喝。

（2）避免品牌“被分享”。“可口可乐”这个品牌不能被别的公司分享①。

（3）避免被嫉妒。嫉妒是人类的天性，可口可乐的品质、广告、价格都要做到实至名归，让客户无可挑剔。

（4）避免更改口味。可口可乐的味道已经深入人心，口味的更改会让消费者感到“失去”，而人们憎恨“失去”。

芒格认为坚持做好上面的环节，可口可乐的市值就可以在保持分红的情况下，150年后增加到2万亿美元。

这场演讲发表于1996年，当时可口可乐实际市值约为1250亿美元。可口可乐市值“只需要”保持8%的年化增长率，2034年就可以实现2万亿美元的目标。实际上2020年年末可口可乐市值约为2400亿美元，1996—2020年可口可乐市值的年化增长率是3%，和芒格的预期还有一定差距。但这并不妨碍伯克希尔长期持有可口可乐的股票，并获得丰厚的分红回报。

要点：从200万美元增长到2万亿美元，芒格出了一道“烧脑题”。

人性与理性

说到长期，是理性存续的时间长，还是人性持续的时间长？

在2017年伯克希尔股东大会上，有一位妇女指责巴菲特没有公德。她说美国的钱上印着“我们信仰上帝”，而巴菲特只信仰金钱却忘了上帝。她指责可口可乐含糖量太高，不利于孩子们的健康，而巴菲特作为可口可乐的大股东对

① 在中国，“可口可乐”和“百事可乐”的名称里都含有“可乐”两个字。但在美国，一个是Coca-Cola，一个是Pepsi，两者名称中没有重叠的部分。

此视而不见。

这位妇女描述了美国的现状。一方面，健康卫生机构天天宣传要低糖；另一方面，人民群众乐此不疲地顿顿高热量。美国各大超市所做的蛋糕，不是像蜜这样甜，就是比蜜还要甜。美国人为治疗肥胖花的钱，能救所有贫困国家里营养不良的孩子。

对于这项指责，巴菲特很淡定，他回答说：

“我每天喝5罐可口可乐，我愿意从可口可乐中摄入糖，因为喝可口可乐让我开心。如果我只吃芦笋、西兰花，或许可以多活一年。但我宁可吃巧克力、喝可口可乐，每天过得更开心而少活一年。这是我个人的选择，其他人如果觉得摄入糖类不健康，他们可以去呼吁政府采取措施。可口可乐中有糖，其他食品中也有糖。可口可乐是非常正能量的产品，影响了美国甚至整个世界，你可以看到可口可乐在这一百多年来的成就。我不希望以后有人告诉我不要再喝可口可乐。”

美国人不但爱吃甜食，而且爱喝酒。其实不管在世界的哪一个角落，人类都有漫长的饮酒历史。中国上下五千年，从圣人到平民，从英雄到文豪，人人爱酒。

孔子说：“惟酒无量，不及乱。”

庄子说：“饮酒以乐为主。”

曹操说：“对酒当歌，人生几何？”

李白说：“将进酒，杯莫停。”

王维说：“劝君更尽一杯酒，西出阳关无故人。”

李清照说：“莫许杯深琥珀浓，未成沉醉意先融。”

中国历史上虽然有诸多戒酒运动，但从未有过全面的戒酒令，因为卫道士也知道禁酒是不可行的。美国是个移民国家，历史传统少，很多情操高尚的社会运动家对酗酒深恶痛绝，在19世纪初掀起了声势浩大的禁酒宣传活动。妇女们认为酗酒是家暴的根源，用于喝酒的钱本应用于孩子的教育，也积极投身于禁酒运动中。最终，美国出现人类历史上首次上升到宪法高度的理性与人性斗争的产物——禁酒令。

1919年美国通过《宪法第十八修正案》，规定酿造、出售、运送酒是违法的。1920年1月17日禁酒令正式生效，对美国社会产生了深远的影响，《教父》《美国往事》《燃情岁月》等电影描述了那个时代：一是黑帮横行，当时的酒就像现代的毒品，一本万利；二是官员腐败，收黑帮的钱竞选，当选后罩着黑帮贩卖私酒；三是全社会道德水平下滑，大多数人都喝过酒，而只要喝过一口酒就是犯罪，所以人们普遍撒谎、欺瞒。

这样折腾了13年，美国人终于认识到不可能靠理性压制人性。富兰克林·德拉诺·罗斯福当选美国总统后，推动废除禁酒令。1933年12月5日，美国通过《宪法第二十一修正案》，废除《宪法第十八修正案》。这是美国宪法全部27条修正案中，唯一用于废止之前宪法条文的修正案。

理性与人性冲突之时，获胜的往往是人性。五千年以后，人类不太可能还用手机，但一定还在喝酒、喝含糖饮料。即使科学研究说"饮酒伤身""喝可乐长胖"，但人天性追求愉悦，就是要喝酒、喝可乐。公司要满足的是人性的需求，而不仅仅是科学研究的结果。表4-2展示了贵州茅台与可口可乐的市值增长情况。

表4-2　贵州茅台与可口可乐的市值情况

公司名称	早期市值	2020年年末市值	其间年化增长率
贵州茅台	2001年：78亿元	2.5万亿元	37%
可口可乐	1919年：2500万美元	2357亿美元	9%

注："早期市值"一栏中贵州茅台以2001年IPO价格计算，可口可乐以1919年交易对价计算。

要点：长期消费品必须满足人性。

小结

只有满足一代又一代稳定持久的人性需求，才能孕育出基业长青的公司。早期投资百年老店的人，将获得远远超过想象的财富①。

① 参见主题5第四节的"回避难题"部分。

第二节 没有一帆风顺：富国银行

再好的公司，其发展的道路上也荆棘密布。投资者要有股东的心态，接受经营的起伏、股价的波动。让我们看看巴菲特如何动态长期持有富国银行[①]的股票。

富国银行简史

1852年3月18日，富国银行成立，资本金30万美元。公司创始人是威尔士[②]和法戈[③]，富国银行的英文名称来自两位创始人的姓。1850年，两人在纽约创办了美国运通公司[④]。1852年，董事会拒绝了他们把业务从东海岸拓展到西海岸的想法，他们俩就从美国运通公司辞职并创办了富国银行[⑤]。两个人创办了两家市值超过千亿美元的公司，创造了美国商业奇迹。除此以外，威尔士还创办了威尔士学院[⑥]，该学院培养出美国第一位本科毕业的总统夫人。法戈在政界也很成功，北达科他州最大的城市[⑦]以他的名字命名。

富国银行的发展和美国西部淘金热分不开。1848年2月，美国在美墨战争中击败墨西哥，获得了包括加利福尼亚州在内的230万平方千米土地，其约占目前美国领土的1/4。1848年3月，美国人在旧金山发现了黄金。当年8月，消息

① 公司英文名称是Wells Fargo & Company，股票代码WFC。
② Henry Wells，1805年12月12日—1878年12月10日。
③ William Fargo，1818年5月20日—1881年8月3日。
④ American Express Company，美国运通也是巴菲特的重仓股。
⑤ 那时候Wells Fargo没有开展银行业务，应该说是创办了“富国快递公司”。
⑥ Wells College，1868年建校。
⑦ Fargo市，人口12万，约占所属州总人口的17%。

传到美国东海岸。当年12月，当时的美国总统波尔克[①]确认加利福尼亚州发现黄金。美国群众沸腾了，纷纷带着淘金梦涌入加利福尼亚州，旧金山常住人口从1840年的1000人上涨到1850年的2.5万人。

富国银行最早为淘金者提供黄金快递服务。后来，淘金者可以用金块换取富国银行开出的票据，这些票据在流通中相当于实物黄金，这是富国银行最早的金融业务。1860年，林肯当选为美国总统。富国银行用"快马专递[②]"，以每小时16公里的速度，把信息传递到西海岸，而其他快递公司只能达到其一半的速度。1888年，富国银行提出了"从大洋到大洋"的口号，是首家提供从西海岸太平洋区域到东海岸大西洋区域的全美国快递服务的机构；并通过邮轮把信件包裹递送到欧洲、亚洲、大洋洲。1918年，富国银行在全球已经拥有10000个网点。

世界突然从发展转向斗争，美国政府为了应对"一战"，将大型快递公司国有化，富国银行的快递业务就此终结。好在1905年的时候，银行业务就正式从快递业务中独立出来，没有被国有化。1905—1923年，富国银行只在旧金山市中心有一个办公点，主要开展面向企业的商业银行业务。

"二战"结束后，个人贷款业务兴起，银行增设网点以贴近个人客户。富国银行收购小银行进行扩张，1964年收购了加利福尼亚州两家历史悠久的银行后，富国银行成为美国第11大银行，业务主要集中于加利福尼亚州。1966年，富国银行和加利福尼亚州其他银行一起推出了万事达卡[③]。

1990年年初，富国银行受到挑战，巴菲特抓住这个窗口期大举买入。1995年富国银行对第一州际银行（First Interstate Bancorp）发动敌意收购，1996年1月以116亿美元拿下，成为美国第9大银行。人吃快了容易消化不良，企业并购急了也会有麻烦。富国银行收购后整合不力、业绩下滑。1998年6月，西北银

① James Knox Polk，1795年11月2日—1849年6月15日。在他的任期内美国国土快速扩张，正式成为东临大西洋、西濒太平洋的国家。由此富国银行才能提出"从大洋到大洋（Ocean to Ocean）"的口号。

② Pony Express。富国银行起源于快递业，公司标志是六匹马拉的马车。1969—2006年富国银行年报封面主题一直是飞奔在美国西部旷野上的马车。有兴趣的读者可以从如下网址浏览：https://www.wellsfargohistory.com/our-story/annual-reports/。

③ Mastercard。2020年年末伯克希尔持有16亿美元市值的万事达公司股票。

行（Norwest Corporation）提议与富国银行合并，11月合并完成。虽然是西北银行发起的合并倡议，但由于富国银行的品牌更响亮，合并后新公司保留了富国银行的名称。

进入新千年，富国银行高歌猛进。2008年，富国银行与花旗银行竞争收购美联银行（Wachovia Corporation），最终富国银行胜出。主要原因是富国银行和美联银行重叠的区域小，并购后不会大规模裁员。2013年富国银行成为美国市值排名第一的银行，有时候市值还能超过中国工商银行成为全球市值排名第一的银行。

要点：富国银行从快递起家，成为全球市值排名第一的银行。

巴菲特买入

巴菲特在1989—1990年间大举买入富国银行股票。1990年加利福尼亚州房地产经过几年20%～30%的上涨后，出现5%～10%的下跌。美国人房地产首付比例最低只有3%～5%，这一跌幅足以抹去高点购房者的本金，威胁银行资产质量。富国银行是加利福尼亚州最大的房地产贷款机构，那段时间加利福尼亚州的银行连续“爆雷”。投资者认为银行财务报表水分很大，纷纷“用脚投票”，抛出所有银行股。富国银行也不能幸免，1990年6月到10月股价急速下跌1/3。

巴菲特1989年已经买了5000万美元的富国银行的股票，在1990年最大亏损比例近40%。但他并不慌张，反而抓住时机以低成本大量买入。到1990年年底巴菲特共投资约2.89亿美元，持有500万股富国银行股票，占当时富国银行总股本近10%，富国银行成为伯克希尔第五大重仓股。巴菲特在《1990年致股东的信》中详细说明了投资富国银行的逻辑，归纳如下：

巴菲特首先解释了为什么要买入富国银行近10%的股票。一来富国银行是一家管理卓越、回报高的银行。二来持股量达到或者超过10%需要美联储的批准。潜台词是富国银行股票值得继续买入，但一旦持股量高于10%就需要监管者批准，他并不想越过这条线。

接下来巴菲特分析了银行业的风险。他说银行有超高的杠杆率，因为银行资产一般是资本金的20倍，哪怕很小的资产损失，都可以导致绝大部分资本金亏损。对于很多银行来说，犯错误是不可避免的。大部分管理层会因为“制度性约束①”，不由自主地模仿竞争对手。哪怕对手的做法特别傻，管理层都会照搬到本公司。在管理层的瞎指挥下，公司职员像旅鼠一样盲目跟随，而现在一些银行的命运和旅鼠一样②。20∶1的杠杆率、可能犯错误的管理层、放大管理层错误的行政机制，这些风险因素使得巴菲特不会购买股价便宜但管理差的银行的股票。他只会投资股价合理而且管理优秀的公司。

然后，巴菲特赞扬了富国银行两位最高管理层人士。他们让巴菲特想起了“首都城市美国广播公司③”的两位最高管理层人士。两大公司的管理层都是业界顶级优秀人士的组合，有相同的特质。一是两位最高管理者之间能够相互理解、信任、欣赏，实现“1+1>2”的效果。二是最高管理层痛恨冗员，愿意给能干的员工付高薪。三是着力削减成本，即使利润创新高也不懈怠。四是每位最高管理人都知道自己的能力所在，会基于能力而不是自尊来做决策。

巴菲特解释了他为什么买大银行的小部分股权，而不是小银行的控股权。一是不用付出控股权溢价④。富国银行有560亿美元资产，净资产回报率超过20%，总资产回报率为1.25%。购买富国银行10%的股权，财务上相当于购买资产为50亿美元的银行100%的股权。由于控股权溢价，如果真要去购买资产为50亿美元的银行100%的股权，可能要付2倍的价格。二是富国银行自带优秀管理层。如果100%控股一家银行，找优秀管理层是个大问题。

巴菲特坦承无法完全避免极端风险。加利福尼亚州是地震多发区域，如果发生大地震摧毁房屋，银行业会被拖下水。万一宏观经济收缩或者出现金融恐慌，

① 巴菲特的用词是institutional imperative。
② 旅鼠每隔3～4年数量会猛增，然后集群觅食。面对大河、大湖时，整个鼠群会一往无前跳入水中，结果是集体自杀。
③ Capital Cities/ABC Inc.，是巴菲特当时持股的第二大公司。该公司的一位最高管理者负责收购有价值的传媒公司，另一位最高管理者负责运营。
④ 控股股东在大多数情况下能决定整个公司的资金运用，所以有控股权溢价。这在银行业上尤其明显，一些治理结构不佳的银行，大股东以占总资产3%的资金控股，却将银行总资产的50%以贷款形式转给关联公司。

管理得好的银行也难逃厄运。但巴菲特认为极端风险发生的可能性很低。

最后，巴菲特算了笔账。富国银行有10亿多美元的税前利润，加上3亿美元留出来用于充抵坏账的准备金，合计有13亿多美元可以抵御风险。假设富国银行480亿美元信贷中有高达10%的比例变成坏账，这些坏账中有30%的金额最终损失，则富国银行的损失为“480亿美元信贷×10%坏账×30%最终损失”，即14.4亿美元。所以，即使在极端情况下，富国银行也基本能做到盈亏平衡。

总而言之，巴菲特认为：

（1）股价下跌带来买入机会。

（2）优秀的管理层值得信赖。

（3）买大银行的小部分股权比买小银行的控股权好。

（4）即使出现极端情况也能盈亏平衡。

因此，买入富国银行股票是一笔值得的投资。

要点：巴菲特指出银行业的风险，但依然看好富国银行。

百倍增持

童话中王子亲吻公主，此后就是幸福的生活。但商业世界是你死我活的竞争世界，巴菲特投资的公司，发展从未一帆风顺。

巴菲特对自己的选择很有信心，所以才会在《1990年致股东的信》中详细解释投资富国银行的逻辑。1991年富国银行的净利润从上一年的7亿美元暴跌到0.2亿美元，基本达到盈亏平衡。巴菲特自嘲，说自己1990年认为富国银行发生极端情形的可能性不大，一年以后就被“打脸”。不过，预计富国银行巨亏的投资者，发现在这么恶劣的情况下公司居然还盈利，纷纷买回股票。一年多时间，股价相对于巴菲特买入时的成本涨了30%。

1996年富国银行收购第一州际银行后资产质量恶化，1998年和西北银行合并。1997—2001年间巴菲特不断减持富国银行股票，最多减持了40%的仓位（表4-3）。巴菲特通常不会主动说自己卖出的股票，对比历年《致股东的信》中重仓股的持股成本可以发现线索。如果持股成本上升，则代表巴菲特增持了该股票；如果持股成本下降，则代表巴菲特卖出了该股票。注意，只看持股数未必准确，因为送股、“一股拆为多股”等操作会在没有买入的情况下增加持股数量。

表4-3 巴菲特持有富国银行股票表①（1990—2020年）

时间	股数	买入成本/百万美元	市值/百万美元	占富国银行总股本比例/%
1990年	5000000	289.431	289.375	略低于10
1991年	5000000	289.431	290	
1992年	6358418	380.983	485.624	
1993年	6791218	423.68	878.614	
1994年	6791218	423.68	984.727	
1995年	6791218	423.68	1466.9	
1996年	7291418	497.8	1966.9	
1997年	6690218	412.6	2270.9	
1998年★	63595180	392	2540	
1999年	59136680	349	2391	
2000年	55071380	319	3067	
2001年	53265080	306	2315	
2002年	53265080	306	2497	
2003年	56448380	463	3324	3.3
2004年	56448380	463	3508	3.3
2005年	95092200	2754	5975	5.7
2006年	218169300	3697	7758	6.5
2007年	303407068	6677	9160	9.2
2008年	304392068	6702	8973	7.2
2009年	334235585	7394	9021	6.5
2010年	358936125	8015	11123	6.8
2011年	400015828	9086	11024	7.6
2012年	456170061	10906	15592	8.7
2013年	483470853	11871	21950	9.2
2014年	483470853	11871	26504	9.4
2015年	500000000	12730	27180	9.8
2016年	500000000	12730	27555	10.0

① 数据来源：2020年前的数据来源于巴菲特历年《致股东的信》，2020年的数据来自伯克希尔13F报表。

（续表）

时间	股数	买入成本/百万美元	市值/百万美元	占富国银行总股本比例/%
2017年	482544468	11837	29276	9.9
2018年	449349102	10639	20706	9.8
2019年	345688918	7040	18598	8.4
2020年	52423867		1582	

★注：1998年11月富国银行和西北银行合并，合并后的新公司沿用了富国银行的名称，但沿用了西北银行的股价。可以视为西北银行发行股份收购了“（老）富国银行”，并将公司更名为“（新）富国银行”。由于合并前富国银行的股价约为西北银行股价的10倍，1股“（老）富国银行股票”相当于10股“（新）富国银行股票”，所以合并后巴菲特持股数量增加了约10倍。

从2005年开始，巴菲特大举增持富国银行股票，把此前卖出的股票用更高的价格买了回来。2004年年底巴菲特持有富国银行股票的成本为4.6亿美元，2005年增加到27.5亿美元。巴菲特没有再像1990年那样长篇论述投资富国银行的原因，他只在《2005年致股东的信》中说了句：“科瓦切维奇[①]精明地管理着公司”。

科瓦切维奇是富国银行的传奇人物，他提出了“交叉销售（cross-selling）”的理念，让客户尽可能多地用富国银行的产品。中国大部分人在五六家银行开了账户，但其中三四家银行只是因为交学费、燃气费等不得不开的账户，平时基本不用。富国银行能把借记卡、信用卡、支票账户、储蓄账户、投资账户、养老金账户、外汇业务、投资顾问业务、住房按揭贷款、汽车贷款、学费贷款等十几个产品推销给个人。如果个人同时是小企业主，富国银行向他交叉销售的产品会超过40个。

“交叉销售”说起来简单，要做到并不容易。

首先客户经理要有很强的能力，专业上知晓银行各种产品，销售上尽可能挖掘客户需求。其他银行开账户、办理房地产贷款等是不同员工处理，彼此推诿，客户需要不断地预约时间，多次到银行排队办理，这大大降低了成交的概率。值得注意的是，“交叉销售”不是误导客户，不是忽悠来银行存定期的人买保单。

其次要有系统支持。碰到特殊的问题，客户经理可以马上打电话咨询总

① Dick Kovacevich，出生于1943年10月30日。2009年年底从富国银行离职。

部，当场给客户答复，而不是随便以总行规定为由把客户拒之门外，或者让客户回家等通知。同时，在考核上按销售产品的业绩分配，不吃“大锅饭”。

最后是全行的服务意识。富国银行强调银行网点对客户的服务和销售功能。富国银行周六全天营业，而美国其他银行周六不开业，或者只开业半天。富国银行的客户经理在为客户办理完业务后，在48小时内会给客户打个电话，问客户是否还需要别的服务，其他银行一般不会再给客户打电话。

“交叉销售”的经营理念和其他银行有很大不同。对于普通个人客户，大部分银行强调效率，而富国银行强调客户关系。去银行柜面的时候，大部分银行员工没有一句废话，尽可能快地处理完客户提出的要求，然后服务下一个客户。富国银行把传统银行对企业客户的服务理念应用到普通个人客户上，在柜面尽可能多地与客户沟通，办完业务还会给客户打电话。每多一项业务，就多一笔收入；每多一个产品，就会大幅增强客户的黏性。2009年年末，平均每个富国银行客户持有近6个银行产品（表4–4）。这就好比国内客户在一家银行开了借记卡、信用卡、基金账户、理财账户、汇款服务、外汇服务，此时客户基本不可能离开该银行。

表4–4　富国银行零售客户平均持有的产品数[1]

时间	平均持有的产品数 / 个
1999年	3.2
2000年	3.4
2001年	3.7
2002年	3.8
2003年	4.2
2004年	4.3
2005年	4.6
2006年	4.8
2007年	5.2
2008年	5.5
2009年	5.7

① 数据来源：富国银行2010年年报。零售客户平均持有的产品数：products per retail banking household。

我们简单回顾一下巴菲特从富国银行500万股增持到5亿股的百倍增持历程：

1990年年末，巴菲特持有富国银行500万股。投入2.89431亿美元，市值2.89375亿美元[①]，持股比例略低于10%。富国银行总资产560亿美元，净利润7亿美元。

2016年年末，巴菲特持有富国银行5亿股。投入127.3亿美元，市值275.55亿美元，持股比例10%。富国银行总资产1.93万亿美元，净利润219亿美元。

要点：对于发展良好的企业，巴菲特会在数十年间不断投入重金增持。

顺势减持

减持276亿美元的股票是一个难题，特别是在公司曝出丑闻的情况下。

2016年富国银行曝出“账户欺诈（account fraud）”丑闻。一种情况是“虚开”。极少数员工以客户的名义申请信用卡。为避免客户发现，员工伪造了电子邮件、通信地址等信息。这些卡被寄到了不真实的地址，最终掌握在员工手中。部分员工造假不细致被客户发现，就以系统故障等理由搪塞。另一种情况是“强行搭售”。客户要求开支票账户，员工表示根据公司政策必须同时开储蓄账户，以此增加产品数量。每个账户都有最低余额要求，一不小心就会被扣账户管理费，客户对此非常不满。

2013年《洛杉矶时报》（*Los Angeles Times*）报道了相关信息，但富国银行并没有对此类行为展开调查。2016年监管机构正式介入，发现涉嫌欺诈账户约350万个，5300名相关员工被解雇。这一事件严重影响了富国银行的声誉，导致富国银行的市值被摩根大通和美国银行[②]超越。

富国银行被多个监管机构处罚，合计金额超过40亿美元。罚款数字看起来很大，其实不过是富国银行4个月的净利润。最要命的其实是美联储对富国银行规模的限制，要求富国银行总资产不能超过1.95万亿美元。这意味着富国银行不能扩张业务总量，无法满足优质客户不断增长的资金需求。直到2020年4月，为了缓解新冠肺炎疫情对经济的冲击，刺激金融机构对实体经济贷款，美

① 比较投入和市值，会发现1990年年末巴菲特处于微亏状态。
② 参见主题2第二节“狂赚百亿：巴菲特抄底美国银行”。

联储才放宽了对富国银行的限制。

巴菲特从2017年第二季度起小幅减持富国银行股票（表4–5）。巴菲特表示富国银行员工虚开账户是不对的，不过依然看好富国银行的管理和发展。减持只是因为富国银行在回购股票，如果伯克希尔不卖出的话，持有富国银行的股本比例就会超过10%。而一旦超过10%，伯克希尔和富国银行会被认为是关联方，旗下铁路、能源等板块之间的业务合作会受到极大限制[①]。

表4–5 巴菲特减持富国银行股票表[②]

时间	期末持股	减持比例	季末价格 / 美元
2020年第四季度	52423867	58.84%	30.18
2020年第三季度	127380440	46.38%	23.51
2020年第二季度	237582705	26.49%	25.60
2020年第一季度	323212918	—	28.70
2019年第四季度	323212918	14.58%	53.80
2019年第三季度	378369018	7.67%	50.44
2019年第二季度	409803773	—	47.32
2019年第一季度	409803773	3.98%	48.32
2018年第四季度	426768902	3.52%	46.08
2018年第三季度	442361700	2.14%	52.56
2018年第二季度	452013758	0.99%	55.44
2018年第一季度	456513244	0.38%	52.41
2017年第四季度	458232268	1.29%	60.67
2017年第三季度	464232268	0.80%	55.15
2017年第二季度	467987270	2.44%	55.41
2017年第一季度	479704270	—	55.66
2016年第四季度	479704270	—	55.11

注：减持比例=1 – 本季度期末持股/上季度期末持股

从表4–5可以看出，巴菲特一直在减持富国银行股票。2017年第四季度富国银行股价在高位时，伯克希尔卖了600万股。2019年第三、第四季度加大减

① 这个限制存在，但可以申请突破。2020年伯克希尔获得美联储的许可，最高可以持有美国银行24.9%的股份。2020年7月末8月初，伯克希尔连续增持美国银行股票，持股比例超过10%。

② 数据来源：季末持股数据来自伯克希尔每季度末披露的13F报表，相关数据参见https://dataroma.com/m/hist/hist.php?f=BRK&s=WFC。该表中2016年第四季度末持股数是479.7百万股，和巴菲特《2016年致股东的信》中列出的500百万股有差异。差异可能来自一些独立账户持股被列入巴菲特的统计，但不在伯克希尔披露的13F报表上。

持力度，减持的量相当于此前2年减持的总和。2020年第一季度没有减持，估计当时在集中精力处理航空股；第二季度下决心继续减持，虽然此时富国银行股价已经跌了50%，但巴菲特没有犹豫，不幻想反弹时逢高出货。

简单回顾巴菲特投资富国银行的历程：

1989年买入富国银行股票，很快亏40%。

1990年投入约2.9亿美元买入近10%的股份，年末微亏。

1991年公司净利润勉强为正，市值赚了0.2%。

1992年加大增持力度，赚了28%。

1996年富国银行并购后“消化”不良。

1997年巴菲特减持富国银行股票，一直到2002年。

1998年富国银行和西北银行合并。

2003年巴菲特重新开始买入，买入价格高于其减持价格。

2008年金融危机。2008年9月19日富国银行股价为44.75美元，2009年3月5日股价为7.8美元，跌幅超过80%，巴菲特有巨额浮亏。

2009—2015年富国银行高歌猛进，一度成为全球市值最大的银行，巴菲特不断增持。

2016年富国银行账户丑闻曝光，巴菲特持股不动。

2017年年末巴菲特净赚174亿美元，巴菲特开始减持。

2020年年初富国银行股价为54美元，最低时仅21美元。巴菲特不等反弹，下决心减持。

从富国银行的案例可以看出，即便是伟大的投资者重仓的优秀公司，发展道路上也有诸多不可预测的艰难险阻。长期持有需要的不仅仅是理性的分析、研究，更重要的是暴涨暴跌时不犯错误的强大内心。

要点：巴菲特在牛市减持重仓股。

小结

想要让复利发挥长期威力，投资者要有唐三藏西天取经历九九八十一难的思想准备。

第三节 黄金和比特币

如果在1962年用7.5美元买了1股伯克希尔，到2020年可以换套房。

如果在1962年用7.5美元买了黄金，到2020年可以换个手机。[①]

黄金不如股票

打开元素周期表，去掉气态元素、放射性元素、溶于水的元素、易被腐蚀的元素，只有金（Au）、银（Ag）、铂（Pt）、钯（Pd）、铑（Rh）五种元素适宜用作货币。其中钯、铑于18世纪才被发现，铂的熔点高达1768摄氏度，加工太困难，所以货币出现后，天然选择了金、银作为载体。黄金比白银稀少，更为人类所尊崇。古埃及人认为黄金代表永恒，所以图坦卡蒙法老棺椁的外层和中层镀金、内层用纯金打造，木乃伊上还戴有黄金面具。

自从纸币被发明以来，通货膨胀就无处不在，人类普遍认为黄金是对抗通货膨胀的最佳手段。进入21世纪，特别是美联储在2008年、2020年大印钞票之后，人们对纸币贬值的预期上升。每金盎司[②]黄金价格于2004年为400美元、2011年突破1800美元、2020年超过2000美元。但在《2011年致股东的信》中，巴菲特认为黄金是“无产出资产[③]”，不看好黄金的长期回报。

巴菲特把投资定义为“放弃目前消费以获得未来更高消费能力的行为[④]”，市场上有三大类投资标的。

① 1962年用7.5美元可以买到1股伯克希尔A类股票或者0.214金盎司黄金。2020年年末，前者价格约为230万元，后者约为3000元。1944—1971年期间，布雷顿森林体系规定1金盎司黄金的价格为35美元，所以7.5美元可以换到0.214金盎司黄金。

② 全称为“金衡制盎司”（Troy Ounce），源于中世纪，用于衡量贵金属的重量。1金衡制盎司相当于31.1克，而1普通盎司相当于28.35克。

③ 巴菲特的用词是Non-Productive Assets。

④ Investing is forgoing consumption now in order to have the ability to consume more at a later date.

（1）名义保值资产[1]。

投资者为了名义上“安全”的回报，把大量资金投在货币市场基金、银行存单、抵押证券等投资品上。看起来本金是安全的、回报是可预期的，但实际上严重损失了购买力。1965—2011年，美元实际购买力贬值86%，相当于每年贬值4.3%，与美国国债同期税后年化收益率相同，这部分可以看成“通货膨胀税”。美国国债这47年来年化收益率为5.7%，假设平均税率是25%，体现在年末税单上的“纳税金额[2]”为本金的1.4%。也就是说，看不见的“4.3%通货膨胀税”是看得见的“1.4%纳税金额”的3倍左右，投资者这47年来实际回报为0。

（2）无产出资产。

这类资产本身没有产出，把黄金放1万年也不会增加一点点重量。回报来源于有人愿意用更高的价格购买，而出更高价格购买的人又期盼着下一个接棒的“大傻瓜”。这种投资模式需要不断增加买家群，新增的买家期待着更多买家的进入。这类资产压根就没有回报，所以买家们不关心资产的回报，而是相信未来其他人会用更高的价格购买。

黄金在“无产出资产”中规模最大。当人群对纸币贬值的恐惧上升时，黄金价格会上涨，刺激投资者进一步买入，再次推高黄金价格，形成一个正反馈循环。但这种循环只能持续较短的时间。黄金供给每年都在增加，在1750美元/金盎司的价位上不会产生供不应求的紧张局面。

全球黄金库存约17万吨，浇铸在一起相当于一个边长约68英尺的黄金立方体[3]。以1750美元/金盎司计算，这个立方体价值约9.6万亿美元，相当于“全美国农地+16个埃克森美孚石油公司+1万亿美元”的价值。

全美国农地共约4亿英亩[4]，年产值约2000亿美元。埃克森美孚石油公司[5]是全世界盈利能力最强的公司，公司年利润约400亿美元，16个埃克森美

① 巴菲特的用词是Currency-based Assets。
② 美国人每年需要报税，利息收入合并计入总收入，按税率表纳税。
③ 此处黄金数据来自巴菲特《2011年致股东的信》，68英尺约合20.7米。根据世界黄金协会2020年1月发表的报告，人类历史上共开采了19.7576万吨黄金，可以浇铸成一个边长为21.7米的黄金立方体。
④ 约为162万平方千米。
⑤ Exxon Mobil Corporation，股票代码为XOM。此处是指2013年的情况，现在该公司不是全球盈利能力最强的公司。

孚的利润就是6400亿美元。100年后，黄金立方体的大小不会发生多大的变化。而美国的农地还在持续不断地产出农作物，16个埃克森美孚石油公司会派发万亿美元的红利。

（3）生产力资产[①]。

公司、农场、地产等属于“生产力资产”，这类资产不但长期回报高，而且相比前两者最安全。其中喜诗糖果、可口可乐这种既能在通货膨胀中涨价，又不需要多少资本投入的公司是上乘之选。黄金显然不能满足巴菲特的投资标准[②]。

要点：黄金没有产出。

美国没收黄金

享受资产增值的前提是长期持有。如果这东西不是你的，价格上涨和你就没有任何关系。美国民众也相信“乱世藏金”，但美国政府在乱世中把民众的黄金都没收了。

20世纪30年代大萧条期间，很多美国人认为美元即将崩溃，抢着买黄金。为应对席卷全国的黄金抢购浪潮，罗斯福[③]于1933年3月4日就任总统，4月5日就通过6102号行政令[④]要求民众在5月1日前上缴所持有的金币、金条、黄金凭证[⑤]。逾期不缴者罚款1万美元[⑥]或处10年监禁，或者并罚。

这里重要的是“黄金凭证”。银行发行凭证的时候承诺随时可以把凭证换为黄金，就好像电视剧里的“银票”，拿出凭证就可以兑元宝。各家银行很快发

① 巴菲特的用词是Productive Assets。

② 2020年6月，伯克希尔的持仓中首次出现了全球最大的黄金公司巴里克黄金（Barrick Gold Corporation，股票代码GOLD）。这并不与巴菲特看空黄金矛盾。一来，该股票占伯克希尔投资组合的比例为0.3%，可能不是巴菲特买入，而是手下基金经理买入。二来，伯克希尔买入的依然是股票而不是黄金。2020年年末该股票已经被清仓。

③ Franklin Delano Roosevelt，名字缩写为FDR，1882年1月30日—1945年4月12日。他空前绝后地连任四届美国总统。

④ Executive Order 6102。美国政府收缴黄金的宣传单参见：https://www.goldline.com/images/conf-order.pdf。

⑤ Gold Coin, Gold Bullion, and Gold Certificates.

⑥ 约为2020年的20万美元。

现买“黄金凭证”的人虽然多，但真正拿凭证换黄金的人没几个，于是超过实际黄金持有量发行“黄金凭证”。当市场上越来越多的人感觉不安，需要将“黄金凭证”换为实物黄金的时候，银行体系实际上拿不出这么多黄金。如果控制得不好，黄金业务上可能出现“挤兑”，进而威胁整个银行体系的稳定。

很多人早早听到了风声，加速把黄金凭证变为实物黄金。纽约州的坎贝尔（Frederick Barber Campbell）律师早在1932年10月11日就将3000多盎司的黄金凭证变为实物黄金，随后将这些黄金保存在银行里。1933年1月他又将一些实物黄金存入银行，前后总共放了160千克黄金。罗斯福颁布行政令后，坎贝尔和大部分人一样不理睬，没有上缴黄金。到了规定期限，美国政府只收到美国实际黄金持有量的1/3。美国政府把坎贝尔当作典型案例打击，经过一系列诉讼，坎贝尔终于臣服，把黄金缴入国库。

民众上缴黄金时，美国政府的收购价格是20.67美元/金盎司。6102号行政令通过9个月后，1934年1月10日美国政府通过《黄金储备法案》（*Gold Reserve Act*），将黄金的价格定为35美元/金盎司。有经济学家认为这是“金本位下的量化宽松方法”，刺激了信用扩张，有利于宏观经济复苏。但上缴黄金的民众认为美国政府9个月赚了70%，相当于自己亏了70%。

美国人民不是傻子，用各种方法与政府斗智斗勇，暗中私藏。将黄金放银行里是不行的，因为罗斯福还颁布了一项政府令，开箱检查所有银行保险柜。把黄金换成白银也是不行的，1934年8月9日罗斯福颁布6814号行政令（Executive Order 6814），要求民众上缴所有白银。最简单实用的方法是藏在家里隐蔽处，美国大多是独立住宅，政府很难搜查到。也有些行业公开持有黄金，例如口腔医疗行业，因为镶牙要用黄金。相当数量的黄金通过这些行业交易，按照市场价格而不是政府定价买卖。通过6102号行政令时，罗斯福表示没收黄金只是应对经济危机的“短期措施”。实际上直到40多年后的1974年12月31日，美国才废除该法案，允许民众持有黄金。

澳大利亚和英国也曾通过类似的法案。澳大利亚《1959年银行法》第四部分规定政府可以强制购买民众的黄金，1976年1月30日该部分法案被暂停。英国在1966—1979年间实施了类似的法律，仅允许民众持有4枚金币，“贵金属货币收藏家”除外。要想证明自己是“收藏家”，需要列明自己持有的金币，提交给英国政府审核。如果审核不通过，那么只能保留4枚金币，其他金币一律被没收。

有意思的是，虽然巴菲特本人不看好黄金的投资价值，但是巴菲特的父亲写过一篇著名的文章《人类的自由建立在可兑换黄金的货币之上》[①]。这篇文章捍卫民众持有黄金的权利[②]，公开和当时美国权力最大的人——罗斯福总统唱反调。巴菲特夸自己的父亲是纯粹坚持“内部记分卡”的人[③]，确实实至名归。

很多人认为在乱世股票一文不值，只有黄金靠得住。但美国、英国、澳大利亚这些西方国家的历史告诉我们，黄金也不一定靠得住。

要点：美国政府没收民间黄金。

不看好比特币

巴菲特和芒格都很不喜欢比特币。芒格甚至说：“专业交易虚拟货币[④]……就像一堆人在交易粪便，而另一些人生怕被落下，忍不住也要冲进去买一坨。[⑤]”

早在2013年伯克希尔股东大会上，就有人问巴菲特和芒格对比特币等虚拟货币的看法。巴菲特表示伯克希尔持有490亿美元现金，但不会投比特币。当时比特币的价格约130美元。

2014年3月巴菲特表示：比特币不是货币。如果有人拿两桶石油来交换你的物品，但石油的价格在不断变动，这种情况下这两桶石油就不能算货币。比特币的价格不断波动，其不是交易工具和价值储藏手段，而是高度投机品。同年，巴菲特驳斥了“比特币能够转账就有价值”的观点。世界上转账的方式多

① 文章英文标题为*Human Freedom Rests on Gold Redeemable Money*。
② 巴菲特父亲的文章捍卫民众持有黄金的权利，并没有讨论长期应该投资黄金还是投资股票。巴菲特虽不看好黄金，但并没有就罗斯福没收黄金的法案表态。父子俩讨论的是关于黄金的两个完全不同的问题。
③ 参见主题5第四节的“走自己的路”部分。
④ 虚拟货币和法定数字货币不同，虚拟货币没有国家法律的许可。
⑤ It's like somebody else is trading turds and you decide, “I can't be left out.”

了去了。支票可以转账、现金支票可以转账，但两者并没有卖很高的价格，比特币为什么卖这么贵？[①]当时比特币的价格约600美元。

2017年年末比特币价格达到近2万美元的阶段高点[②]。2018年年初比特币价格回落到1.4万美元，巴菲特接受CNBC访谈时表示他不知道比特币会以何种方式、在何时完蛋，但就加密数字货币而言，他愿意买5年期的卖出期权（5 years puts）。主持人接着问："为什么是5年期期权，而不是现在交易所就有的比特币期货呢？"巴菲特回答："对于不熟悉的资产，如果要卖空，应该持有长期而不是短期的头寸。"

当时流行"发币[③]"，主持人开玩笑说伯克希尔应该宣布发行数字货币。巴菲特回答说如果伯克希尔宣布发行一系列的数字货币，大家会感兴趣。但他不会这么做。

在2018年股东大会上，巴菲特阐述了他分析比特币的逻辑。如果你在公元1年购买了黄金，到现在只有0.1%～0.2%的年化收益率。黄金的稀缺性缓解了人的恐惧，但黄金不能产出。

任何时候，只要买了"无产出资产"，就会设想有另一个人用更高的价格来买。这种期望不仅发生在郁金香上，也一次又一次地发生在其他场合，最终结局都是灾难。

当一个东西依赖于每天都有更多的人来推高价格时，也就意味着每天来的人都得比走的人多。这种循环可能持续，而且可能持续很长时间，参与人数可以达到天文数字，但结局都是暴跌。虚拟货币只是一堆江湖术士在鼓吹，没有什么产出。很多人只是因为邻居买了虚拟货币后变富了，他们就想要买，而实际上邻居对虚拟货币一无所知。

作为对比，可以看看土地。1803年美国与法国签订了从法国廉价购买路易斯安那的协议，用1500万美元购买了80万平方英里（1平方英里约为2.59平方千

① 支票（check）、现金支票（money order）是美国常用的两种支付方式。这句话可以这么理解：你可以用微信免费转账1万元，你不需要花1万元购买微信的App，再把这个App以1万元的价格卖给下家，实现转账的功能。转账的工具和转账的金额是两个概念。

② 2021年4月，比特币价格近6.5万美元，是巴菲特错了，还是交易者太疯狂？让我们继续关注。

③ initial coin offering，简称ICO。

米）的土地，这是一笔好的交易。土地是“生产力资产”，例如买个农场，可以种植大豆、玉米等。将农作物的收入，减去人工支出、税收、各项成本，可以算出实际盈利。根据长期盈利所做的判断，才是投资。

巴菲特从2013年开始就坚持批评比特币，没想到2019年儿童节被人开了个玩笑——一位“币圈”新锐以4567888美元拍下了巴菲特慈善午餐，表示要和巴菲特深入交流虚拟货币。后来这位新锐在微博上就“过度营销”道歉，并以“身体不佳”为由推迟了午餐会。2020年1月午餐会举行，该新锐称比特币将是下一代人的通用货币。巴菲特笑着回答：“我确信我的孙子更愿意用美元继承我的财富。[①]”

虚拟货币的交易者都应该问问自己的继承人，看他是想要虚拟货币还是人民币。

要点：比特币没有产出，留给孩子他们也可能不会要。

走正道行远路

当你手握现金的时候，选择“生产力资产”，财富的雪球就会越滚越大；如果选择“无产出资产”，那就会天天胆战心惊，直到输光财产。这就好比爬山的时候，按照景区规划的道路走，不管中间起起伏伏，你知道一定能到达山顶。如果想走捷径，往往开始时容易，但越走越难、越走越没有信心，直到卡在危险境地的时候，你才认识到随意的选择会带来巨大的麻烦。

很多人认为比特币2013年的交易价格是130美元、2017年涨到19497美元，不管这东西有没有产出，能赚到钱就是好的。反观巴菲特所说的那些“生产力资产”，例如可口可乐，50年也没有涨100倍。为什么要去相信巴菲特？

如果翻翻真实的交易记录，你会发现在将近150倍的涨幅中赚到钱的人没几个。比特币是没有产出、允许融资交易、最大跌幅达94%的投机品，没人知

① I'm sure my grandson would rather inherit my wealth in USD.

道下一秒价格是冲上云霄还是跌落悬崖。如果跌下去了，交易者会担心地板下面还有地狱；如果涨起来了，交易者又会担心从云霄跌到地板上。在面对巨大不确定性的时候，交易者会怎么办呢？

《黑天鹅：如何应对不可预知的未来》①一书里有这么一段话：“如果在丛林里遇到雄狮，当我那擅长内省、凡事深思熟虑的祖先还在思考接下来该如何反应时，恐怕已经成为狮子的午餐。但是，他那不假思索逃命的表哥却得以幸存……很多证据表明，我们人类远远没达到自认为的那样遇事都会审慎思考。”

虽然生活中不会碰到狮子，但交易者依然被“遇到危险就跑”的基因所控制。文明社会只有几千年，而基因存在了上百万年，基因还没有适应现代社会②。每当比特币大跌时，交易者就会在基因驱使下不假思索地选择“逃命”。只有在数次“爆仓”“血洗”的波动中活下来的投资者，才有可能享受涨幅。

如果花100万元买了10枚比特币，其单价从10万元跌到1万元，就只剩下10万元。想要用这10枚比特币去买一辆车，4S店也不收。唯一的希望就是再有一批人冲进来抬高比特币的价格。如果这些人没有出现，当你把密钥传给儿孙时，他们不会在意你盯盘时付出了多少心血、爆仓时经受了多大的痛苦、用了多大的毅力才保存了这10枚比特币，他们在意的是这玩意儿现在能干什么。在他们眼里，你就是个超级大傻瓜。

交易“无产出资产”会恐慌，投资“生产力资产”就不会恐慌吗？如果大家都不看好，哪怕实际产出很高，价格也可以跌掉90%，这时候价值投资者该怎么办？

这种情况完全可能发生，例如道琼斯指数在大萧条期间就跌了近90%。这时候价值投资者没必要恐慌，不需要卖出，如果还有现金，可加大购买力度。用公司来举例可能不好理解，我们先用房产做类比。如果买的是价值100万元

① 英文书名为*The Black Swan:The Impact of the Highly Improbable*，作者塔勒布（Nassim Nicholas Taleb）。

② 尤瓦尔·赫拉利在《人类简史》的第三章指出：人在食物充足的情况下还大量摄入甜食，就是因为在远古时候很难获得热量。

的房产，每年房租收入2万元。如果房价跌到10万元，只要租金收入不降，5年租金收入就能买一套房。假设你每5年买一套房，20年就能买4套。当你把大门钥匙交给孩子们的时候，他们会感谢你，也会庆幸自己有一位懂得投资“生产力资产”的好父亲/好母亲。

再以可口可乐为例，看看好公司股价持续下跌的情形。1988年可口可乐市值为163亿美元[①]，如果可口可乐的市值不是涨到2020年年末的近2400亿美元，而是下跌90%变成16亿美元，这时候巴菲特此前投入的12.99亿美元确实会亏损90%，即11.7亿美元。虽然前面的投资亏损了，但他现在只需要再掏不到15亿美元，就能完全拥有一个年利润为90亿美元的公司，而这还不算可口可乐千亿美元的品牌价值。真要有这种好事，巴菲特不但不会哭，反而会笑疯了。

要点：“生产力资产”不怕价格下跌。

小结

黄金和比特币都是“无产出资产”，长期投资应该选“生产力资产”。

① 根据1988年可口可乐年报，当年股价收盘于44.63美元，平均股数为3.646亿股，以此计算市值为163亿美元。

第四节 巴菲特的财富之路

巴菲特29岁时财富为100万美元，90岁时财富为800亿美元。

现在29岁有100万元的人多得是，如果想在90岁时积累到800亿元，那么可以看看巴菲特是怎么做的。

白手起家1万美元

中国有句古话：早立志，立长志。巴菲特完美地诠释了这句话。1941年，11岁的巴菲特严肃地表示：35岁的时候要挣到100万美元。在大萧条末期许下这个愿望，比现在一个11岁来自小县城的孩子说自己35岁时会在黄浦江边有套豪宅还难。

巴菲特的父亲老霍华德①是共和党人，担任过四届美国国会众议员。听起来是很大的“官”，但老霍华德性格非常古板，坚决反对罗斯福总统。罗斯福没收美国人的黄金，老霍华德公开发表文章反对，惹来不少麻烦。他落选国会议员后回到家乡的一所学校担任教师，还是兼职的。老霍华德告诉巴菲特：“建立声誉需要20年，毁掉声誉只需要5分钟。②”良好的声誉听起来很“虚”，但这是长期生存、获得复利的保证。巴尔扎克曾经说过：“每一笔财富背后都隐藏着罪恶。”而巴菲特靠自己良好的声誉而不是罪恶，创造了巨额财富。

巴菲特6岁开始卖口香糖。在中国，6岁一般是孩子上课外班的年龄，而巴

① Howard Homan Buffett，1903年8月13日—1964年4月30日。本书以“老霍华德”称巴菲特的父亲，以“霍华德”称巴菲特的儿子（Howard Graham Buffett）。

② It takes 20 years to build a reputation and five minutes to ruin it.

菲特已经开始挣钱了。口香糖3美分1小包，巴菲特从祖父的杂货店买上几包，晚上挨家挨户推销，每卖一小包可以有2美分的利润。到了夏天，巴菲特发现可乐比口香糖好卖。每卖6瓶可乐，他可以赚5美分。10岁的时候，巴菲特在高尔夫球场卖二手高尔夫球。警察接到举报后，断了他的这条财路。同年，巴菲特在父亲、舅公、叔公的熏陶下，开始对股票市场有所了解。

11岁的时候，巴菲特打工积累了120美元。他说服姐姐合伙出资114.75美元买入3股城市服务公司的优先股，这是他父亲喜爱的股票。结果出师不利，这只股票很快下跌了 1/3。巴菲特的姐姐在上学的路上天天唠叨股价下跌了，这让巴菲特承受了极大的心理压力。好在后来股价回升，他卖出时还赚了5美元。不久以后，城市服务公司每股价格最高涨到202美元。巴菲特感到懊悔，他看到了未来、做出了选择，却没能坚持到最后。但他也体会到了股市的魔力：买卖股票几个月内赚的钱，可以超过打工6年赚的钱。

1943年老霍华德就任国会议员，全家搬到华盛顿。巴菲特开始送报纸，凌晨4：30就要到集合地点取报纸。巴菲特设计出一整套高效派送报纸的流程，现在每年伯克希尔的股东大会都有扔报纸的比赛。15岁时，巴菲特用1200美元在家乡内布拉斯加州买了40英亩（1英亩约为4046.72平方米）的农场，然后租给农户。16岁时，巴菲特迷上了赛马，他不打听小道消息，而是专注于分析数据。17岁时，巴菲特进入宾夕法尼亚大学沃顿商学院读本科。

在父亲未能连任国会议员后，巴菲特回到了奥马哈，转学到内布拉斯加大学完成本科学业。[①]本科毕业后，巴菲特想进入哈佛大学商学院学习，但被拒绝。在研究其他学校招生信息时，他看到哥伦比亚大学商学院有一个熟悉的名字——本杰明·格雷厄姆——《聪明的投资者》的作者。哈佛大学的拒绝让巴菲特成为格雷厄姆的学生。

1950年进入哥伦比亚大学读书时，巴菲特已经积累了1万美元的财富。这些钱一部分来自打零工、送报纸，大部分是他把劳动报酬投入股票、农场，通过资产增值赚到的钱。

① 绝大部分人不会从宾夕法尼亚大学转学到内布拉斯加大学，这就相当于从中国人民大学转学到普通省级高校。巴菲特觉得沃顿商学院过于重视商业理论，而他想要的是实实在在地赚钱。

要点：巴菲特6岁开始挣钱，从小就立志成为富豪。

小有所成100万

巴菲特在哥伦比亚大学读书期间表现优异。他可以引述格雷厄姆另一本专业著作——厚达800页的《证券分析》上的每一个案例，比《证券分析》的合著者多德[①]都要熟悉这本著作。他是格雷厄姆开设的课程里历年来唯一得到A+的学生。当他提出不要薪水为格雷厄姆工作时，却意外地被拒绝了。格雷厄姆只雇佣当时被社会歧视的犹太人，接受巴菲特就意味着要拒绝一位犹太人。

巴菲特并没有气馁，也没有产生对立情绪。他回到家乡奥马哈从事股票销售和投资业务，业余时间在内布拉斯加大学教授投资课程，一直和格雷厄姆保持书信往来。1954年格雷厄姆回心转意，邀请巴菲特为自己工作。巴菲特根本没问工资是多少，就带着怀孕的妻子来到纽约。

在为格雷厄姆工作期间，巴菲特不但学习了其挖掘低价股票、套利交易的策略，而且保持独立思考，开始发展自己的交易理念。在一笔公司分拆交易中，格雷厄姆在股票和可可豆之间套利，并使用可可豆期货对冲商品价格下跌的风险。但巴菲特发现，继续持有股票比套利能够带来更大的收益，有风险但是值得。他在股价为15美元时买入，85美元时卖出，赚了大约1.3万美元。如果用格雷厄姆的策略，只能赚几百美元[②]。

1956年春天，格雷厄姆觉得股市涨得太离谱了，市场上没有值得投资的股票，决定退休。巴菲特不想为其他人工作，也不喜欢纽约，又回到家乡奥马哈，自立门户，开始远大征途。

1956年5月1日，巴菲特作为普通管理人，也就是负责投资的人，出资100美元成立了他的第一只基金——巴菲特联营基金（Buffett Associates, Ltd.）。该基金采用有限合伙结构，共有6位出资人把钱委托给巴菲特管理，总额达10.5

① David LeFevre Dodd，1895年8月23日—1988年9月18日。
② 这个案例说明：复杂的金融方案不一定好，勤劳也不一定能带来回报，关键是眼光。

万美元。他们分别是巴菲特的岳父、巴菲特的妹妹、巴菲特的姑姑、巴菲特的本科室友、巴菲特大学室友的妈妈、巴菲特从小的玩伴。投资界有个段子，说一个人在开始他的投资生涯时，第一批出资人要从“3F”中寻找，即家人（Family）、朋友（Friend）和傻子（Fool）。巴菲特从家人和朋友那里找到钱，这两类人可不是傻子，他们投资巴菲特获得了巨额回报。随后3年巴菲特又设立了6只基金，出资人都和巴菲特有各种关系。

1959年巴菲特和查理·芒格首次见面，这才知道两人都在巴菲特祖父的杂货店打过工。在交谈中，巴菲特告诉芒格其联营基金年收取管理费8.3万美元，且其拥有基金中约9.5%的份额。以此估算，巴菲特此时财富达到100万美元。

1950—1959年的9年间，巴菲特财富增值100倍，主要来自他从基金中获得的管理费和超额收益提成。巴菲特凭着超凡的投资能力，在帮助别人的资金增值的过程中，赚到了第一个100万美元。

要点：巴菲特发挥投资特长，设立私募基金赚到100万美元。

超越名师1个亿

资金体量越大，增长越缓慢，越容易踩到投资陷阱。所以有100万美元的人不少，有1亿美元的人不多，巴菲特也要想办法跨越这个槛。1962年巴菲特把管理的多只基金合并为巴菲特有限合伙，并修订了基金条款。巴菲特有限合伙的费率结构是有限合伙人获得6%的门槛收益，超过6%的部分巴菲特分成25%。在这一年，巴菲特还买入了伯克希尔的股票。

巴菲特有限合伙业绩如表4-6所示。1962—1969年间，道指有3年是下跌的，最惨的一年下跌了15.6%。巴菲特有限合伙每一年的收益都是正的，最高年涨幅可达58.8%，最低也高于6%的门槛收益率。有这么好的业绩，想要将钱委托给巴菲特管理的人势必不会少。巴菲特却对出资人日益高涨的期望感到担忧，他在每一年给有限合伙人的信中都表示未来市场可能有波动，自己的业绩可能也会下滑。但实际业绩年复一年超过指数，投资者的期望越来越高。1957

年作为有限合伙人投入1万美元，到1969年就变成16万美元，同期投资道指只能增长到2.5万美元。1970年巴菲特不堪重负，决定解散基金。

表4-6　巴菲特有限合伙收益表①

时间	有限合伙基金收益率/%	有限合伙人收益率/%	道指收益率/%
1957年	10.4	9.3	-8.4
1958年	40.9	32.2	38.5
1959年	25.9	20.9	20.0
1960年	22.8	18.6	-6.2
1961年	45.9	35.9	22.4
1962年	13.9	11.9	-7.6
1963年	38.7	30.5	20.6
1964年	27.8	22.3	18.7
1965年	47.2	36.9	14.2
1966年	20.4	16.8	-15.6
1967年	35.9	28.4	19.0
1968年	58.8	45.6	7.7
1969年	6.8	6.6	-11.6
1957—1969年（累积回报率）	2794.9	1502.7	152.6
1957—1969年（年化回报率）	29.5	23.8	7.4

解散巴菲特有限合伙后，巴菲特开始以伯克希尔哈撒韦为投资平台，沿用至今。巴菲特采用公司制而不是有限合伙制为投资平台，不仅仅是因为担心投资者期望过高，还有长期战略的考虑②。1972年，巴菲特以3倍市净率的估值买下喜诗糖果③，这标志着他从行动上抛弃"烟蒂股"投资方法。巴菲特的儿子霍华德首次进入伯克希尔集团工作时，也是在喜诗糖果打工。该公司与自带"烧钱"属性的独角兽企业不同，自带涨价属性，每年圣诞节后都会涨价。

1973年，巴菲特投资了华盛顿邮报公司④。在那一时期，巴菲特看好地方报业公司，认为报纸有区域垄断性。美国读者对国际新闻可能不关心，但对于

① 数据来源：《格雷厄姆-多德式的超级投资者》，1962年以前的业绩是追溯的。
② 参见主题6第一节"是公司，不是基金"。
③ See's Candies，参见主题3第一节的"小糖果的大智慧"部分。
④ The Washington Post Company，2013年亚马逊创始人贝索斯收购了该公司。谷歌的商业模式和报纸很类似，就是在提供信息的同时获得广告收入。

本市的家长里短、商店促销、公共活动、犯罪贪腐会很感兴趣。巴菲特向华盛顿邮报公司的女当家凯瑟琳·格雷厄姆保证不会搞恶意收购，谋求控股权，两人建立了良好的私人关系。凯瑟琳·格雷厄姆也把她结识的政商名流介绍给巴菲特，帮助巴菲特从地方达人变为全国名流。

1976年巴菲特买入保险公司GEICO①，大规模运用保险“浮存金②”进行投资。“浮存金”不是一个会计上的术语，在财务报表上不会看到这个科目。保险公司都是先收保费、出事故再理赔，在保费进账和赔付损失中有个时间差，可以沉淀大量资金，这些资金就叫“浮存金”。对于经营好的保险公司来说，“浮存金”的金额保持稳定，不会大幅波动，可以用作长期投资的资金来源。

1980年巴菲特50岁，拥有的财富超过1亿美元。巴菲特的财富从1万美元增长到100万美元，花了9年时间；从100万美元增长到1亿美元，花了21年时间。这21年来，巴菲特成功搭建了长期投资平台伯克希尔，从此不再担心投资者的巨额赎回。并以喜诗糖果、华盛顿邮报、GEICO等公司为试点，摸索出以保险公司为核心的多元控股公司模式，成为投资界当之无愧的领袖人物。

要点：巴菲特搭建稳定的投资平台，借助保险“浮存金”赚到1亿美元。

誉满天下800亿

从1亿美元到800亿美元③，就好比从全省三甲变成全国状元。根据2021年发布的《2020方太·胡润财富报告》，中国有13万户“超高净值家庭”拥有超过1亿元的资产。但家庭资产超过800亿元的没有几户。

巴菲特依靠复利的魔力，用钱生钱，用40年时间使资产从1亿美元增长到800亿美元，每年资产增长18%。这40年又可以分为两个阶段：第一阶段从1980

① 参见主题2第四节“在众人恐惧时贪婪：GEICO的历程”。
② 巴菲特的用词是float。关于浮存金，参见主题6第三节“钱，倒贴的才行”。
③ 巴菲特2020年7月持有248734股伯克希尔A类股票，按2020年年末股价计算为875亿美元。巴菲特2006年时持有474998股伯克希尔A类股票，2006—2020年间减少的226264股全部捐赠给了盖茨基金会等4家慈善机构。如果巴菲特没有捐赠，2020年年末巴菲特的财富约为1660亿美元，仅次于亚马逊的贝索斯，排在全球富豪榜第二位。

年到1993年，巴菲特资产从1亿美元增长到100亿美元，年化增长率为43%；第二阶段从100亿美元增长到800亿美元，年化增长率为8%。第一阶段发展动力来自以GEICO为代表的保险板块，该板块不但提供了大量的浮存金，本身盈利增长也很快。

在企业资产达到100亿美元以后，超高速的增长是不现实的。这就好比人在0～18岁可以从50厘米长到180厘米，但18岁以后再长高20厘米就很难。如果说青少年时期的关键词是“成长”，那么中年时期的关键词就是“清醒”。少年时无牵无挂，想着仗剑走天涯。中年时期上有老、下有小，能按时拿到工资就不错了。巴菲特在青少年时期只需要养自己的小家庭，而现在作为36万员工的掌门人，保证集团在巨大的动荡中活下去，是比抄底更重要的事情。

在这期间，巴菲特避开了2000年互联网泡沫的冲击。在全球高呼新经济的时代，伯克希尔独特的管理架构，使得整个集团没有收购、参股任何科技公司①。2000年年初互联网泡沫破灭，纳斯达克指数下跌70%，直到15年后才涨回到当时的点位。

2008年金融危机期间，伯克希尔的股价下跌超过50%，但股价的波动并不影响经营。这就好比房产成交价格确实下跌了，但房屋的面积并没有缩减、地段并没有变化。巴菲特抓住时机向高盛投资50亿美元优先股，每年获得10%的股息。2008年10月17日巴菲特发表文章《我正在买入美国》（*Buy American. I Am.*），表示自己正在大规模抄底，建议普通投资者要对长期投资有信心。

2016年第一季度伯克希尔开始买入苹果公司的股票，这是巴菲特近年最重要的决策。2020年年末，伯克希尔持有苹果公司股票的市值为1204亿美元，相当于公司总市值的20%。巴菲特表示苹果公司的消费者忠诚度非常高，亿万消费者已经离不开苹果公司的产品。伯克希尔没有把苹果公司当成一只股票，而是视其为集团内仅次于保险和铁路的第三大业务。

2020年是巴菲特倍受非议的一年。年初时巴菲特囤积了1280亿美元的现金，并且在《致股东的信》中表示股市明天可能发生任何事情，暗示他对股市持谨慎态度。3月份美国股市创纪录地多次熔断，看起来好时机到了，散户热

① 关于伯克希尔独特的架构，参见主题6第四节“公司如一人”。

切期望巴菲特带头抄底。没料到巴菲特清仓卖出了航空股，还减持了其他股票。随后美国股市强势反弹，标准普尔500指数、道指和纳斯达克指数都在严重疫情下创出历史新高。

巴菲特确实手握重金错过暴涨。但伯克希尔依然稳健运行，集团的员工并不担心一夜之间失去工作、医疗保险。相比之下，此前发展很好的一些公司，例如航空公司、邮轮公司、租车公司，都在生死边缘挣扎。大量员工失业，靠着美国政府不稳定的临时补贴艰难度日。

普通投资者并不关心巴菲特怎样从1亿美元增长到800亿美元，关心的是如何从1万变成1亿。从巴菲特的经历来看，秘诀只有四个字——长期投资。工资达到百万已属不易，还有过劳死的风险。打工付出得再多，到了60岁就该退休了；即便心里想干，体能也跟不上。唯有投资可以干很长时间，巴菲特11岁开始买第一只股票，90岁还在投资。如果他活到111岁，依然可以做投资。从11岁到111岁，开开心心赚100年的钱，没有什么别的工作可以与之比肩。

巴菲特50岁的时候只有1亿美元，其余99.9%的财富都是在50岁以后挣到的。只要活得长，就不用担心同龄人抛弃了你。让他们去熬夜、去冒险，你所要做的就是参悟复利的逻辑，投资能够长期产生复利的公司。

要点：巴菲特实现财富自由后精明地避开了众多致命陷阱，50岁以后挣到千亿美元。

小结

长寿者长期投资可获得巨额财富。

主题 5

顿悟：复利的主观条件

我从未见过有人在10年间逐渐转变为价值投资者。这不是智商或者教育的问题。价值投资要么秒懂，要么一辈子都学不会①。

——巴菲特

THEME

① I've never seen anyone who became a gradual convert over a ten-year period to this approach. It doesn't seem to be a matter of IQ or academic training. It's instant recognition, or it is nothing.

第一节 投资要和性格匹配

郭靖适合学“降龙十八掌”，但他再努力也学不好“逍遥游”。成吉思汗用兵如神，却始终不能理解道家“以百姓心为心”的善道。其实投资也一样，要选择与自己性格相匹配的投资方式。

顿悟

1984年巴菲特做了一次演讲，标题是《格雷厄姆-多德式的超级投资者》①，这篇演讲稿现在收录于《聪明的投资者》的附录。在这次演讲中，巴菲特提到了一个非常有意思的现象，类似于佛家的“顿悟”。

巴菲特提到，芒格劝说了他的一位好友里克②改行做投资。里克毕业于南加州大学③数学系，毕业后在IBM公司做销售。里克是价值投资的超级猛人，1965—1983年标准普尔500指数的收益率为316.4%（表5-1），同期里克的累积回报高达222倍。

① 英文名称为*The Superinvestors of Graham-and-Doddsville*。格雷厄姆和多德两人合著了《证券分析》一书，首次理性地分析了证券投资的方法。在此以前，股市普遍被认为是毫无规律的赌场。

② John Patrick Guerin Jr., 朋友称他为Rick Guerin，1929年12月8日—2020年10月13日，他管理的基金的名称是太平洋合伙（Pacific Partners, Ltd.）。里克和巴菲特、芒格交情极好。1980年芒格驾船载里克和巴菲特钓鱼，结果船沉了，三人落水。里克是价值投资第一猛人，年化回报32.9%。奇怪的是，此后的长期回报并不高。巴菲特在一次对话中说里克“太想迅速致富而未能成功（wanted to get too rich too fast）”。从巴菲特这段话推测，里克的基金负债投资放大了收益和风险，后遭遇冲击清盘了。

③ University of Southern California，简称USC。该学校的电影艺术学院（School of Cinematic Arts）极负盛名，《星球大战》的导演乔治·卢卡斯毕业于此。

表5-1 太平洋合伙基金业绩①

时间	标准普尔500指数回报/%	有限合伙人回报/%	有限合伙基金整体回报/%
1965年	12.4	21.2	32.0
1966年	−10.1	24.5	36.7
1967年	23.9	120.1	180.1
1968年	11.0	114.6	171.9
1969年	−8.4	64.7	97.1
1970年	3.9	−7.2	−7.2
1971年	14.6	10.9	16.4
1972年	18.9	12.8	17.1
1973年	−14.8	−42.1	−42.1
1974年	−26.4	−34.4	−34.4
1975年	37.2	23.4	31.2
1976年	23.6	127.8	127.8
1977年	−7.4	20.3	27.1
1978年	6.4	28.4	37.9
1979年	18.2	36.1	48.2
1980年	32.3	18.1	24.1
1981年	−5.0	6.0	8.0
1982年	21.4	24.0	32.0
1983年	22.4	18.6	24.8
标准普尔500指数19年累积回报			316.4%
有限合伙人19年累积回报			5530.2%
有限合伙基金19年累积回报			22200.0%
标准普尔500指数19年年化回报			7.8%
有限合伙人19年年化回报			23.6%
有限合伙基金19年年化回报			32.9%

注：第3列是投资人拿到手的回报，第4列是基金整体回报。请注意在“有限合伙基金19年累积回报”高达222倍的情况下，“有限合伙人19年累积回报”只有55.302倍。可见高费率会严重缩减投资者的回报。

里克此前没有接受过商科教育，但他听了价值投资的方法马上就懂了，5分钟后就能运用。对比里克和其他人，巴菲特发现一个奇怪的现象：如果一个人不能马上理解“用40美分价格买入1美元纸币”的概念，那他以后也不会接受价

① 数据来源：《格雷厄姆-多德式的超级投资者》。

值投资。如果这个人不能马上领会价值投资，你再怎么给他讲、再怎么让他看历史业绩，都不会有任何效果。

巴菲特的观察和大多数人的预料相反。中国人讲“书山有路勤为径，学海无涯苦作舟”，只要努力，还有什么学不会的？像郭靖这种智商非常一般的人，都能学会《九阴真经》。价值投资讲来讲去就是愿意做股东、长期投资、不要恐慌、不要贪婪、要有盈利增长等。这些老掉牙的东西，怎么可能学不会？

在金庸先生的小说里，有些东西是吃苦就能学会的，有些东西是怎么努力也学不会的。郭靖学武有机缘，但不擅长说情话；张无忌绝顶聪明，大事却靠姑娘们帮忙拿主意；令狐冲看起来放荡不羁，却看不透岳不群；韦小宝是最洒脱的人，却想着既不得罪朝廷又不得罪江湖。

生活中常有高智商的人不但做傻事，而且明明知道结果不佳还坚持做。人类的大脑很会偷懒，能不工作就不工作，能不思考就不思考。如果没能顿悟价值投资，大脑就会悄悄把人引回投机的路径上去。有些人常年追涨杀跌，明明知道这样做不会有回报，但就是无法改变行为习惯。

巴菲特强调“顿悟”，并不是否定努力。有一小部分投资者走过很多弯路，偶尔小赚、经常巨亏，痛定思痛后突然就理解了价值投资。这也算是一种顿悟吧。

要点：价值投资强调顿悟。

阅历比教育重要

巴菲特毕业于哥伦比亚大学商学院，芒格毕业于哈佛大学法学院。有些朋友担心自己的受教育程度不如巴菲特和芒格，做不好投资。这方面大可不必担心，因为巴菲特一贯认为：

价值投资与受教育程度没什么关系。

从下面三段对话中，我们可以看到巴菲特和芒格对教育的看法。

首先是2020年3月安迪对巴菲特的采访。安迪问巴菲特如何看待美国大学生背负的沉重学费贷款、读大学是否值得。巴菲特说如果当年学费像现在这么贵，他也会好好权衡。大学教育的价值取决于个人，学校可以教很多东西，但能否学到主要看个人。巴菲特不认为每个人都有必要上大学，也不觉得回到当年自己一定会去读大学。

这就好像一个从中国人民大学毕业还发了财的人说“上大学不重要”。安迪当然不信，问巴菲特：“你不是在开玩笑吧？”

巴菲特回答：“我没有开玩笑。我从阅读中学到了很多。如果算上研究生，我在大学里读了4年[①]的书。那4年我可以做很多其他有意义的事情，上大学不是那么必要。在大学里我确实遇到很多有趣的人，最重要的当然是在哥伦比亚大学任教的格雷厄姆。上课之前我就知道格雷厄姆要说什么，我读过他的书，我完全能理解他要说的内容。格雷厄姆是一个非常好的作者，他的书能启发人思考，而不是告诉人要做什么。”

从这段对话可以看出，巴菲特之所以能成为世界富豪，不是因为他去哥伦比亚大学读了个硕士，而是因为他自己热爱投资、善于思考。巴菲特没有读博士、不是大学教授、没发表过学术文章、没得过诺贝尔奖，但他对世界的理解有可能比很多诺贝尔奖得主更深刻。

其次是在2004年股东大会上，一位经济学专业学生问巴菲特和芒格，在自己年轻、没多少钱的时候怎么发现好的投资想法，平均每周花多长时间阅读公司的资料。

巴菲特说：“我们年轻的时候花了大量的时间寻找企业，付出的时间比现在多得多。即便时光倒流，我们还是会这么做，还会寻找所有我们能够理解的公司。现在有更多的人在研究公司，也有更多的公司可以研究。我们不断寻找价格明显低于价值的公司，资金少的时候反而有优势，因为赚钱机会更多。就分析公司而言，现在和50年前没什么两样。”

芒格补充道：“我们不断地阅读，不断地思考。所有明智的人都会读大量的书。不过，仅仅阅读是赚不到钱的。你必须有一种特质，抓住正确的想法，

① 巴菲特1947年进入宾夕法尼亚大学沃顿商学院读本科，2年后转学到内布拉斯加大学。1950年本科毕业后申请哈佛大学商学院被拒绝，转而申请哥伦比亚大学，1951年硕士毕业。本科和硕士一共只用了4年时间。

依据这种想法采取行动。大多数人读了很多书，但并没有这种特质，反而被大量的材料搞晕了，当然就没办法赚钱。”

巴菲特接着补充道：“对，卡雷特[①]把这种特质叫作‘金钱思维’（money mind）。我更愿意将其称为‘商业思维[②]’。有些人有更高的智商，有些人容易相处，有些人有更好的‘商业思维’。拥有‘商业思维’是非常重要的，如果你不能控制自己，无论你有多高的智商，你的投资都将是灾难。芒格和我已经见过太多这样的事情。投资不需要多高的智商，投资需要极强的纪律性。投资本不那么难，但当我看着这个市场，我发现投资是非常难的。一些年份里整个世界都有些疯狂，你问自己，为什么会发生这些事？这些人难道没有从之前的泡沫中学到些什么吗？事实上，人类从历史中学到的唯一的教训，就是没有从历史中吸取到任何教训。每个时代的金融市场都会看到这样的情况。”

显然，巴菲特和芒格强调“商业思维”，强调赚钱的直觉和控制情绪的能力，这些与受教育程度没什么关系，甚至是现行教育体系的盲点。

最后是在2019年的股东大会上，一位11岁的中国孩子问：“随着年纪的增长，你们对人性的了解也越来越深。这如何助于你们做好投资？”

巴菲特说：“岁月带给人阅历，当一个人年纪增长的时候，他能够而且应该更好地理解人性。人不可能只靠读书获得阅历。我和芒格年轻的时候读了我们感兴趣的每一个领域的每一本书。但不管一个人智商有多高、得到过哪位大师的指点，只靠读书是不可能洞察人性的。他必须经历很多的故事，才能理解人类的行为。”

芒格补充道：“对于想要少走弯路的人，‘找到成功的模式，照着做’[③]，是最快的捷径。”

简单来说，巴菲特和芒格已经探索出了价值投资的成功模式，照着做就好了。受过高等教育的投资者，要能够区分金融学教科书和价值投资方法，知道什么是用来对付考试的、什么是用来赚钱的。不要让教条耽误你赚钱，甚至因

① Philip Lord Carret，1896年11月29日—1998年5月28日。他原为财经记者，后来设立了先锋基金（Pioneer Fund）为朋友和家人管理资金，被认为是共同基金行业的创始人之一。

② 巴菲特的用词：business mind。

③ Figure out what works, and do it.

为盲目跟从教条而亏钱。

要点：照着成功模式做。

速读《聪明的投资者》

如何验证自己是否适合价值投资呢？最简单的方法就是读格雷厄姆所著的《聪明的投资者》。如果像读《射雕英雄传》那样爱不释手，那么恭喜你，你很适合价值投资。如果像读《高等数学》那样不知所云，那么也恭喜你，说明价值投资目前不适合你。你应该寻找更适合自己的投资方式，或者把精力集中在投资以外的事业上。

《聪明的投资者》英文版有641页，中文各版本不同，大多在四五百页。看完这么厚的一本书太费劲，下面列出一个简单的阅读建议，希望能帮助投资者在较短的时间内，初步评估自己与价值投资是否有缘。

《聪明的投资者》核心内容包括如下5个部分，不到50页[①]。

（1）巴菲特所著的序。

篇幅：2页。

巴菲特认为《聪明的投资者》是所有投资类书籍中最出色的，它提供了稳健的投资体系，遵从其指引可以获得不错的投资结果。如果想要获得优异的投资回报，还有赖于投资生涯中股市的“愚蠢”程度。巴菲特提醒投资者要“控制自己的情绪”，读书没法提高控制情绪的能力。

（2）第8章关于“市场先生（Mr. Market）”的描述。

篇幅：1页。

格雷厄姆写书的时候没想到“市场先生”会这么红，其成为全书最常被引用的内容。“市场先生”不是一章的标题，甚至不是一节的标题，这段拟人化的描述藏在第8章A&P[②]案例的最后部分、该章的总结之前。这部分的主要内容

① 本部分页数均指英文版篇幅。
② 可以把A&P看作“当年的沃尔玛”。

就是在价格远低于价值时买入、价格远高于价值时卖出、价格在价值附近时啥也不做。道理很容易懂，但不容易做到。实战中最大问题在于交易者不知道股票的价值，在股票价格跌的时候以为公司要破产，“割肉”卖出；在股票价格涨的时候以为公司会改变世界，追高后被套牢。

（3）第20章“安全边际”。

篇幅：13页。

安全边际[①]的本质，是允许投资者不必做出准确的预测也可以获得满意的结果。消费习惯变化、市场竞争、新技术，乃至突发意外，使得准确预估公司的盈利变得非常困难，巴菲特也多次看走了眼。低价买入、分散持股、长期持有、客观分析可以帮助投资者在公司遭遇不利冲击时，有更大可能性获得满意的结果。我们容易理解安全边际，但很难每时每刻都不折不扣地坚持。就像所有司机都知道要“注意安全”，实际上每天交通事故不断。

（4）后记。

篇幅：3页。

长期持有GEICO股票的利润，远远超过格雷厄姆多年“烧脑”交易后获得的利润总和。巴菲特受这个案例启发，认识到长期持有优质公司才是赚大钱的正途。

（5）巴菲特所著附录1《格雷厄姆-多德式的超级投资者》。

篇幅：25页。

来自“格雷厄姆-多德”学派的9位“超级投资者”长期击败了市场，大赚了一笔。价值投资是有效的。人性中有“化简为繁”的倾向，而且会坚持错误的观点。所以，价值投资将长期有效。

如果阅读以上部分后，觉得巴菲特和格雷厄姆激发不了你的兴趣，那就和《聪明的投资者》这本书说再见吧；如果阅读完以上部分后，对这本书有兴趣，建议通读全书了解概要。第一遍阅读时跳过评注[②]、不理解的段落、不理解的章节，避免被这些细节影响兴致。此后把这本书放在书桌上，随手读一两

① Margin of Safety，详见主题5第二节“安全边际”。这个词来自格雷厄姆所著《聪明的投资者》第20章，该章标题是“作为投资核心概念的安全边际”（“Margin of Safety”as the Central Concept of Investment）。

② 建议看第二遍时再读贾森（Jason Zweig）写的评注。这些评注多数基于2000年美国互联网泡沫时的情形，与原书内容结合不紧密。

章，说不定某段话就解答了你在交易中的困惑。

对于普通投资者来说，阅读《聪明的投资者》最大的好处在于理解“长期定期定投低成本大盘股票指数基金”这一简单投资方法的价值。因为股市上的坑实在太多了，普通投资者在精力有限的情况下想要完全躲开并不容易。

要点：速读《聪明的投资者》，看自己是否适合价值投资。

做喜欢的事

适合价值投资当然好，不适合也没什么关系。2020年的富豪排行榜上，除了巴菲特，其他人都不是靠投资致富的。相对来说，价值投资这个方法有两个优点。一是简单，至少能让人看懂。股市上很多人觉得巴菲特老了，自己的投资比巴菲特做得好。但很少有人觉得自己比盖茨聪明，可以写出Windows程序、可以创立微软。二是可以“半途而成”，即使达不到巴菲特的水平，过个中产阶级的生活也不难。如果模仿盖茨创立微软，结果极大可能是输光全部家产。

巴菲特不认为每个人都应该做价值投资，却认为每个人都应该尽早做自己喜欢做的事情。有一次，巴菲特到哈佛大学商学院去演讲，一位学生到机场接他。在路上，小伙子向巴菲特介绍了自己，哈佛大学本科毕业后去了好几家大公司，又到哈佛大学商学院读MBA。下一步打算去大型咨询公司工作，这样他的简历就完美了。

巴菲特问：“战略咨询是你想做一辈子的事业吗？”

小伙子回答：“不是。只是这样能让我的简历完美。”

巴菲特又问：“那你什么时候开始做你想做的事情呢？”

小伙子回答：“我总有一天会开始的。”

巴菲特听完小伙子的回答后说：“你知道吗？你的计划在我听起来就是到老了再释放荷尔蒙①。这样做没有意义。”

巴菲特说：“如果你认为挣2倍的钱能让你更快乐，那你就犯了一个错

① 巴菲特的用词：saving up sex for your old age。

误。如果你认为赚取10倍、20倍的财富能让你更快乐，那你可能会惹上大麻烦。为了这些钱，你可能在不必要的情况下负债投资，或者选择了高风险的‘捷径’。这些都是犯傻的行为，回头你会懊悔的。”

有些事情，当下就要去做，而不是等到未来！大部分人的家庭不宽裕，总有为生存而工作的阶段。但这只是一个过渡，而不是一个目标。不要仅为了工资高、工作稳定、简历完美这些因素来选择自己的工作，要选择那些每天早上让你兴奋得想跳下床的工作，一份在财务自由的时候想从事的工作，能让你保持前进、保持激情、不会放弃的工作。

巴菲特一直在做自己喜欢的事情。他从哥伦比亚大学商学院研究生毕业后，提出免费给老师格雷厄姆打工。虽然被格雷厄姆拒绝了，但巴菲特并没有放弃。他回到家乡奥马哈后不断“骚扰”格雷厄姆，写信问候老师、评论一下市场、说自己在某只股票上赚了不少钱。格雷厄姆发现这个小伙子不仅读懂了自己的书，而且投资确实有水平，终于回心转意将巴菲特招至麾下。

如果有让你心动的事情，马上去做。不要在股市上浪费时间，采用长期定期定投低成本大盘指数基金的策略就好[①]。

要点：尽早开始做自己喜欢做的事情。

小结

价值投资与智商、教育无关，适合有“商业思维”特质的投资者“顿悟”。人应该尽早寻找适合自己的成功道路，价值投资只是其中之一。

① 参见主题1“定期定投”。

第二节 安全边际

战战兢兢，如临深渊，如履薄冰。

“慎终如始，则无败事。”老子在几千年以前，就已经完美地阐释了“安全边际”的概念。

百年大桥

1863年美国开始建造横跨全美、连接东西海岸的铁路，南北纵贯美国的密西西比河是建造这条铁路最大的挑战。密西西比河水量与长江类似，河面宽阔、水流湍急，又是交通大动脉，桥梁要有足够的高度和跨度，才能保证船只顺畅通行。大桥要足够坚固，如果三年一小修、五年一大修、二十年就需要重建，那么河运就会受到很大干扰。

设计师伊兹[①]决心建造一座能用百年的坚固大桥。木结构显然无法承重，工程师们建议采用当时流行的铁质材料。但铁质材料耐腐蚀性能差，无法长久使用。经过反复考虑，伊兹决定采用价格更高、工期更长，但拥有足够“安全边际”的钢结构。1874年大桥即将通车时，谣言四起，说大桥不稳固。伊兹哈哈大笑，找了头大象，敲锣打鼓地带着它大摇大摆地从桥上走了过去。围观群众一看连大象都能安全地在上面走，就再也不担心了。146年过去了，2020年伊兹大桥上每天还有近万辆汽车通行。

安全边际允许投资者不必做出准确预测，也能获得较好的结果。就好像伊兹不知道大桥上平均每天可通行100个人还是1000个人，但大象走过去没问

① James Buchanan Eads，1820年5月23日—1887年3月8日，美国工程师，拥有50多项专利。

题，人走肯定没问题。对于普通投资者来说，安全边际不是赚9%和12%的差别，而是“赚”和“赔”的差别。例如李四2020年年初有100万元可以用来投资，甲方案是买贵州茅台的股票，乙方案是和朋友合伙开线下培训机构。如果李四选了甲方案，虽然他不能干预生产经营，也不知道贵州茅台的年末净利润是440亿元还是500亿元，但他知道大众对于茅台的需求不会消失。如果选了乙方案，哪怕李四深度介入选址、装修、招聘、招生，也不可能预测到疫情对行业的冲击。

付出的成本越低，安全边际就越高。例如同一个小区的学区房，张三是用300万元买的，李四是在学区房炒得火热时以800万元的价格买的。万一学区政策调整，从“一对一上名校”改为“多校划片随机抽签”，则张三低价买的房子还在赚钱，李四高价买的房子就巨亏了，显然张三的安全边际更高。

对于持续盈利的公司，持有这些公司的股票的时间越长，安全边际越高。格雷厄姆指出普通股的盈利能力大大高于债券利率，所以长期持有股票的收益会高于债券[①]。假设股票的盈利能力为9%[②]，债券的利率是4%，那么股票投资者可以多得到5%的收益。在10年之内，累积的收益会达到股票买价的50%[③]，这就提供了可靠的安全边际。如果结合分散化原则，按照指数构建一个20只以上股票的组合[④]，则组合里具有安全边际的股票越多，长期总体利润超过总体亏损的可能性就越大。

从安全边际的角度看，“长期定期定投低成本大盘股票指数基金”是很好的投资方式。原因如下：

一是大公司比小公司抗风险能力强，安全边际高。在新冠肺炎疫情冲击之下，美国很多咖啡店、农场、小超市、小酒店倒闭。大公司填补了小商户空出的市场份额，销售额稳中有升。以沃尔玛为例，2021财年第一季度沃尔玛在防

---

① 这部分可以和巴菲特《2019年致股东的信》中埃德加（Edgar Lawrence Smith）的研究结果对照着看。

② “公司盈利 ÷ 公司市值=9%”，不是“公司盈利 ÷ 公司净资产=9%”。大多数股票的价格远高于净资产，投资者很难以等同净资产的价格买入股票。

③ 5%/年 × 10年=50%。原文中格雷厄姆写的是50%，这是简单的估算。实际上，对于1元投资，以9%的年回报增长10年为2.36元，而以4%的年回报增长10年只得到1.48元。（2.36－1.48）÷ 1.48≈60%。所以股票的安全边际比债券高出60%。

④ 格雷厄姆时代没有指数基金，所以他用“组合”这个词来代替。现在直接投资指数基金即可。

疫上投入9亿美元，力保员工和客户的购物安全。当季销售额增长107亿美元，电商板块销售额增长74%。

二是足够分散。标准普尔500指数覆盖500家公司，沪深300指数覆盖300家公司。哪怕一家或者几家公司“爆雷”，指数整体也能保持正增长。如果全仓持有单一股票，例如乐视网，“爆雷”了就血本无归。注意，即便是盈利能力最强的股票，也不能保证在所有时点都提供安全边际。假设张三认为贵州茅台长期具有极好的安全边际，全仓买入。万一在贵州茅台股价调整的时候，张三生病了需要卖出股票付医疗费用，那么在被迫卖出的时点上，张三是没有安全边际的。

三是避免受情绪干扰。投资者每期投入市场的金额固定。股市高点时基金份额净值高，买入的份额少；股市低点时基金份额净值低，买入的份额多。这种固定金额的投资模式，会让投资者在股市高点时理性，在股市低点时进取，提供了情绪上的安全边际。

四是长期。格雷厄姆说：“股票市场短期是投票器，长期是称重机。[①]”股票市场短期看情绪，长期看盈利。股票可以通过留存收益再投资获得复利，长期累积的盈利提供了充足的安全边际。

要点：投资要留出安全边际，长期定期定投有安全边际。

过度自信

如果请周边男性自我评估驾驶水平，可能有70%的人认为自己超过男性平均水平。

如果请周边炒股的人自我评估投资水平，可能有90%的人认为自己超过平均水平。很少有人会承认自己低于平均水平，虽然按照统计规律，必然有50%的人低于平均水平。

人都是有自尊的，大部分人都认为自己更帅气、更美丽、更善良、更聪

① In the short run, the market is a voting machine but in the long run, it is a weighing machine.

明，很少有人认为自己在平均水平之下。博彩业充分利用了人类这一心理，即所有人都知道买彩票理论上是亏损的，但总认为自己中大奖的概率高于其他人。2016年年初，美国强力球①的奖池达到15亿美元，不仅美国人排长队买彩票，连北边的加拿大、南边的墨西哥也有大量人涌入美国买彩票。即便强力球官方强调彩票必须在美国境内购买，欧洲、亚洲还是有不少人“跨境代购”。绝大部分人都在想：“投2美元就可能有15亿美元，少奋斗一万年，万一中了呢？”

人在过度自信的时候，就会把安全边际的原则抛在脑后。认为风险只是他人的绊脚石，自己会像电影中的英雄那样深入枪林弹雨而毫发无损。普通人尚且如此，更不用谈大师们了，他们在过度自信的时候会幻想自己掌握了“炼金术”。长期资本管理公司②就是这样的典型，在连续多年取得超高回报后，其忽视安全边际，1998年受俄罗斯债务危机冲击而破产。

巴菲特对长期资本管理公司的失败做出了生动的评价：

该公司有一个全球智商最高的16人团队，在微软都找不出智商那么高的16个人。这些人的投资经验加起来有三四百年，相当于平均每个人有二三十年的实战经历，见过大风大浪。这些人相当有钱、非常自信，把钱都投到自己管理的基金里。但这些聪明人做了傻事。为了他们没有挣到而且不需要挣的钱，冒了必然存在的风险，而灾难也就真的发生了③。不管这些人智商多高，这么做实在是太傻了。拿着自己的宝贝去冒险，换一些没多大用处的东西。

如果有人给我一把有100万个弹匣但只装了1颗子弹的枪，只要我朝自己的脑袋开一枪，他就给我一大笔钱，那么不管这人出多少钱，我都不会向自己开枪。这种冒险成功了好处不大，失败了命就没了。假如A有1亿美元，不负债投资一年后能挣10%；负债投资有99%的概率赚20%，有1%的概率亏光。其实一年后有1.1亿美元还是1.2亿美元其实并区别。万一A死了，尽管实际上A有1.2亿

---

① Powerball，每张彩票售价2美元。由于州法律的相关限制，强力球在犹他州、夏威夷州等区域不销售。

② Long-Term Capital Management.L.P.，简写为LTCM。长期资本管理公司的阵容相当豪华：金融理论上有1997年的两位诺贝尔经济学奖得主斯科尔斯（Myron Scholes）和莫顿（Robert C. Merton），市场实战上有所罗门兄弟公司债券交易负责人梅瑟威利（John Meriwether），政府资源上有美联储原副主席慕林斯（David W. Mullins Jr.）。

③ To make money they didn’t have and didn’t need, they risked what they did have and what they did need.

美元，写传记的作者可能还会把数字误写为1.1亿美元。冒险赚钱对于本人、家人和其他人都没有任何意义。

万一冒险失败，代价就太大了。特别是管理其他人资产的基金经理，不仅输光了自己的钱，还要羞愧地看到朋友的钱也被亏光。长期资本管理公司16位超高智商的人选择了冒险，这简直是疯了。长期资本管理公司的人太依赖数学，他们认为股票的贝塔①代表股票的风险，在我看来贝塔和风险没有什么关系。他们声称“六西格玛”事件发生也不会影响基金，在我看来“西格玛”并不代表破产的概率。

历史不能预言未来。所有公司都可能以不同的方式破产，我们对一些东西知道很多，然后会忽视一些至关重要的事情。这就像卡夫曼②说的：“破产的人有两种：一种是什么都不知道的，一种是什么都知道的。③”

有的人从宏观经济分析到区域政策，自信世间大事尽在自己掌控之中，偏偏就是看不到高负债的风险。所以巴菲特说：“当你开一辆重9800磅（1磅约为453.59克）的车，就不要试图驶过限重10000磅的桥梁。这不是智商，而是心智理性。④”

要点：过度自信容易导致忘记安全边际。

羊群效应

“羊群效应”是指没有统一组织的个人在从众心理驱动下形成的浪潮。“粉丝经济”、爆款营销、时尚潮流中都可以看到羊群效应的影子。在羊群效应的驱动下，很多股票交易者会把安全边际的概念抛在脑后，认为一把梭就能赚大钱。

① 贝塔（β）和西格玛（σ）是金融数学中常用的符号，巴菲特一贯认为这些符号是经济学家在自娱自乐。

② Henry Kauffman，1927年10月20日出生于德国，绰号为“末日博士（Dr. Doom）”。

③ The ones who are going broke in this situation are of two types, the ones who know nothing and the ones who know everything.

④ Don't find a bridge that says no more than 10000 pounds when you have a 9800 pound vehicle. It isn't a function of IQ, but receptivity of the mind.

2020年美国股市掀起了一股“日内交易（day trading）”的狂潮。此前10年，美国主流券商的交易费率大致在每笔4.95～9.99美元的区间，买入、卖出各收取一次，收费昂贵，所以普通人很少交易。A股目前交易费率约为0.025%，美国最低交易收费相当于A股市场单笔14万～28万元交易的收费。随着移动互联网的兴起，没有实体网点的低费率网络券商在全球崛起，例如“罗宾侠（Robinhood）”。用该公司App或网站下单交易美国的股票、期权、ETF，交易手续费为零，这吸引了大量短线交易者。富达[①]、嘉信[②]等传统证券交易服务商受到巨大冲击后，纷纷宣布交易手续费为零。美国市场本来就无涨跌幅限制，采用T+0交易制度，现在券商又把交易手续费降到零，这大大激发了美国人短线交易的热情。

赫兹[③]是2020年上半年短线交易最热门的股票。赫兹股价在2016年最高为43美元，2020年2月最高为20美元。新冠肺炎疫情出现后，赫兹“先贷款买车、运营租车业务、最后出售二手车”的商业模式受到巨大冲击。2020年4月美国单月车价平均下跌10%，银行要求赫兹补足车价差额，这类似于融资买股票后股价大跌需要补足保证金。赫兹无力支付，5月22日宣布按《美国破产法》第11章进入“自愿破产”程序；5月26日开盘后宽幅震荡，最低0.4美元、最高1.47美元，收盘价0.555美元。华尔街知名人士伊坎[④]持有赫兹39%的股份，也无力回天，无奈以0.74美元的均价清仓。

谁也没想到，此后赫兹强势上涨。2020年6月8日赫兹最高涨到6.25美元，较最低点涨了15倍。专业人士都惊呆了：赫兹负债240亿美元，债权人的钱都保不住，股东还能有啥指望？是谁在危险的环境中大举买入呢？

答案是短线交易者。

从持有赫兹股票的罗宾侠账户数，可以看到短线交易者的冲击力。2018

① Fidelity Investments。富达是综合金融服务商，同时提供交易、共同基金、资产管理等服务。

② The Charles Schwab Corporation。嘉信是美国最大的证券交易公司，股票代码为SCHW，2020年年末市值近1000亿美元。

③ Hertz Global Holdings, Inc.，股票代码为HTZ。该公司的“自愿破产”不涉及中国业务。如果以拥有车辆数算，全球最大的租车公司是未上市的Enterprise，有100万辆车。赫兹是全球最大的上市租车公司，有50万辆车。

④ Carl Celian Icahn，出生于1936年2月16日，他是“敌意并购（hostile takeover）”的大师。

年、2019年、2020年2月只有1千多个账户持有赫兹。2020年3月赫兹股价大跌，持有该股票的账户数突破1万；赫兹宣布破产后，持有该股票的账户数增加到4万；6月8日大涨后增加到11万；6月12日大跌吸引抄底资金，账户数狂涨到16万。

巴菲特一贯反对炒短线。早在2007年股东大会上就有人问他对日内交易者的看法。巴菲特认为日内交易者就像“电子羊群[①]”，一天以后，甚至一分钟后的想法都会改变。这样做并不邪恶，但这不是投资，也得不到回报。

人独处的时候可以保持理智，从众的时候更容易盲目。就像赫兹的交易者，只有1000多人买入的时候，还容易保持“安全边际”的警觉。等到11万人买入，10个交易日有10倍利润的时候，很多观望者就忍不住了。不管自己是否了解赫兹这家公司、不管自己是否熟悉《美国破产法》，宁可买错也不可错过。结果，6月8日高点买入赫兹的人群，到6月30日就亏了75%。2020年10月29日，纽约交易所宣布赫兹退市。

要点：“安全边际”是自己要坚持的准则，和别人的行为没有关系。

是习惯不是技巧

巴菲特、芒格强调“安全边际”，这不仅是他们在投资时才使用的一种技巧，还是他们融入血液中的习惯。从年轻的时候开始，他们不仅在投资时深思熟虑，业余生活中也不会玩蹦极、深潜、攀岩、跳伞、赛车等极限运动。

NBA传奇巨星科比·布莱恩特[②]知道“凌晨4点洛杉矶的样子”，风雨无阻地坚持魔鬼般的训练，面对挑战从不退却，面对危险从不畏惧，坚信幸运女神会一直站在他这边。不幸的是，科比因直升机失事于2020年1月26日遇难，他

① 巴菲特的用词：electronic herd。
② Kobe Bryant，1978年8月23日—2020年1月26日。科比将自己运营的体育学院命名为曼巴学院（Mamba Sports Academy）。科比宣传的“曼巴精神”的五大支柱是拥抱激情（Be Passionate.）、专注执着（Be Obsessive.）、毫不留情（Be Relentless.）、永不放弃（Be Resilient.）、无所畏惧（Be Fearless.）。

13岁的女儿也在直升机上。当天气象状况不佳，但科比坚持要带女儿去自己运营的曼巴学院练习篮球。

巴菲特和芒格的习惯与科比完全不同，你会听到他们睿智的分析，不会听到他们说“无所畏惧”；你会看到他们在生活中尽一切可能避免风险，例如不使用直升机作为代步工具。美国的相关统计数据显示，直升机相对开车更危险。美国加利福尼亚州的车祸死亡率为“1.5亿英里（1英里约为1.6千米）死亡一人”，相当于一辆车在北京和广州之间跑5万个来回才会有一人死亡。相比之下，直升机事故死亡率为“十万飞行小时死亡一人”。从科比家到曼巴学院的距离是80千米，发生车祸的死亡率为千万分之五，直升机出事故的死亡概率是十万分之一，直升机出事故的可能性是开车的20倍。考虑到当天气象状况不佳，直升机出事故的概率更大。

有一次，投资者问巴菲特成功和幸福的秘诀。巴菲特说：“我每天都收到很多财务陷入困境人士的求援信，有些人是因病致贫，更多人是负债太多无力偿还。他们都是好人，但都犯了错误，他们的收入还不起负债。所以我建议他们申请个人破产，重新开始。绝大多数情况下，他们早就应该这么做。”

芒格补充说：“（幸福和成功的秘诀是）避免在交叉路口和火车抢道，不要制造毒品，就这些。简单地说，塑造良好精神习惯；避免罪恶，遇到有吸引力的异性要控制冲动。如果保持理智让你偶尔显得不合群，那不是你的错，只能说明你周围的人未来会有大麻烦。”

“坚守安全边际”是价值投资者融入血液中的习惯。价值投资者的生活很“无趣”，他们不会放纵自己烂醉如泥，不会听消息凭感觉下单，不会举债投资一把梭，只求平平淡淡、简简单单地过一生。投资像是一条河，看起来水面平静、波澜不惊，其实平安穿过这条河的人寥寥无几。最安全、最快捷的方法是从一座坚固的大桥上走过去，而不是凭感觉、靠运气游过去。

要点：养成坚守安全边际的习惯。

小结

不过度自信、不盲从“羊群”，相信优质公司长期增长创造的安全边际，简单、“无趣”地过好投资生活。

第三节 能力圈

能力圈[①]是防御设施，就像是孙悟空给唐僧画的圈，只要唐僧不走出这个圈，就不会被妖精抓走。能力圈不是攻击武器，不像哪吒的乾坤圈，扔出去套住股票就可以赚钱。一旦踏过能力圈的边界，哪怕只是边界外面一点点，就是生存和毁灭的差别。

约束：待在能力圈内

IBM的CEO沃森[②]说过一句话："我不是天才。我只是在一些方面有才智，而且我坚持待在我有才智的领域。[③]"每个人"有才智"的领域就是自己的"能力圈"。

很多投资者不认为股票市场上存在能力圈的概念。他们承认有些事情超出了自己的能力圈，例如让他们参加奥运会拳击比赛，他们会承认自己做不到。但如果说某股票超出了他们的能力圈，他们会马上掏出手机下单买一手，证明该股票完全在他们的掌控之下。更奇妙的是，过会儿这只股票还可能涨停了！

"下单"不是一种赚钱的能力。在股市里按错误的方法操作，短期内可能会赚钱；按正确的方法操作，短期内可能会亏钱。这种随机激励，会导致投资者把错误的方式当成秘诀，拒绝接受正确的理念。但从长期来看，按正确方式投资的人会获得金钱，按错误方式交易的人只能积累教训。

① 巴菲特的用词：Circle of Competence。
② Thomas John Watson Sr.，1874年2月17日—1956年6月19日。
③ I'm no genius, but I'm smart in spots and I stay around those spots.

能力圈的大小并不重要，重要的是坚守在能力圈之内。消费板块的能力圈和科技板块的能力圈同样具有价值，上海公司的能力圈和贵州公司的能力圈同样能挣到钱。如果要把消费公司的经验移植到科技板块，或者用科技板块的逻辑思考消费领域的公司，就要非常小心。一些看起来很类似的现象，背后可能有完全不同的深层逻辑。投资贵州茅台时可以假设每人都想喝一瓶2000多元的飞天茅台，投资共享单车的时候可不能假设每人都愿意付1元骑车。

"象牙塔"里学院派对股市的研究，是科研行为而不是投资行为。用诺贝尔经济学奖得主的研究赚钱，类似于唐僧通过念经感化妖怪。"念经"是唐僧能力圈里的强项，但"通过念经感化妖怪"就超出了唐僧的能力圈。在区分研究与投资上，头脑最清醒的是萨缪尔森[①]。他在法玛[②]之前已经就"有效市场假说"发表了相关论文，他非常清楚"股票市场学术研究"是一回事，"在股票市场上赚钱"是另一回事；"写市场有效的学术文章"是一回事，"投资能够击败指数的股票"是另一回事。1970年萨缪尔森不但荣获了诺贝尔经济学奖，而且重仓买入了伯克希尔的股票。此后他"躺着赚了大钱"，是诺贝尔奖得主中罕见的富豪。他能够区分能力圈的边界，并且愿意坚守在能力圈内，因此他不仅是一位顶级学术大师，还是一位顶级投资大师。

巴菲特坚持待在自己熟悉的领域投资，并不认为自己的能力圈包括所有股票。他确实错失了微软、英特尔、谷歌和亚马逊等超级牛股，但不管世人如何嘲笑他太保守、质疑他不能理解科技公司，他坚持不投资能力圈外的企业。科技公司成功的路径事后看起来清晰可见，事前却是迷雾重重。每一笔投资都可能血本无归，阻断复利的长期累积。

不仅稳健持重的巴菲特重视能力圈，就连狂傲不羁的芒格也把自己限制于能力圈内。有一次，一个人当面直白地问芒格："你看起来不像有足够的智商能赚十几亿美元。你能解释下为啥实际上你赚到了呢？"

芒格哈哈大笑地答道："我比很多人清楚自己能力圈的边界。边界是非常重

① Paul Anthony Samuelson，1915年5月15日—2009年12月13日。他将数学方法全面应用于经济学领域，使得经济学研究方法从文字论述向数学模型转变。
② 参见主题1第一节的"有效市场"部分。

要的。如果你不知道能力圈的边界在哪里，只能说你还未拥有这项能力。[1]”

要点：知道自己能力圈的边界，坚持待在能力圈范围之内。

捐赠：让别人花钱

巴菲特会做的事情很少，不会做的事情很多。有的人会花钱不会赚钱，但巴菲特的能力圈在赚钱而不在花钱。所以，2006年6月26日，巴菲特宣布将他绝大部分财产捐献给比尔和梅琳达盖茨基金会[2]，让“花钱”能力最强的盖茨基金会帮他做慈善事业。

巴菲特的捐赠数额高于美国历史上著名的慈善家：卡内基[3]捐了3.5亿美元，折合2006年的72亿美元；洛克菲勒[4]捐了5.3亿美元，折合2006年的71亿美元。相比之下，从2006年到2020年7月巴菲特已经捐了近400亿美元，其中约300亿美元捐给了盖茨基金会（见表5–2）。

盖茨基金会有员工1602人，资产548亿美元。该基金会在全球135个国家和地区开展慈善事业，主要方向是全球发展和全球健康。全球发展项目中超过一半的资金用于发展中国家儿童接种脊髓灰质炎等疫苗，全球健康项目的资金主要用于艾滋病和疟疾等疾病的预防和治疗。

巴菲特的孩子苏珊、霍华德、彼得都设有自己的基金会。如果巴菲特把钱都捐给孩子们，能把他们的基金会扩大到和盖茨基金会同样的资金规模。虽然巴菲特非常认可孩子们的工作，但他很清楚他们在慈善事业上的能力圈不足以和盖茨基金会相匹敌。既然钱已经捐出去了，就要发挥最大的效率。所以巴菲特只把大约20%的钱给了自己孩子的基金会，而80%交给了盖茨基金会。

---

① We know the edge of our competency better than most. That’s a very worthwhile thing. It’s not a competency if you don’t know the edge of it.

② Bill and Melinda Gates Foundation，简称“盖茨基金会”。2021年5月3日盖茨夫妇宣布离婚，同时表示将继续共同管理基金会。

③ Andrew Carnegie，1835年11月25日—1919年8月11日，美国钢铁大亨。

④ John Davison Rockefeller Sr.，1839年7月8日—1937年5月23日，美国石油大亨。

表5-2 巴菲特向盖茨基金会捐赠表[①]

时间	金额/亿美元
2006年8月24日	16
2007年7月11日	18
2008年7月1日	18
2009年7月1日	13
2010年7月1日	16
2011年7月7日	15
2012年7月6日	15
2013年7月8日	20
2014年7月14日	21
2015年7月6日	22
2016年7月13日	22
2017年7月17日	24
2018年7月16日	26
2019年7月1日	27
2020年7月8日	23

巴菲特的捐赠有明确条件：

（1）盖茨和盖茨夫人梅琳达，两人中至少有一人在世，而且参与盖茨基金会的政策制定。

（2）盖茨基金会一直符合免税接受慈善捐赠的相关规定。

（3）盖茨基金会每年的捐赠支出必须大于巴菲特上一年捐赠金额加上基金净资产（Net Assets）的5%。如果某年的支出超过最低要求，超出部分可以累积到以后年度。

我们具体解读一下这三个条件：

条件（1）要求慈善界能力很强的盖茨和盖茨夫人，至少有一人在世。他们每多工作一年，盖茨基金会就可以获得巴菲特几十亿美元的捐赠。

条件（2）就是要让钱都用到刀刃上。

条件（3）相当于撬动了杠杆。不但巴菲特捐的钱要用掉，盖茨基金会还

① 数据来源：2006—2019年数据来源于盖茨基金会。https://www.gatesfoundation.org/Who-We-Are/General-Information/Foundation-Factsheet。2020年数据根据伯克希尔公告及相关新闻得到。

要追加相当于净资产5%的钱。例如2016年巴菲特捐了22亿美元、年末盖茨基金会的净资产为331亿美元，那么2017年盖茨基金会必须花掉38.55亿美元①。实际上2017年盖茨基金会支出了47亿美元。如果巴菲特的钱只是捐给自己孩子的基金会，就不能撬动盖茨基金会多出来的这25亿美元②。

在满足以上条件的前提下，巴菲特每年向盖茨基金会捐赠其所持有伯克希尔股份数量的5%。每次捐赠后巴菲特所持股份数减少，所以下一年捐赠的股份数量会下降。但伯克希尔每年股价涨幅多数年份高于5%，所以除了2009年、2011年和2020年，巴菲特的捐赠额逐年上升。巴菲特相信自己的身体没问题，但也明确表示万一有不测，他的遗嘱执行人将会履行捐赠承诺。

巴菲特持有的是伯克希尔A类股份，捐赠前会将A类股份转为B类股份，然后再交给盖茨基金会。伯克希尔每1股B类股份的价格相当于A类股份的1/1500，其投票权仅相当于A类股份的1/10000。巴菲特这样做，不影响捐赠的金额，但可以降低捐赠股票的投票权。例如2020年巴菲特捐了1600多万股B类股票，这和捐10648股A类股票的价值相同，但捐出的B类股票投票权仅相当于1600多股A类股票。这保证了巴菲特不会因为捐赠股份，而丧失对伯克希尔的控制力。

有些美国人质疑巴菲特大额捐赠，怀疑其主要目的是避税。伯克希尔在2020年7月8日的公告中用一段话做了极为简单的说明：巴菲特每捐赠1000美元，将减少不到1美元的应纳税收入，对应43美分的税收。没有人会为了避0.43美元的税，送给别人1000美元。顶极富豪对于金钱的态度和我们普通人不一样，特斯拉的马斯克也说过："金钱是什么？金钱只是数据库里的一个数字。③"与其质疑他们的纳税，不如理解他们的行为。

简单地说，巴菲特并不认为花钱做慈善在他的能力圈之内，因此把数百亿美元捐给了"花钱"能力超强的盖茨基金会。

---

① 22亿美元+331亿美元×5%=38.55亿美元。
② 47亿美元（盖茨基金会实际支出）−22亿美元（巴菲特捐赠）=25亿美元。
③ What is money? It's just an entry in a database.

要点：巴菲特请盖茨帮他“花”了约300亿美元。

放权：26人的总部

2020年年末伯克希尔总部只有26人。

从表5-3可见，工商银行——中国最优秀的上市公司之一，其总市值、员工总数和伯克希尔都在同一数量级，但伯克希尔总部员工人数不到工商银行的1/700。这个差异不是因为伯克希尔总部员工加班强度超过工商银行总部员工700倍，而是源于完全不同的经营管理模式。在所有世界500强公司里，伯克希尔总部的员工人数是最少的。

表5-3　工商银行与伯克希尔对比表[①]（2020年年末）

项目	工商银行	伯克希尔
总市值/万亿元	2	3
员工总数/万人	44	36
总部员工人数/人	19243	26

伯克希尔总部员工人数少得惊人，是因为巴菲特放手让各子公司的一把手做管理决策。听下属汇报、给下属指示是很享受的事情，稍有级别的人都喜欢做决策，帮下属“把把关”。巴菲特知道自己不可能通晓伯克希尔旗下保险、银行、铁路、能源、食品、商场等各行业的产品、经营细节，一直约束自己不踏出能力圈。

2015年，斯坦福大学两位教授对约80位伯克希尔子公司的CEO进行了调查[②]。CEO们表示巴菲特充分放权，有受访者表示“从未有人（大股东）给公司（CEO）如此大的自由度”。子公司负责人不需要给巴菲特做定期汇报，很多人平均一个季度才和巴菲特沟通一次。子公司CEO独自应对劳工纠纷、供应

① 数据来源：员工总数、总部员工人数的数据来自于工商银行和伯克希尔的2020年年报。
② *Trust and Consequences: A Survey of Berkshire Hathaway Operating Managers*，详见https://www.gsb.stanford.edu/sites/gsb/files/publication-pdf/cgri-closer-look-52-trust-consequences.pdf。

链纠纷、法律诉讼、销售波动等。只有出现会影响伯克希尔声誉的事项，或者已公布的财务报表有严重错漏，巴菲特才会介入。

作为对比，其他大集团都是以总部为决策中心。子公司很多事情不能自己做主，每天的请示汇报如雪花般飞向总部。总部认为子公司只顾完成短期考核指标，缺乏长效机制；子公司认为总部纸上谈兵，瞎指挥；母、子公司频繁用公文“打架”。总部各部门之间也是互相扯皮，跨部门的事情永远不能达成一致。所以大企业总部不但员工人数众多，而且还要不停开会、写报告，经常加班。

巴菲特对下属企业CEO管得不多，盯得不紧。表面上看，伯克希尔下属子公司的CEO比中国子公司的领导轻松，其实不然。巴菲特没有跳出自己的能力圈做具体的经营管理，他一直待在自己的能力圈内做“资本配置①”。子公司要是做不好，巴菲特就会停止投入。没有巴菲特的资金支持，子公司只是伯克希尔这艘巨轮上的尘埃。

例如蓝筹印花公司②，1970年巴菲特买入时年销售收入为1.26亿美元，2006年销售收入为25920美元（不是少了几个0，就是2.592万美元）。巴菲特没有调动伯克希尔集团的资源来救蓝筹印花公司，只是看着这个公司的销售额跌到不足一个人的年薪。要是在其他大集团内，蓝筹印花公司早就写签报求支援，例如《关于加强集团联动买GEICO保险送蓝筹印花及用蓝筹印花兑换可口可乐的请示》。总部虽然明知道消费者不要印花，但多半还是会发文让有盈利的子公司支持。

大多数公司总部和子公司的关系，就像中国家长和孩子的关系——爷爷、奶奶、姥姥、姥爷、妈妈、爸爸6个人带一个孩子。孩子觉得大人特别烦，芝麻大点事都要唠唠叨叨半天；大人觉得孩子特别不好带，怎么讲道理都听不进去。两边都觉得累，但无论多讨厌对方，都无法断绝关系。

伯克希尔总部和子公司的关系，就像班主任和学生的关系。巴菲特是“尖子班”（伯克希尔）的班主任，每天的主要任务就是在外面招优秀的学生（公

① 巴菲特的用词：Capital Allocation。
② Blue Chip Stamps Co.，参见主题6第二节的“抓住重点”部分。

司）。班主任不管琐事，学生可以顿顿吃素，也可以天天吃肉，自己学习有劲就行。学生碰到不懂的问题可以问班主任，如果不问，班主任也不管。班主任重点考核持续盈利能力，学生每个月交一次作业（财务报表）。如果表现好，班主任就猛塞钱，让学生吃得饱饱的，学生学习也就更有状态。如果考核持续不合格，班主任就不发钱了，任由学生饿得面黄肌瘦。所以班里的学生铆着劲力争上游，要在全球商业竞争中交出合格答卷。在这种“放权管理”的关系下，一位班主任带100个学生都没问题，所以26人的总部可以管理36万人的集团。

伯克希尔的经营模式带有很强的“巴菲特色彩”，近年来谷歌等高科技公司也有应用。2005年谷歌改变了公司架构，成立集团母公司Alphabet，把谷歌、无人驾驶公司Waymo、人工智能公司DeepMind拆分成独立的公司，置于Alphabet之下。Alphabet就像伯克希尔总部，放权给各子公司独立运作；谷歌就像GEICO，提供源源不断的资金；Waymo、DeepMind就像伯克希尔的其他子公司，是集团新的增长点。谷歌和伯克希尔的业务虽有很大差异，但采用伞形控股公司结构，充分授权给子公司管理层的目的是相同的：强调效率，减少企业官僚主义的干扰。

要点：巴菲特不介入经营管理，待在能力圈内做好资本配置。

建立能力圈

有人问巴菲特：如何建立能力圈？

巴菲特回答说：“选择商业模式简单的企业。如果我给你1000万美元，让你在3个月内投出去，而且只能投在奥马哈区域，那么你会选择商业模式简单、自己可以理解、有竞争优势的企业。你会考虑内布拉斯加家具城。或许你会考虑麦当劳，因为人人都知道麦当劳，它在行业内排名第一而且可能永远保持第一。你不会去看排名第三的快餐连锁企业。”

巴菲特又说：“Oracle公司怎么样？太难了。通用汽车公司如何？太难了。我不能预测这两个公司的未来。影响公司发展的因素太多。投资的知识是累积的，学到的知识能让你有更好的未来。坚守在你能够理解的领域。如何击败国际象棋大师鲍比·菲舍尔[①]？就是和他比别的，不要和他比国际象棋。”

巴菲特关于“能力圈”的论述，和钱锺书先生“横扫清华图书馆”的做法是完全不同的。很多人极其聪明而且非常勤奋，他们把自己的能力圈扩展得很广，希望自己“上知天文、下晓地理、博古通今”。即使是其中的佼佼者，例如《射雕英雄传》中的黄药师，能够做到琴棋书画样样精通，也无法成为武功最高之人，距离顶峰总是差那么一点点。

巴菲特强调：“能力圈的大小并不重要，重要的是知道自己能力圈的边界。[②]”在《1996年致股东的信》中巴菲特表示：大部分投资者都会发现，持有股票最好的方法就是投资费率最低的指数基金。坚持投资指数基金的人，比绝大多数听从投资专家建议的人得到更高的费后净收益。如果选择自己投资，那要注意，虽然明智的投资并不复杂，但也绝不简单。投资者要有能力正确评估自己“选择的”企业。注意这个词——“选择的”：你不需要是所有公司的专家，甚至不需要是很多公司的专家，你只需要正确评估你的能力圈内的公司[③]。

能力圈越小，投资者就越安全。就像孙悟空给唐僧画圈时，只是用正常长度的金箍棒。孙悟空没有把金箍棒变到10米长再画圈，因为他知道过大的圈子会把妖精也包括进来，反而让唐僧不安全。投资上最好的做法不是做加法增加投资目标，而是做减法缩减投资范围。

但投资者总是难以抑制跳出能力圈的冲动，就像唐僧总是要去安全区域外“解救”妖精。即便是“长期定期定投低成本大盘股票指数基金”这个极为简单的能力圈，能坚持待在其中的人也很少，总是有人想在以下方面做出突破。

更换标的：券商理财经理说定投来钱太慢，不如买股票；保险销售人员说定投风险太大，不如买保险；基金销售人员说还是明星基金经理管理的产品好，可以选到牛股。投资者觉得他们说的都有道理，逐渐就把指数基金抛弃了。

---

① Bobby Fischer，1943年3月9日—2008年1月17日。美国国际象棋大师。

② The size of that circle is not very important; knowing its boundaries, however, is vital.

③ You don't have to be an expert on every company, or even many. You only have to be able to evaluate companies within your circle of competence.

缩短时间：原计划每月定投1000元，40年见效；现改为每月定投1万元，希望4年见效。然而这4年可能都是熊市。

轮动投资：军工板块涨了买军工类ETF，科技板块涨了买科技类ETF，买卖基金比股票交易还频繁。每月确实都在买基金，但买的不是同一只基金。回头一看，因为总在追逐热点，导致多数逢高买入、逢低“割肉”。

更换模式：想要做大波段，低点加大投入，高点成功卖出。但大部分人对于高点估计得太保守。卖出后没有快速补回仓位，总觉得市场还要跌。10年后回头看，当时的高点现在只能算是低点。

很多人都知道定期定投，但能够完全理解自己能力圈的边界，并且坚持待在自己能力圈内定期定投的人不多。如果再加上“长期”这个限定条件，真正能做到的人少之又少。大多数人都情不自禁地想要“改良”定期定投的方法，最终结果是折腾半年多还亏了，在对巴菲特的质疑中停止定期定投。

要点：关键不是拓展能力圈，是待在能力圈内。每个人都应该问问自己：我能力圈的边界在哪里？

小结

巴菲特和芒格坚持待在能力圈内，能力圈外的事情放手让他人去办。

第四节 内部记分卡

巴菲特按照“内部记分卡[1]”行事，不在意别人对他的看法。

走自己的路

恐怖片通常有一个环节，主角和配角在岔路口发生争执，双方分道扬镳。结局总是主角因为坚持自己正确的选择，才成功击败了怪物。“市场先生”是一个看起来很容易对付，实际上很难打倒的怪物。想要成为投资生涯的主角，就要尽早采用“内部记分卡”，坚持自己独立决策，盲目跟随他人只有死路一条。

在投资上，必须不折不扣地坚持采用“内部记分卡”。如果98%的时间坚持采用“内部记分卡”，2%的时间接受“外部记分卡”，那就不可能做到“在别人贪婪时恐惧，在别人恐惧时贪婪”。而只会像羊群一样，在极度贪婪的时候一哄而上，在极度恐惧的时候割肉逃生，业绩可能还不如完全追随潮流的人。21世纪初互联网大泡沫期间，众多价值投资者一开始也不买互联网的股票，后来逐渐被交易者的热情所融化，在高点冲进去拥抱泡沫。只有巴菲特，无论别人怎么嘲笑，都坚持不碰互联网股票。

在《滚雪球：沃伦·巴菲特和他的财富人生》[2]第一部分的结尾，有一段巴菲特关于“内部记分卡”的精彩自述，翻译如下：

---

① 巴菲特的用词：Inner Scorecard。也有人将其翻译为内部积分卡、内部评分卡。

② 英文书名为*The Snowball: Warren Buffett and the Business of Life*。作者是施罗德（Alice Schroeder）。

我感觉自己正在仰着绘制西斯廷教堂①里的穹顶。我喜欢人们说：“看，画得真好。”但这是我的画，当有人说：“嗨，蓝色太多了，你为啥不多用些红色？”那么再见，这是我的画②。我并不在意别人如何评价这幅画。绘画的过程永远不会结束，这是绘画最伟大的一点③。

按“内部记分卡”行动还是按“外部记分卡”行动，是人和人最大的区别。如果你能按内部记分卡行动，那将对你的人生大有帮助。你是愿意做世界上最伟大的情人，却被他人认为是世界上最恶毒的情人？或者反之，你愿意做世界上最恶毒的情人，却被世人认为是世界上最伟大的情人？这是一个有趣的问题。

投资上有同样的问题。如果世人不能观察到你的业绩，你是愿意被他们看成是世界上最伟大的投资者，实际上却有最糟糕的业绩④，还是被他们认为是世界上最糟糕的投资者，实际上业绩却是最好的⑤？

我认为在子女教育方面，当孩子们年幼的时候，父母强调什么，孩子们就学到什么。如果父母只在意外部世界对你的看法，忽视你发自内心的行为，那你会无助地倒向“外部记分卡”。好在我的父亲100%坚持“内部记分卡”。他是一个真正的特立独行的人。他不是刻意显得与众不同，而是完全不在意别人的想法。父亲告诉我应该如何过好一生，我从未见过别的像他这样的人。

从巴菲特上面这段论述可以看出，一方面，一个人是按“内部记分卡”行事还是按照“外部记分卡”决策，和父母有很大的关系。巴菲特在这点上运气很好，普通人的家长基本不会像巴菲特的父亲那样特立独行，更不会鼓励孩子

---

① Sistine Chapel，米开朗基罗在这里仰着绘制了穹顶画《创世纪》。

② 巴菲特用了两遍“这是我的画”，意思是无论别人是夸奖还是批评，这都是自己的事情，和别人无关。

③ 巴菲特在这里用“绘画”比喻“投资”。投资的过程不会结束，他可以一直沉醉其中。

④ 例如曼道夫（Bernard Lawrence Madoff）。他是纳斯达克前主席，数十年来，不论市场如何波动都稳定给客户提供固定回报，这实际上只是一个庞氏骗局。2008年金融危机期间客户集中赎回，骗局无法持续，被两个亲生儿子告发。

⑤ 例如2008年的贝瑞（Michael James Burry）。他最早发现美国房地产市场泡沫无法持续，并做空次级债券。不料房价依然上涨，贝瑞管理的基金作为空头亏损严重，大量投资者申请赎回。如果要满足赎回申请，贝瑞需要在低点“割肉”平仓。贝瑞反复思量，决定冒着被起诉的风险，拒绝投资者的赎回申请。不久后泡沫崩盘，投资者因为贝瑞的坚持而获得巨额回报。有兴趣的读者可以看看电影《大空头》（*The Big Short*）。

按自己内心的想法行事。孩子的选择在多数情况下和家长的期望是冲突的，支持孩子按“内部记分卡”行事，父母首先得是付出代价的人[①]。

另一方面，人类依靠集体的力量，才战胜了猛兽毒虫、抵御了地震洪水和外敌入侵。个人对于集体的依赖已经固化在生活的方方面面，父母按“外部记分卡”教育孩子很正常。不能说自己做不好投资，是因为小时候父母的教育方法不对。聪明人不纠结于既往，“内部记分卡”也不是广义相对论，没那么复杂。只是投资者每次交易前都应该问问自己：“我是因为‘网红’的推荐、市场的狂热、股价的上涨、同事的暴富而买入这个资产，还是因为我自己做出了准确的判断？”

要点：投资需要完全遵从“内部记分卡”。

回避难题

巴菲特说过：“我的办公室有3个信箱：做、不做、太难了。[②]”他的意思是赚钱不需要做难题，要“捏软柿子”。

在2003年的股东大会上，有人问巴菲特和芒格为啥不投资医药股。巴菲特回答说：“医药股正在潮流之中，历史上也获得了很好的回报，但未来可能展现不同的景象。我不确定自己能很好地预测医药股的未来。”巴菲特接着强调：“伯克希尔的股东不是雇我们来跳过7英尺[③]高的跨栏的，而是让我们寻找1英尺高的跨栏，可以直接迈过。[④]”

芒格补充道：“我们直接把一些选项扔进‘太难了’的文件夹，寻找其他我们能看懂的公司。”

在《1993年致股东的信》中，巴菲特以可口可乐为例，说明投资不是做难

① 有兴趣的读者可以看看《滚雪球：沃伦·巴菲特和他的财富人生》中“问题男孩”巴菲特青少年时期的故事，以及本书主题6第五节巴菲特大儿子霍华德先生的故事。父母真正支持孩子按“内部记分卡”行事是很不容易的。

② I have three mailboxes in my office—IN, OUT, and TOO HARD.

③ 1英尺≈0.3米，7英尺≈2.1米。

④ We get paid not for jumping over 7-foot bars but for finding 1-foot bars that we can step over.

题才能获得高回报，“回避难题”依然可以挣到大钱。巴菲特先列出了当年年末的主要持仓，相比前一年没啥变动，自嘲股东可能认为他懒得无可救药。随后，他话锋一转：

卖出我们可以理解的而且可以持续盈利的公司的股份，是愚蠢的。这种公司很难找到替代品。CEO在管理公司时很容易理解这点：母公司不太可能卖出长期、持续贡献高利润的子公司。无论买家出什么价，公司的CEO都会反问：“为什么我要卖出皇冠上的明珠？”

同样是这位CEO，当操作自己股票账户的时候，仅仅根据券商提供的没啥深度的建议，就随意地甚至浮躁地换仓。最傻的就是相信“落袋为安就不会亏损[①]”，你能相信CEO卖出旗下明星公司时，用这个理由说服董事会吗？在我们看来，商业投资的原则和股票投资的原则是相同的。一个投资者持有优秀公司一小部分股权时，应该像公司所有者持有全部股权时一样有韧性。[②]

1919年可口可乐上市时每股40美元。1920年年底投资者担心可口可乐的前景，股价跌了50%降到19.5美元。如果从1919年起持有一股，并坚持红利再投资，到1993年年底将有210万美元[③]。

1938年，可口可乐成立50年，早已成为美国知名品牌。《财富》杂志发表了一篇出色的公司专访。在这篇文章的第二段，作者写道：每年都有一位严肃的重量级投资者，反复研究可口可乐的历史，赞叹可口可乐的成就，但最后遗憾地做出一个结论：来晚了。市场已经饱和，竞争的幽灵浮现在这位投资者的眼前。[④]

---

① 原文为“You can’t go broke taking a profit”，直译是“拿走利润就不会破产”。这句话适用于去赌场玩一次赚钱后就兑现筹码，此后再也不玩的人。小有利润就卖出股票的人，常以“落袋为安”为理由，实际上错过了巨大的涨幅。想想贵州茅台，在这只股票上赚到钱的投资者不少，但赚到大钱的投资者不多，很少有投资者能从上市持有至今。

② In our view, what makes sense in business also makes sense in stocks. An investor should ordinarily hold a small piece of an outstanding business with the same tenacity that an owner would exhibit if he owned all of that business.“韧性”的意思是股价波动、盈利起伏、商业环境变动时，不卖出股票。这句话有个前提：对于“优秀公司”。

③ 原文是“我在前面介绍了1919年40美元投资可口可乐的回报”，笔者把相关表述挪到此处。

④ Several times every year a weighty and serious investor looks and with profound respect at Coca-Cola’s record, but comes regretfully to the conclusion that he is looking too late.The specters of saturation and competition rise before him.

1938年有市场竞争，1993年也有市场竞争。1938年可口可乐的销量只有2.07亿标准箱[①]，1993年的销量有107亿标准箱。可口可乐1938年已经占据了主要市场份额，而1993年以体积计算的销量依然增长了超过50倍。如果在1919年投资40美元买入一股可口可乐，将分红再投资，到1938年会增长到3277美元。如果1938年投入40美元，到1993年年末会增长到2.5万美元。

我忍不住再引用1938年《财富》杂志的报道：很难再找到体量像可口可乐一样的公司，销售像可口可乐一样没有改变的产品，还能够达到可口可乐的销售业绩。55年后，可口可乐依然配得上这个赞誉，而且产品线更加丰富。

芒格和我很早就知道，投资生涯中很难做几百个明智的决定。随着伯克希尔资本的快速增长，可以显著提升我们业绩的投资范围大幅缩窄[②]。我们逐渐采取了一种战略，我们只要明智地做出有限的决策，不需要聪明过头做出很多决策。实际上，一年做出一个明智的决定，我们就很满意了。

从以上巴菲特的表述可以看出，选择可口可乐这个简单的公司，就可以获得极好的回报。1919年投入40美元，到1993年就能获得210万美元。投资制药公司需要熟悉复杂的医学名词、研发流程、专利制度、医疗体系，相当于要投资者跨过7英尺高的跨栏。投资可口可乐就简单多了，经典的口味、简单的商业模式，相当于跨过1英尺的小台阶。

有朋友会疑惑：如果事情都像巴菲特说的那么简单，为啥这么多投资者不买可口可乐的股票呢？1938年那位重量级投资者就是个典型的例子。他做了深入的研究，知道可口可乐的业绩超好，可就是因为可口可乐已经涨了80多倍（从40美元涨到3277美元），不愿意在“高价”买入。从长期看，又错失了600多倍（40美元到2.5万美元）的涨幅。

---

① Cases/Unit Cases，可口可乐衡量销售量的标准，1标准箱为192盎司。1美制液盎司 = 29.57毫升，所以1标准箱约5.7升。

② 可用资金大幅增长后，必须买入大量优质股票，整体资金的回报才会上升。低估的股票多为中小市值公司，由于体量限制，不能支持大资金的投资。大市值公司往往研究充分，低估的少。

要点：“回避难题”需要智慧，在股市上尤其如此。

不苛求自己

在2020年5月的股东大会上，巴菲特承认清仓美国航空股。一个月后航空股大反弹、纳斯达克指数创新高，巴菲特被政要、股评家等轮番嘲讽。

如果因为“错过”的金额巨大就需要检讨，那巴菲特应该专职写检讨。2020年巴菲特应该检讨的不仅是清仓航空股，还有未在2月份将2500亿股票清仓。那时候世界卫生组织连续发出了警告，他的好朋友比尔·盖茨已经在公开谈论病毒大流行。要是他2月份清仓，3月下旬全仓买回，到了6月账上就能多1500亿美元。3个月赚1500亿美元，历史上从未出现过的机会，被巴菲特“浪费”了。

在这以前几十年，巴菲特还错过了微软、亚马逊、谷歌。2020年美国市值前五名的公司，巴菲特只抓住了苹果公司，和上面三家公司擦肩而过。媒体不停地问他为啥不买，股东不停地问他为啥不买，他总是当面赞扬这些公司，事后啥也不做。

巴菲特会为这些失误检讨吗？当然不会。这就像数学家不会因为不能证明哥德巴赫猜想而检讨，诗人不会因为写作水平不如李白而检讨，奥运长跑冠军不会因为自己跑不过汽车而检讨。除非一个人能够在时间中自由穿梭，否则他不可能事前知道股市的涨跌。

2020年第二季度的牛市印证了美联储主席鲍威尔①的讲话：美联储将提供无限的借贷。航空公司是美联储支持的典型企业，虽然这些航空公司的盈利能力丧失，但美联储可以直接出手购买其债券。这相当于明知道一个公司不能还款，印钞厂就是要借钱给它。巴菲特只关注公司的长期盈利，他不会因为美联储提供了无限的借贷就去买股票。即便股市里的最强推手就是美联储，巴菲特

① Jerome Hayden Powell，出生于1953年2月4日。

也不会去检讨自己没有好好学习美联储的公开表态，因为这和他长期坚持的价值投资原则相悖。

金庸先生的小说里有众多武功，但每个人拿手的也就一两种。只要能打败对手，朴实的降龙十八掌不比潇洒的碧海潮生曲差。在股市上，只要能赚到钱，价值投资不比短线交易差，在金融股上赚的钱不比航空股上赚的钱少。巴菲特确实错过了很多的机会，但他还是世界十大富豪之一。相比之下，虽然每年都有业绩优异的投机大师，但没有一位投机大师能把财富积累到巴菲特的级别。

很多交易者复盘来复盘去，业绩却越来越差，根源都在于迷失了自己。交易者幻想自己是神，而不是一个普通的人，想要抓住市场上每一个赚钱机会。世界上美好的事物总是“既近又远”。我们每时每刻在手机上都能看到明星，把他们当作身边的大哥哥或小妹妹，觉得他们就在我们身边。但如果认为自己能追到明星，能够和明星结婚过日子，那就是彻底糊涂了。赚钱的机会也是如此，事后看都知道机会离自己如此之近，而事前想要抓住一两个却很难。

想要改变困境，不需要反思错过的机会，而是要承认自己是个普通人。在生活中，我们可以看明星演唱会、可以看直播、可以打赏，但和明星走得很近的可能性是微乎其微的。在股市里，我们也是普通人，不要想着擒获涨停龙头、埋伏重组股票、抄底困境反转股票。最简单的办法就是“长期定期定投低成本大盘股票指数基金”，省时、省力、性价比高。如果想要精选个股获得超过指数的业绩，那就需要付出不亚于备战高考的努力。

要点：承认自己是个普通人。

巴菲特和盖茨的秘密

巴菲特和盖茨第一次见面的时候，盖茨的父亲提议在场的人各拿一张纸条，写下自己人生成功最重要的因素[①]，只准写一个。

---

① 相关情节请看HBO纪录片《成为沃伦·巴菲特》（*Becoming Warren Buffett*）。

巴菲特和盖茨的答案完全相同：专注（focus）！

他们俩讲的专注，和课堂上老师讲的专注，是同一个词但并不是同一个意思。巴菲特和盖茨强调人应长时间地专注于一项事业，几十年如一日，做好强项，没必要在意其他事情。课堂上老师讲的专注，是指做一件事情的时候要集中精力，并不反对同时做几件事。实际上，老师们往往要求学生们“全面”，不但每个学科都要学好，还要懂得待人处事。

工作后虽没有老师的唠叨，但领导开会时偶尔会谈论“木桶理论”：一个木桶里能装的水量，并不取决于桶壁上最高的木板，而是取决于桶壁上最短的那块。他们会对员工提出方方面面的要求：既要求员工干活有效率，又要求员工长时间加班，还要员工处理好同事关系，更要员工在工作上学会察言观色。

老师的要求没有错，高考是看总分的，单科考满分不能保证你一定能上大学。领导的要求也没错，公司是一个整体，员工就是岗位上的“螺丝钉”。能按时拿到工资，在人生起步阶段就不错了。问题在于解决生存问题之后，很多人即便有了薪水、职位、安全保障，还是觉得不幸福，总觉得人生缺少了些什么。

苹果公司创始人史蒂夫·乔布斯说：“你的生命有限，不要浪费时间重复别人的生活。不要被教条束缚，不要按照别人的结论生活。不要让别人的喧嚣淹没你内心的声音。最重要的是，有勇气跟随你的内心、你的直觉——它们在某种程度上已经知道你想成为什么样的人。其他所有事情都是次要的。[①]”

在生活中的大部分时间，巴菲特和我们一样是普通人，有很多缺点：

中学时不好好学习，卖汽水、送报纸，没一点熬夜苦读的精神；大学时把宿舍搞得乱七八糟，当他的室友是一种折磨；当爸爸后不好好教育孩子，三个孩子本科都没毕业……

如果巴菲特认真补短板，例如带孩子，他应该买菜、做饭、洗碗、打扫卫

---

① Your time is limited, so don't waste it living someone else's life. Don't be trapped by dogma — which is living with the results of other people's thinking. Don't let the noise of others' opinions drown out your own inner voice. And most importantly, have the courage to follow your heart and intuition. They somehow already know what you truly want to become. Everything else is secondary.摘自乔布斯2005年在斯坦福大学的演讲，全文请见：https://news.stanford.edu/2005/06/14/jobs-061505/。

生，研究学区房，辅导鸡兔同笼的数学问题，带孩子旅游增长阅历，陪孩子踢球锻炼身体。如果他这么做了，他会更幸福吗，在投资上能少犯错误吗，能创造传奇吗？他的孩子会更幸福吗，会有足够的钱做自己想做的事情吗？

答案自然是否定的。

巴菲特不会去“补短板”，也不会分散精力碎片化学习，更不会让别人安排自己的命运。人只有专注在自己喜爱的工作上，才会获得满足感，才会觉得这不是在工作，而是在经历一场冒险。自己就是这场冒险的主角，钱只是冒险的副产品。巴菲特专注于投资，90年来每天都是“跳着踢踏舞去上班[①]”。

很多人会说：“我同意巴菲特和盖茨的观点，但我还要养家还房贷呀。”确实，我们不是出生于富贵之家，过好柴米油盐的小日子就是幸福。然而，有很多事情是不需要辞职、现在就可以做的：少出去应酬，喝酒并不一定会带来机会；少把生命浪费在无聊的事物上，集中精力做好工作；少关心打折促销，多问问自己的梦想是什么……专注于寻找有激情的工作，人才会越来越幸福。

要点：尽早专注于你的梦想。

小 结

坚持“内部记分卡”，走自己的路、做简单的题、专注于喜爱的事业。

① Tap dancing to work。长年帮助巴菲特润色《致股东的信》的卢米斯以此为书名写过一本*Tap Dancing to Work: Warren Buffett on Practically Everything, 1966—2013*，该书有中译本。

主题

6

伯克希尔的秘密

虽然伯克希尔的形式是公司制，但我们把股东视为合伙人。①

——巴菲特

THEME

① Although our form is corporate, our attitude is partnership.

巴菲特起家的时候采用有限合伙结构来募集资金，当时的合伙人都是他的亲戚和朋友。后来巴菲特使用伯克希尔作为投资平台，那时大部分股东就和巴菲特没有血缘关系或者私人友谊了。巴菲特强调自己“把股东视为合伙人”，说明他愿意像对待亲戚朋友那样对待股东，坦率地展示伯克希尔的实际经营情况，不做损害股东利益的交易。

第一节 是公司，不是基金

巴菲特的业绩这么好，为什么我们买不到他管理的基金呢？

基金岁月

1956年5月1日，26岁的巴菲特成立了他管理的首只基金——巴菲特联营基金。后来，巴菲特又和不同的有限合伙人设立了多只基金。到1962年，由于基金太多管理不便，巴菲特便把所有基金合并到巴菲特有限合伙。

当年巴菲特募集资金并不容易，家乡奥马哈的富豪都被他“深耕”过。一次，巴菲特的夫人去邻居基奥家借一勺糖，基奥夫人直接给了她一袋糖。巴菲特回家知道了这事，意识到基奥家经济条件不错，当晚亲自上门感谢，并建议基奥拿出2.5万美元投资。基奥没想到给出一袋糖能换来这样的好运气——上万倍的回报来敲门，十分感动，然而他拒绝了。不过，巴菲特并不气馁，隔了几天又上门，又建议基奥拿出1万美元投资，为孩子上大学做准备。基奥直白地告诉巴菲特：“我们需要供6个孩子上学，每周开销200美元。我们没钱。”又把“财神”巴菲特请出了门。巴菲特没有气恼，过段时间又去找了基奥，把募资金额降低到5000美元，再一次被拒绝了。1962年6月21日，巴菲特再度上门，结果基奥就是不开门。巴菲特只能离开。巴菲特在拥有6年极为优秀的历史业绩的情况下，依然锲而不舍地募资，从这里可以看出他对客户的尊重。

巴菲特有限合伙在1957—1969年间的年化投资回报率是29.5%，其中有限合伙人扣除费用后的收益为23.8%[①]，远远超过同期指数表现。但巴菲特没有

① 参见主题4第四节“表4-6”。

自满，反而不断给有限合伙人“泼冷水”。当时巴菲特每年都会给投资人写《致有限合伙人的信》，就像现在巴菲特作为伯克希尔的管理者，每年都给股东写《致股东的信》一样。1967年，巴菲特在信里提醒投资人：不能用过去十年的历史业绩来预测未来业绩，未来业绩可能大幅低于历史水平。市场上有很多赚快钱的方式，但巴菲特只会用自己擅长而且能理解的方式投资，不会冒永久损失本金的风险去赚快钱。巴菲特说得悲观，做得漂亮，一年后巴菲特有限合伙取得了历史最高回报——58.8%。

有些朋友会奇怪：巴菲特千辛万苦做基金，为了5000美元的资金都反复登门推介。历史业绩不错，被人称为“股神”，为什么现在没见过基金评级机构评价巴菲特的基金，也没有私人银行推荐巴菲特管理的产品？

因为在1970年，巴菲特亲手把管理的基金解散了。

要点：巴菲特有限合伙业绩超牛，但已经解散了。

解散基金

当时美国股市处于牛市。1967年道指上涨了19%，1968年又上涨了7.7%，同期巴菲特有限合伙的收益率是35.9%和58.8%。在形势一片大好的情况下，巴菲特不但没有加强宣传、四处路演、扩大资产管理规模，反而决定解散基金。

巴菲特的决定令人费解，一般只有业绩太差被迫清盘的基金，没有业绩好却主动解散的。特别是在牛市中，不管业绩好坏，基金管理人都趁着投资人热情高涨，四处忙着募资。宁可拿着别人的钱冒风险，也要多赚点管理费。极少有基金管理人在高点解散基金，因为这不但减少了短期的收入，而且可能断绝一生的事业。人的记忆很短暂，投资人在基金解散时会埋怨管理人不敢追高、在暴跌时偶尔会感恩清盘、在漫长熊市中不会出钱投资，而在下一轮牛市兴起时，他们就忘了这位管理人。

巴菲特遵从“内部记分卡”，不会跟随别人的经验做选择。他通知投资人将在1970年1月对巴菲特有限合伙进行大比例的现金分配，并将伯克希尔等公司的股份直接分配给有限合伙人，然后关闭巴菲特有限合伙。巴菲特从两个方面阐述了他关闭巴菲特有限合伙的理由：

（1）不看好股市。

从长远来看，他不看好股市，不看好的原因可以概括为两个。一是政府税收太高。美国联邦最高税率为40%，各州在此基础上还要收税，未来10年也不会下降。二是股票相对债券没有吸引力。每年股票大致能获得3%的红利及6%的股价增长，债券能获得6.5%的收益。但由于股票投资的税率高，税后股票和债券收益率只能打平。

巴菲特短期预言相当精准，标准普尔500指数1970年1月最高达到94点，1970年6月最低跌到72点，5个月跌了约1/4。从10年期来看，巴菲特对股市的悲观预期也得到了验证。标准普尔500指数在1970—1980年这10年间累计涨幅仅为24%，1980年1月为117点。

（2）压力太大，需要休息。

主观上，巴菲特表示投资人不断提高的收益期望使得他身心俱疲。造成这种压力的根源是巴菲特自己，他每一年都提醒投资人降低期望，但每一年的回报率都大幅超出市场。可想而知投资人的期望有多高，很多人都筹划着用巴菲特赚到的钱买新车、换大房。巴菲特希望自己的人生更丰富，而不想变成疯狂追逐收益的机器。

客观上，巴菲特表示投资环境极度恶化。一方面，投机氛围严重，仅使用价值投资的方法已经很难挖掘到标的。另一方面，随着巴菲特有限合伙的规模超过1亿美元，小市值公司已经不适合投资，而大市值公司会导致回报率降低。当时即将满40岁的巴菲特自嘲，说40岁以上的投资者“知道太多已经过时的东西”。

为了感谢跟随他多年的投资人，巴菲特向他们推荐了比尔·鲁安[①]。鲁安管理的基金在1956—1961年、1964—1968年的年回报率达到40%。同时巴菲特

① Bill Ruane，全名William J. Ruane，1925年10月24日—2005年10月4日。他管理的红杉基金（Sequoia Fund）业绩极佳，所以巴菲特向投资人推荐了他。有兴趣的读者可以对比表5-1中里克的业绩，在1970年之前他的业绩超猛，但巴菲特并没有向投资人推荐里克。巴菲特不仅选股票的眼光很准，选基金管理人的眼光也很长远。

也提醒投资人，鲁安在 1962 年遭受了50%的损失。巴菲特选基金管理人的眼光不输于他选股的眼光。鲁安管理的红杉基金的长期业绩相当不错（表6–1），缺点是太折磨人。1970—1974年鲁安管理的红杉基金实际收益接近零，而且大幅落后于标准普尔500指数。直到1975年和1976年，鲁安才以60.5%和72.3%的年基金回报率，征服了所有的投资者。

表6–1 红杉基金收益表[①]

时间	基金回报率/%	标准普尔500指数回报率/%
1970年（从7月15日开始）	12.1	20.6
1971年	13.5	14.3
1972年	3.7	18.9
1973年	−24.0	−14.8
1974年	−15.7	−26.4
1975年	60.5	37.2
1976年	72.3	23.6
1977年	19.9	−7.4
1978年	23.9	6.4
1979年	12.1	18.2
1980年	12.6	32.3
1981年	21.5	−5.0
1982年	31.2	21.4
1983年	27.3	22.4
1984年（第一季度）	−1.6	−2.4
累积盈利	775.3	270.0
年化回报率	17.2	10.0
管理费率	1.0	
扣费前回报率	18.2	10.0

如果当年巴菲特有限合伙的投资者有预见未来的能力，他们不会选择鲁安，而只会全仓买入巴菲特的伯克希尔。这就像选择导师时，一个人是教授，另一个人是爱因斯坦。鲁安业绩不错，但比起巴菲特，还是有很大差距的。

① 数据来源：《格雷厄姆–多德式的超级投资者》。

要点：巴菲特在牛市亲手解散了巴菲特有限合伙。

长期存续的公司制

巴菲特解散有限合伙后，并没有放弃投资。他不是忽悠投资人说自己不想干了，然后另起炉灶，而是深刻洞察到基金制的重大缺点，并在实践中摸索出了克服这个缺点的方案——转向更适合累积复利的公司制。

下面用虚构的房地产投资案例，说明公司制的优势。假设张三和李四在1999年都看好一线城市的房地产价值，决定购买后长期持有，但采用了不同的投资方式。

张三采用合伙制。他成立了张三有限合伙，张三任普通合伙人，张大妈是唯一的有限合伙人。前2年房价上涨，皆大欢喜。第三年年初，政府推出了限购政策，房价下跌20%。张大妈慌了，要求赎回全部基金份额，张三认为此时是价值低点，更应该追加资金。张大妈大怒，批评张三拿别人的钱冒风险不心疼；然后大哭，表示她只有这点养老钱，还得为孩子、孙子考虑。无奈之下，张三被迫卖出房产应对赎回，解散张三有限合伙。此后20年房价的上涨和张三、张大妈都没有关系了。

李四采用公司制。他拥有李四公司的控股权，成为该公司的实际控制人。李四用公司账面上的现金买了房产，然后一直持有不动。张大妈也是李四公司的股东，在政府限购时张大妈同样想要从李四公司退出，但她不能从李四公司拿到钱，只能在二级市场上把股票卖给李大妈。对于李四公司来说，张大妈的卖出只是小股东的交易，李四公司不需要向小股东支付现金。房产还是在李四公司账面上，只是股东从张大妈变成了李大妈。此后房价上涨，自然带动李四公司的股价上涨。李四享有最大的收益，在低点买入股票的李大妈也赚了不少钱。

从上面的案例可见，在有限合伙制下，投资人的恐慌赎回会中断复利累积的过程。在公司制下，恐慌的股东可以低价抛售股票，但这并不会影响公司累积复利。没有人知道股市何时会暴跌，但所有人都知道股市迟早会暴跌。巴菲特有限合伙的运作赶上了好时机，1957—1969年，道指在这13年中从未连续两年下跌。巴菲特知道这种好日子不会延续太长时间了，他需要尽快切换到公司制来运营。

关闭巴菲特有限合伙后不到3年，美国就出现了股灾。由于采用公司模式运作，巴菲特成功避免了打击。1973年3月到1975年1月，伯克希尔的股价从93美元下跌到38美元，跌幅达59.1%。如果巴菲特还是用巴菲特有限合伙作为投资主体，则大部分投资人会因受不了2年近60%的下跌的打击而撤资。巴菲特的投资生涯在早期就会被打断，从而不可能有800亿美元的身家了。

在巴菲特控股保险公司大量使用浮存金后，他更需要采用公司制。1967年，巴菲特用伯克希尔控制了保险业的国民赔偿公司，随后用国民赔偿公司的“浮存金[①]”投资了蓝筹印花公司，又用蓝筹印花公司的“浮存金”控制了GEICO保险公司，再用GEICO保险公司的“浮存金”投资其他股票。如果巴菲特用基金制控制伯克希尔，这个投资链条就是极度不安全、非常不稳定的。只要有较大比例的资金赎回，巴菲特有限合伙就需要卖出伯克希尔的股票，导致丧失对伯克希尔的控制权，进而丧失对国民赔偿公司的控制权，更谈不上后面对蓝筹印花、GEICO“浮存金”的控制和使用。

简而言之，巴菲特能在半个世纪的时间里，历经4次大幅下跌，还能实现20%的年化回报率，与他采用公司制是分不开的。

要点：公司制消除资金不稳定性，适合累积复利。[②]

多元控股集团架构

在《2014年致股东的信》中，巴菲特阐述了伯克希尔采用公司制的优势。

① 关于“浮存金”，请见主题6第三节“钱，倒贴的才行”。

② 基金制相比公司制也有优势：投资者进入方便，不需要去工商机构登记成为股东；退出便利，可以净值赎回。所以绝大部分基金管理人募集资金时采用基金制的架构。巴菲特采用公司制，与他的历史机遇和资金结构有密切关系。

巴菲特表示，伯克希尔已经成为“多元控股集团[①]”，这种组织结构能够“最大化长期资本增长[②]”。

巴菲特认为市场经济最大的优势就是能够有效地配置资金。理论上，能够迅速把资金从夕阳行业转移出来，配置到朝阳行业。但在实际操作中，有效配置资金是非常困难的。就伯克希尔来说，1954年伯克希尔就知道纺织业是夕阳行业，却拖到1985年才关闭纺织业务。对管理层来说，即使发现自己所在的行业在衰退，也不会把资金抽出来投到其他行业。进入新行业，意味着管理层承认自己犯下了很多错误、公司需要大量裁员，管理层自己也可能被辞退。巴菲特开玩笑说：“如果马能够做投资决策，就不会有汽车行业了。[③]”

对股东来说，把资金从夕阳行业配置到朝阳行业需要很大成本。美国个人投资者卖出股票需要支付高昂的资本利得税[④]，企业支付的税收成本更高。即使是看起来免税的机构投资者，也会有很大的摩擦成本，投资银行家、会计师、咨询师、律师都“张着大口”准备从交易中分一杯羹。

伯克希尔的“多元控股集团”模式能够有效配置资金。在集团内可以零税收、低成本地将巨额资金从夕阳行业迅速配置到前景光明的行业。伯克希尔并不集中于某一行业，没有复杂的历史关系，没有同业的各种压力。如果巴菲特认为某个子公司回报不佳，他就可以压缩该公司的资本开支，停止更新厂房、机器，把节约出来的资金投资到优质公司。

举例来说，喜诗糖果[⑤]每年都涨价，销售额持续增长，且不需要增加太多固定资产投入。如果喜诗糖果是一个单独的公司，这些盈利很可能会被作为红利分掉。分红会被美国政府课税，资金使用效率明显下降。而在伯克希尔的“多元控股集团”模式下，喜诗糖果的盈余可以用来投资其他公司，如购买保险公司的控股权。

除了可以调用资金外，“多元控股集团”还可以充分享受税收和补贴的优

① 巴菲特的用词：conglomerates。在《2020年致股东的信》中，巴菲特承认历史上“多元控股集团”名声不佳，随后指出伯克希尔与“传统的多元控股集团”有很大不同。
② 巴菲特的用词：maximizing long-term capital growth。
③ If horses had controlled investment decisions, there would have been no auto industry.
④ 中国买卖股票的获利目前无须纳税，而美国将其视为当期收入，需要纳税。
⑤ See's Candy，参见主题3第一节的“小糖果的大智慧”部分。

惠。伯克希尔旗下的风能、太阳能等公用事业公司有税收减免，这些减免可以减少集团整体的纳税额。

伯克希尔的“多元控股集团”模式也有利于吸引优质公司加入。优质公司迟早会碰到创始人退休或者机构股东萌生退意的情形，传统的模式是卖给同行或股权投资基金。如果卖给同行，优质公司的管理层心有不甘，因为知道买家做得不如自己好。有时候，这种合并就好比《笑傲江湖》里衡山派被迫加入“五岳派”。被合并一方不服气，但又不得不低头。如果卖给股权投资基金，公司各业务线很可能被拆散，被“大卸八块”后再卖给下家。最优的选择就是加入伯克希尔大家庭，管理层保持稳定、经营方式不变、巴菲特不干预经营。如果做得好，伯克希尔还会追加资金支持公司的发展。

与此同时，巴菲特还在二级市场上不停搜寻有价值的标的，会买这些公司一小部分的股份，例如中国投资者熟悉的比亚迪。对于持有小比例股权的公司，伯克希尔不能调动其资金，不能获得税收等方面的优惠，但二级市场的投资磨砺了巴菲特的眼光。每天看数千家公司，使得巴菲特做重大投资时眼光独到。

最后，巴菲特指出基于“多元控股集团”模式，伯克希尔拥有5大优势：

（1）集团有无可匹敌的优势，旗下拥有多家公司，绝大部分商业前景广阔。①

（2）旗下猛将如云，大量卓越的管理人为自己管理的公司和伯克希尔倾力付出。②

（3）优质多元的盈利、强大稳健的财务、任何时刻都如大洋般用之不竭的流动性。③

（4）对于很多考虑出售公司的所有者和管理层来说，伯克希尔是他们的

---

① An unmatched collection of businesses, most of them now enjoying favorable economic prospects.

② A cadre of outstanding managers who, with few exceptions, are unusually devoted to both the subsidiary they operate and to Berkshire.

③ An extraordinary diversity of earnings, premier financial strength and oceans of liquidity that we will maintain under all circumstances.

第一选择。[1]

（5）伯克希尔的企业文化与上述四点交织，与多数大公司有方方面面的差异。这个用50年时间建立的企业文化，至今已牢不可破。[2]

要点：伯克希尔采用“多元控股集团”模式，最大化长期资本增长。

小结

基金投资人在危机时撤资会中断复利累积的过程。为保证资金稳定，巴菲特关闭自己的基金后，以伯克希尔为平台建立了“多元控股集团”，最大化长期资本增长。

① A first-choice ranking among many owners and managers who are contemplating sale of their businesses.

② In a point related to the preceding item, a culture, distinctive in many ways from that of most large companies, that we have worked 50 years to develop and that is now rock-solid.

第二节 度过艰难转型期

伯克希尔可以从纺织厂变成多元控股公司，其他公司为什么做不到呢？

止血

1965年，35岁的巴菲特拿下伯克希尔的控股权，成为其实际控制人。这看起来很光鲜，其实日子并不好过。当时伯克希尔只是美国东北地区的一个纺织集团，辉煌不再、员工众多、时常亏损。

1806年，蔡斯[①]创立了一家小棉纺厂，这就是伯克希尔精细纺纱（Berkshire Fine Spinning Associates）的前身。当时新英格兰地区传统的捕鲸业日渐衰落，资本和劳动力纷纷转向高科技、高利润的纺织业。高峰时，伯克希尔精细纺纱生产了美国1/4的棉纱。1888年哈撒韦[②]创立了哈撒韦制造公司（Hathaway Manufacturing Co.），其鼎盛时有32家子公司。1948年，两家公司合计员工1万人，利润1800万美元，同期IBM的利润也不超过2800万美元[③]。1954年，伯克希尔精细纺纱和哈撒韦制造公司合并，成立了伯克希尔哈撒韦。新公司主要生产西装衬里，产量占全美国的一半。但业务面临着来自发展中国家的激烈竞争。

巴菲特自己控制伯克希尔后，才发现资产不像财务报表上那样值钱，而负债一分钱不少。美国上市公司没什么壳价值，不像A股有人带钱上门做并购基金。伯克希尔已经缓慢滑向破产的深渊，每个员工都知道这一点，但什么都做

① Oliver Chace，1769年8月24日—1852年5月21日。
② Horatio Hathaway，1831年5月19日—1898年3月25日。
③ 根据2020年4季报，2020年IBM的净利润为56亿美元。

不了，局势只能靠巴菲特来挽救。

巴菲特清醒地认识到："潮汐的方向远比游泳的人重要。[①]"他的整体战略是把钱从纺织业务中抽出来，投资到前景远大的公司，而不是通过纺织技术革新、工业设计、品牌营销等提升原有业务的收入。巴菲特首先开除了原来的CEO，因为他不改变思想，还想在纺织行业加大投入。随后起用原公司的副总肯尼斯[②]来管理，肯尼斯此前陪巴菲特参观工厂时，曾直白地说不值得再把钱投入纺织行业。

升职后，肯尼斯严格按照巴菲特的布局，不动声色地收缩纺织业务。趁着同行还没有醒悟过来，将二手纺织设备出售，换回现金。大幅压缩存货，减少原材料和产成品库存。然后将亏损的企业清算，把厂房出租换取租金收益。截至1965财务年度，纺织业投资仅新增81万美元，同期归还了250万美元的银行借款。巴菲特还极有远见地回购了120231股伯克希尔股票，流通股票剩余1017547股。当年回购的价格不超过30美元，2020年年末每股价值35万美元。

1966年，纺织业有所好转。巴菲特掌舵后，伯克希尔仅分了一次红。巴菲特分析了1960—1966年公司的财务状况，发现净资产从3800万美元下降到2900万美元。原因之一是这6年合计盈利只有4万美元，而分红高达140万美元。巴菲特要限制一切资金流出，本不想分红，但律师说不分红可能引来法律诉讼。巴菲特无奈同意每股分红10美分，总分红金额仅略微超过10万美元。即便这比此前的分红少多了，24小时后巴菲特还是对流出的现金心痛不已。所以这是巴菲特掌舵后，伯克希尔第一次也是唯一一次分红。该财年年末，伯克希尔账户上营运资金增加到2300万美元，为下一步的收购做好了准备。

在转型中，巴菲特也非常重视对纺织行业高管和员工的安抚。他从来没有说过要大刀阔斧地转型金融行业、要建立多元控股集团。相反，他表示要加大对纺织业务的技术投入。只是因为外部资金不看好纺织业，所以要挖掘公司内部潜力，处置亏损的资产，获得现金。在研究技术改进方向期间，为了保证资金的购买力，需要将现金投资到证券市场。这样，巴菲特从发展纺织业务的角

① The tide continues to be far more important than the swimmers.

② Kenneth V. Chace，1916年4月24日—2002年8月12日。肯尼斯虽然也姓蔡斯（Chace），但和创立伯克希尔的蔡斯家族没有血缘关系。

度出发，解释了处置资产并投资股票的原因。既完成了转型，又稳定了军心。

回顾巴菲特从1965年控制伯克希尔后的2年时间，他没有依靠外部资金转型，而是有序、坚定地把钱从夕阳行业中抽出来，挖掘自身潜力并备足资金。

要点：选择正确的方向，依靠自身能力转型。

从小处着手

1967年，巴菲特收购了国民赔偿公司[①]。这个公司从名字上看起来像全国性的大公司，其实是巴菲特家乡内布拉斯加州首府奥马哈的一家小保险公司，距离巴菲特的办公地点不到一千米。内布拉斯加州经济总量不高，不像加利福尼亚州那样“富可敌国”，2019年该州生产总值仅占美国GDP的0.6%。巴菲特在自己的家乡，选择一个熟悉的小企业，开始伯克希尔的远大征程。

国民赔偿公司的创始人是林沃尔特[②]。巴菲特开始自己的私募生涯的时候，就通过姑姑找过林沃尔特。巴菲特坚持要林沃尔特投5万美元，虽然实际上几千美元的投资巴菲特也会接受。林沃尔特是一个极度节俭的人，每天下班最后一个走，把办公室的灯都关上以节约电费。这样的人当然不愿意把一大笔钱给刚开始创业的巴菲特。

国民赔偿公司扎扎实实做保险业务，通过承保获得净利润，不玩虚拟游戏。该公司的信条是“没有糟糕的风险，只有不好的保费”。其敢于做非常奇怪的高利润业务，例如给马戏团的驯狮人承保。公司管理层不是“傻大胆”，而是脑子活，能抓住问题的重点。典型案例是银行投保一个走私犯再也不会出现在奥马哈。该走私犯很可能已经被谋杀，他的妻子需要用钱，想把走私犯的钱从银行取走。但万一走私犯没死，回到奥马哈找银行，银行就会有麻烦。这种算不出概率的事，一般保险公司不会承保。通过分析，林沃尔特发现这个走

① National Indemnity Company。这笔交易同时还包含一家很小的关联企业：国家火灾与海事保险公司（National Fire & Marine Insurance Company）。

② John Dabney Ringwalt，1905年9月18日—1984年5月19日，巴菲特和媒体常称他为Jack。

私犯的辩护律师非常了解走私犯的情况。林沃尔特让这个律师一起分享保费，同时承担保险责任。果然，这个走私犯再也没有出现过。

巴菲特从1960年开始一直关注国民赔偿公司，经常学习林沃尔特如何评估和控制风险。在1965年以前，巴菲特就向国民赔偿公司的一位董事打听过林沃尔特是否会出售公司。这位董事说，林沃尔特一年中只有15分钟有过这种想法，当林沃尔特被业务、客户、员工搞得很烦躁的时候，他才会考虑卖公司。1967年2月，这位董事抓住了这15分钟，通知巴菲特。巴菲特当即约林沃尔特下午见面，见面后林沃尔特报价每股50美元，想用高价吓退巴菲特，结果巴菲特一分钱也没还。林沃尔特接着说“你想要经审计的财务报表吧”，巴菲特敏感地意识到林沃尔特可能借此反悔交易，回应说不用。林沃尔特找不到什么理由反悔，两人握手成交。一周后，从不迟到的林沃尔特在正式签合同那天晚到了10分钟，理由是找停车位。实际上，可能是因为他内心深处还是不想把公司卖掉。

1967年巴菲特购买国民赔偿公司花了860万美元，相当于上一年年末伯克希尔可调动资金的40%。初看起来，该公司当年承保利润只有40万美元，购买价格相当于21.5倍的市盈率。利润增长情况也一般，1968年、1969年、1970年该公司的盈亏情况分别为盈利60万美元、盈利10万美元、亏损40万美元。巴菲特为什么愿意花大价钱买这家财务情况一般的公司？

答案是浮存金。

国民赔偿公司当时有1940万美元的浮存金，这些浮存金在林沃尔特手上的回报率很一般。巴菲特长期投资收益率为20%，1940万美元的浮存金可以产生390万美元的收益。对巴菲特来说，国民赔偿公司的利润不是40万美元，而是40万美元的承保利润加上390万美元的投资收益，即430万美元。这样算下来，860万美元的买价只相当于2倍市盈率，非常划算。

回顾这笔投资，巴菲特没看纽约等大城市的项目、没投“风口上的猪”、没找投资银行、没搞“蛇吞象”，他的目标是自己熟悉的家乡小公司，行业是他从1951年就开始研究的保险业，中介找的是对双方知根知底的人。所以，他能抓住关键的15分钟，敢于接受对方的出价，而且不需要律师等中介参与进来。

要点：从身边的公司入手。

抓住重点

巴菲特善于从纷繁的商业现象中抓住本质，从多种渠道获得长期资金来源。例如他控制的蓝筹印花公司，虽然不是金融企业，但也可以提供浮存金。

印花业务是当时新潮的促销方式，堪比现在的“网红带货”。印花的外形像邮票，用途与航空公司里程、信用卡积分类似。客户买促销商品就可以获得印花，累积一定数量的印花就可以去印花公司换取商品。例如客户去A超市打酱油获得1枚印花，去B加油站加油获得2枚印花，去C百货店买电饭锅获得7枚印花，客户便可用这10枚印花去印花公司换一卷卫生纸。商家向印花公司购买一本一本的印花，用印花作为促销手段。例如今天促销西瓜，不用去改变商品的售价标签，在门口贴一张纸，写明“买西瓜送5枚印花”就可以了。

印花公司可以像保险公司那样产生浮存金。首先，印花公司卖出印花凭证时就从商家收到了钱，而客户兑付印花凭证需要很长时间。这就像保险公司先收取保费，事故发生时再赔付一样。其次，不少客户拿到印花后四处乱放，后来就找不到了。这些丢失的印花不用兑付，相当于客户白送钱给印花公司。类似于2010年团购兴起时很多人买了团购券，付了钱但从来没消费过，最后这些钱都白送给团购公司了。

当时印花行业的巨头是绿色印花公司①，其售出的印花比美国邮政系统卖出的邮票还要多，几乎在每个城市都有印花兑换中心。用印花兑换小家电的客户之多，以至于绿色印花公司成为美国小家电的主要出货渠道。很多小商铺用绿色印花促销，夺取大公司的客户。一开始大公司把印花看成变相打折，并没有警觉，直接以商品降价应对。结果不但没有留住客户，反而降低了利润，还

① Sperry & Hutchinson Green Stamps.

引起了美国政府对“低于成本价销售”的调查。数年后，大公司终于认识到小印花的威力，决定自己下场干。于是在加利福尼亚州，几家大型连锁超市、连锁零售店、大型加油站联合成立了蓝筹印花公司。

蓝筹印花公司借助股东力量强势崛起，夺走了绿色印花公司的“奶酪”，也严重挤压了使用绿色印花的小商铺的生存空间。小公司纷纷抗议：大公司本来实力就强，现在还联合起来发行印花，这就是垄断！美国司法部据此发起了针对蓝筹印花公司的反垄断诉讼，1967年法院判决蓝筹印花公司进行股权重组，强制其将股权分散化，避免公司借助创始股东的力量垄断市场。这削弱了大股东的力量，也使得蓝筹印花公司成为上市公司，给了巴菲特投资机会。

里克[①]看蓝筹印花公司新闻的时候，敏锐地察觉到其中的商机。他和巴菲特、芒格一说，两人立刻意识到该公司浮存金的价值。三人还意识到只买入蓝筹印花公司的股权是不够的，必须获得控股权。蓝筹印花公司董事会现有成员只知道卖印花，不知道用浮存金投资。只有获得控股权，控制董事会，获得资金决策权，才能最大化公司的价值。

从1967年开始，巴菲特、芒格、里克动用各自资源，买入蓝筹印花公司的股权。主力当然还是巴菲特，他不仅用伯克希尔所控制的国民赔偿公司的浮存金买入，还将巴菲特有限合伙的钱、个人的钱都投在蓝筹印花公司上。三人总共投了2400万美元，获得了60%的股份。芒格、里克、巴菲特三人先后进入了蓝筹印花公司的董事会，控制了投资决策。

蓝筹印花公司是一家既让股东恨，又让股东爱的公司。说它让股东爱，是因为账户里的浮存金货真价实。不像有些公司财务报表上显示该公司有大笔存款，实际上一分钱都掏不出来。1970年，蓝筹印花公司销售额达到1.24亿美元的峰值，持有9300万美元的浮存金（表6-2）。其中有5000万～6000万美元是“永久的浮存金”，因为那些得到印花的人不会来兑换了。巴菲特和芒格控制蓝筹印花公司后，马上用其中的2500万美元浮存金购买了喜诗糖果。而喜诗糖果的盈利，又被用于投资GEICO等公司。小雪球逐渐滚成大雪球，小钱逐渐变成大钱。

---

① Rick Guerin，参见主题5第一节的“顿悟”部分。

说蓝筹印花公司让股东恨，是因为从1972年到1974年其股价跌了2/3。随着美国妇女解放运动的兴起，独立的女性们不想在家做家庭主妇，搜集印花换那些不值钱的小东西。她们把印花看成男性对女性压制的一种符号，于是各商家顺应潮流，不再以送印花为促销手段。另一个原因是美国汽油短缺，加油站生意火爆，不再需要用印花招揽客户。蓝筹印花公司的销售额大幅下降，股价比销售额跌得还快。芒格当时管理的基金由于重仓蓝筹印花，1973年净值跌了31.9%，1974年又跌了31.5%。

表6-2 蓝筹印花公司简况①

时间	收入/百万美元	浮存金/百万美元	市值/百万美元
1970年	124	93	63.5
1971年	约100	93	72.4
1972年	88.7	93.3	79.6
1973年	51.4	78.7	37.5
1974年	25.6	72.1	27.2
1975年	20.4	71.1	32.4
1976年	17.7	66.8	88
1977年	15.7	66.2	85.5
1978年	16.5	66.8	90.6
1979年	15.9	67.5	113.9
1980年	16.7	64.0	98.4
1981年	15.6	64.2	134.7
1982年	9.2	60.2	266.7

复盘这个案例，我们可以看到巴菲特的智慧。第一，他不拘泥于浮存金的形式，能够从保险行业举一反三看到蓝筹印花的机会。第二，他不在意股价的涨跌，抓住了浮存金这个关键资源。虽然蓝筹印花股价跌了2/3，但他拿到了可长期投资的钱。第三，他能让钱生更多的钱，用浮存金投资了喜诗糖果这样极其优秀的公司。作为对比，一些共享单车公司违规挪用了客户的保证金，却没有产生回报。

① 信息来源："Mohnish Pabrai Lecture at University of California, Irvine (UCI), June 7, 2017"。视频网址：https://www.youtube.com/watch?v=bLjoL5zhBxA。表格中信息在该视频第10分钟可见。

要点：非金融企业也能产生浮存金。

慢就是快

回顾伯克希尔早期的转型，伯克希尔发展的步伐不快但是走得很稳。巴菲特发现伯克希尔这艘商业巨轮漏水后，坚定换船，而不是补漏。当时很多纺织公司更新设备以提高产能，结果更多的产出进一步压低了纺织品价格，越投入越亏损。例如，美国纺织业最大的公司柏林顿工业[①]在1964—1985年间投入30亿美元搞技术升级，相当于每股投入200美元，结果1985年的股价为68美元，仅比1964年60美元的股价高一点。技术升级从纺织公司个体看是正确的，但从行业层面看是错误的。这好比观众站着看演出，每个人都认为踮起脚尖能看得更清楚，结局是所有人都吃力地踮着脚尖，演出也没看好。

大方向确定后，在细节的执行上巴菲特很有耐心。他于1965年控制伯克希尔后，没有“壮士断腕”大举裁员，而是朝着战略方向小步前进，直到1985年才将纺织业务完全关停。5000多名纺织员工，分散到20年里逐步辞职、退休、转岗，平均每年近250人离开公司。虽然这样付出了不少成本，但也清楚地表明了伯克希尔不是贪婪的野蛮公司，发出了类似《三体》里的“安全声明[②]”。原股东出售股权给伯克希尔时，不用担心管理层立刻换血、员工马上失业，这让很多优秀公司愿意把股权卖给伯克希尔。

转型之初，巴菲特不贪心，收购的公司规模不大。国民赔偿公司在巴菲特的家乡奥马哈，蓝筹印花公司在芒格长期生活的洛杉矶，都是地方小公司。在实力还不足的时候，巴菲特没想过要借10倍的杠杆“吃”下全国知名的大公司。他就用账上的钱，控制合适的小公司。这种稳扎稳打的策略，经受住了市

① Burlington Industries，该公司是首家销售额超过10亿美元的纺织企业，2001年该公司破产重组。

② 在刘慈欣先生所著的《三体：死神永生》中，有这样一个重要的问题：“如果从宇宙尺度的远距离观察，三体世界显示出某种危险特征，那么，是否存在某种安全特征，或者叫安全声明，可以向宇宙表示一个文明是安全的，不会对其他世界构成任何威胁，进而避免黑暗森林打击？”在资本市场上，在出售优秀的企业时，其股东总会担心新的股东违背承诺，在接管后大规模裁员、变相裁员、大幅降薪等。巴菲特用实际行动说明他宁可付出代价，也不会背弃承诺。这就发出了一个可信的“安全声明”，吸引优秀的企业加入伯克希尔。

场波动的考验。如果巴菲特借了50%的资金，在蓝筹印花股价暴跌2/3的时候，伯克希尔很可能就变成债权人的资产，和巴菲特无关了。

巴菲特不借债，但他抓住了浮存金这个支点，高效率地使用浮存金。国民赔偿公司出售保险获得浮存金，蓝筹印花公司配合商户促销获得浮存金。巴菲特买国民赔偿公司花了860万美元，获得1940万美元的浮存金；买蓝筹印花公司用了2400万美元，获得9300万美元的浮存金。每笔交易都相当于控制了2～4倍的由别人补贴成本、没有到期日的钱。在积蓄了足够的资金后，巴菲特在1976年果断抄底GEICO，控制了这家全国性的保险公司，为伯克希尔打下了坚实的基础。

相比伯克希尔的转型，美国一些上市公司发展很快，但太不稳[①]。巴菲特做并购，这些公司也做并购，但其买来的企业盈利能力不行，没做出贡献，反而拖了后腿。巴菲特用浮存金，这些公司就用银行借款，看起来“差不多”，都是“别人的钱”，实际上差异很大。在市场环境不好的时候，巴菲特的浮存金是没有到期日的，而银行的钱到期必须还本付息。

复利的开端是一段艰难的历程。伯克希尔转型时危机四伏，每一步都很艰难。巴菲特求“稳”不求“快”，他知道只要正确地走上了复利的道路，财富就会滚滚而来。在20%的复利驱动下，伯克希尔的市值从1965年约2200万美元，上升到2020年年末的5400亿美元。

要点：伯克希尔的转型之路不快，但是稳。

小结

巴菲特顺应潮流对纺织业务止损，将资金投给有浮存金的公司，安全地撬动了2～4倍的杠杆，成功实现伯克希尔从夕阳产业到控股集团的初步转型。

① 参见主题3第三节“重要的是盈利，不是规模：LTV案例”。

第三节 钱，倒贴的才行

全球很多富豪想复制伯克希尔的模式，却没有一个成功。

浮存金

“浮存金”这个名词是巴菲特发明的，会计报表上没有“浮存金”这个科目。保险行业收取保费在先、支付赔偿在后。收到保费就可以投资，理赔之前的资金收益都归保险公司所有，这样就产生了浮存金。这个翻译很巧妙，可以认为“浮”意味着可高可低，“存”表示别人先把钱放进公司，“金”指资金。

伯克希尔旗下有11家保险公司，5万名从业人员。虽然单个投保人的资金有进有出，但对于伯克希尔庞大的客户群体来说，浮存金与总保费基本稳定。这就像银行每天都有储户存钱，也有储户取钱，但整体资金量保持稳定。稳定的资金是伯克希尔进行长期投资的前提。

伯克希尔的保险业务以财产保险/意外保险[1]为主导，这和中国某些保险公司在一段时间内主推的万能险不同。万能险把投资和保障结合在一起，既能赚钱又能保命，容易吸引投资者。但从另一个方面看，大部分此类产品长期赚钱能力不如指数基金，保障能力又不如纯保险产品。这就好比你准备给孩子报两个课外班，一个是巴菲特先生主讲的价值投资课，另一个是莫言先生主讲的中文课。这时候我站了出来，说你聘我一个人就好了。因为巴菲特先生的中文不如我好，莫言先生对价值投资理论不如我熟悉。你会认为我比巴菲特先生和莫言先生更适合做你孩子的老师吗？

① Property/Casualty，在伯克希尔年报中缩写为P/C。

在美国，万能险等人身险的保费收入不如财产险稳定，在危机期间会明显下降。人身险是以人的身体为对象的保险，包括意外保险、健康保险、人寿保险、万能险等。人身险不是强制购买的险种，在经济下行周期，购买人数会明显减少。部分已经买了人身险的人也会中断缴费，将节约下来的钱用于教育、食品等必备开支。为了弥补明显下降的保费收入和不变的综合成本之间的差额，保险公司需要在熊市出售部分资产。而巴菲特只会在熊市买别人“割肉”的资产，绝对不会想“割自己的肉”。

相比之下，美国是“车轮上的国家”，没有车寸步难行，车险等财产险缴费稳定。经济繁荣期间人们有了钱就会去买车，而买了车就要买保险。在经济下行周期，美国的车险公司也是获益的。巴菲特指出，在经济下行周期，人们会推迟住房、电器等大额消费，但还是会开车出门。同时，人们会减少长途出行以节约开销，由此发生事故的概率会降低，保险公司的赔偿金也会减少[①]。从表6-3的数据来看，伯克希尔的浮存金确实基本稳定增长，只有2008年相比上一年小幅下降0.4%。这种数十年长时段的稳定性、面对极端冲击的韧性，都是其他资金来源不能比拟的。

表6-3　伯克希尔浮存金表（1967—2020年）[②]

时间	年均浮存金/百万美元	年末浮存金/百万美元
1967年	17.3	18.5
1968年	19.9	21.3
1969年	23.4	25.4
1970年	32.4	39.4
1971年	52.5	65.6

① 2020年第二季度新冠肺炎疫情期间，伯克希尔保险板块的利润上升，就是因为赔付较去年同期大幅下降。

② 数据来源：
a.年均浮存金数据来自《1997年致股东的信》。
b.年末浮存金：
1967—1971年、2004—2007年浮存金数据来自《2007年致股东的信》；
1977年、1987年、1997—2003年浮存金数据来自《2003年致股东的信》；
2008—2009年数据来自《2009年致股东的信》；
2011—2017年、2020年数据分别来自对应年度《致股东的信》；
1980年、1990年、2010年、2018年、2019年数据来自《2019年致股东的信》。

（续表）

时间	年均浮存金/百万美元	年末浮存金/百万美元
1972年	69.5	
1973年	73.3	
1974年	79.1	
1975年	87.6	
1976年	102.6	
1977年	139.0	171
1978年	190.4	
1979年	227.3	
1980年	237.0	237
1981年	228.4	
1982年	220.6	
1983年	231.3	
1984年	253.2	
1985年	390.2	
1986年	797.5	
1987年	1266.7	1508
1988年	1497.7	
1989年	1541.3	
1990年	1637.3	1632
1991年	1895.0	
1992年	2290.4	
1993年	2624.7	
1994年	3056.6	
1995年	3607.2	
1996年	6702.0	
1997年	7093.1	7386
1998年		22754
1999年		25298
2000年		27871
2001年		35508
2002年		41224
2003年		44220
2004年		46094

（续表）

时间	年均浮存金/百万美元	年末浮存金/百万美元
2005年		49287
2006年		50887
2007年		58698
2008年		58488
2009年		61911
2010年		65832
2011年		70571
2012年		73125
2013年		77240
2014年		83921
2015年		87722
2016年		91577
2017年		114500
2018年		122732
2019年		129423
2020年		138000

复利强调长期不间断增长。车险等财产险获得浮存金慢，但是稳，且资金成本低，期限匹配，经济下行时所受冲击不大。2015年一些保险公司通过发行万能险快速获得资金，然后大举并购优秀的公司。粗看和伯克希尔很像，实际上这种做法资金成本高、期限错配明显，难以持续。巴菲特不在意公司在两三年内规模的增长，在意的是可以持续百年的业务模式。

要点：伯克希尔通过财产险获得稳定的浮存金。

负成本

保险是经营风险的行业，理论上保险行业的保费收入应该高于理赔支出和各项费用，这样才有利润。实际上，全球没有几家能够从保险业务上稳定挣到利润的保险公司，大部分保险公司都在保险业务上亏钱，先把浮存金弄到公司账上，再争取从投资上赚钱。

伯克希尔是极少数长期在保险行业赚钱的公司，用保险行业的术语说，就是“综合成本率[①]”低于100%。这相当于投保人把钱给了伯克希尔，贡献了浮存金，还“倒贴”了资金成本。当然，投保人也不是傻子。之所以在众多保险公司中选择伯克希尔，是因为伯克希尔保费合理、理赔讲理，花钱能买份安心的保障。

在《1997年致股东的信》中，巴菲特列出了一张表（表6–4），说明了伯克希尔浮存金的成本。从表中可见巴菲特31年来有17年获得资金的成本小于零。在资金成本大于零的14年中，只有5年，即1974年、1975年、1983年、1984年、1985年的资金成本高于美国国债利率。

表6–4 伯克希尔浮存金成本表[②]

时间	承保损失/百万美元	年均浮存金/百万美元	估算资金成本（承保损失/平均浮存金）/%	年底长期政府债券收益率/%
1967年	盈利	17.3	小于零	5.50
1968年	盈利	19.9	小于零	5.90
1969年	盈利	23.4	小于零	6.79
1970年	0.37	32.4	1.14	6.25
1971年	盈利	52.5	小于零	5.81
1972年	盈利	69.5	小于零	5.82
1973年	盈利	73.3	小于零	7.27
1974年	7.36	79.1	9.30	8.13
1975年	11.35	87.6	12.96	8.03
1976年	盈利	102.6	小于零	7.30
1977年	盈利	139.0	小于零	7.97
1978年	盈利	190.4	小于零	8.93
1979年	盈利	227.3	小于零	10.08
1980年	盈利	237.0	小于零	11.94
1981年	盈利	228.4	小于零	13.61
1982年	21.56	220.6	9.77	10.64

① 赔付金额、营销成本、管理成本之和除以保费收入。
② 数据来源：《1997年致股东的信》。

（续表）

时间	承保损失/百万美元	年均浮存金/百万美元	估算资金成本（承保损失/平均浮存金）/%	年底长期政府债券收益率/%
1983年	33.87	231.3	14.64	11.84
1984年	48.06	253.2	18.98	11.58
1985年	44.23	390.2	11.34	9.34
1986年	55.84	797.5	7.00	7.60
1987年	55.43	1266.7	4.38	8.95
1988年	11.08	1497.7	0.74	9.00
1989年	24.40	1541.3	1.58	7.97
1990年	26.65	1637.3	1.63	8.24
1991年	119.59	1895.0	6.31	7.40
1992年	108.96	2290.4	4.76	7.39
1993年	盈利	2624.7	小于零	6.35
1994年	盈利	3056.6	小于零	7.88
1995年	盈利	3607.2	小于零	5.95
1996年	盈利	6702.0	小于零	6.64
1997年	盈利	7093.1	小于零	5.92

不过，尖子生也有考砸的时候。1984年，伯克希尔的资金成本达到创纪录的18.98%。巴菲特对此进行了大篇幅的分析。他举了个例子，说保险公司开始以为一个案子赔1万美元就够了，于是在第1年的财务报表上记上1万美元的损失。5年后案子了结，实际上赔了10万美元，需要在第5年的财务报表上补上9万美元的差额。虽然这9万美元实际上是第1年亏损的，但也要记在第5年的账上。可以看到，保险公司在出险时“估计”赔多少钱，对于利润也会有很大影响。伯克希尔在1983年预计赔3300万美元，实际上要赔5100万美元，多出来的1800万美元就要记在1984年的账上，所以1984年的资金成本高得惊人。

如果只看伯克希尔的案例，大家就会认为开个保险公司就能赚钱，但美好的故事往往也有黑暗面。为了追逐浮存金，保险行业展开了激烈的竞争。A公司降低保费，B公司降低承保标准，C公司搞返利促销……大家都愿意花血本获得浮存金。“价格战”下，美国财产险行业经常亏损，保单收入不能覆盖承保损失和经营管理费用。1972—1984年的13年间，美国保险行业有9年整体亏损。伯克希尔在浮存金上的成功只能作为特例，不能作为普遍规律。就像奥运冠军是人，百米比赛能跑进10秒；普通人也是人，一般跑不到那么快。

要点：巴菲特负成本获得资金。

难复制

在中国复制伯克希尔的模式，通过卖财产险获得负成本的浮存金，行不行？

中美两国财产险都集中于车险，但中国车险的“价格战”远比美国惨烈，所以在中国成功复制伯克希尔的模式难度极大。

我在美国时的车险就是在GEICO买的，深刻体会到美国保险无处不在的限制和难以置信的高昂价格。首先，美国车险“认车还认人”。投保时除了要输入车辆信息，还要输入指定驾驶员的个人信息。如果不是指定驾驶员开指定的车，出了事是不赔的[①]。驾驶员个人信息包括学历、有无工作、信用分、是否政府雇员、过去5年事故记录等，这些都会影响保费高低。有意思的是，对于同一辆车，已婚夫妻双方合计的保费，要低于一位单身人士的保费，可能是因为已婚驾驶员有了牵挂，开车更小心、更惜命。

其次，GEICO要求输入车辆主要用途。如果用于上下班，保费就低。因为驾驶员熟悉自己上下班的路，出事故的概率低。如果用于旅游，保费就高，因为驾驶员不熟悉路况。如果选上下班用途，接下来GEICO就会问一周开几天、单程有多少距离，以此估算出每年总里程数。如果出事故后发现提供虚假信息，例如填报通勤用，实际上用来旅游，那么保险公司就不赔。

最后，有条件优惠。伯克希尔的股东就可以享受保费8%的优惠[②]。如果投保人在过去三年参加了“安全驾驶培训（Defensive Driver Course）”，保费还可以再减免。没有参加过安全驾驶培训的人，可以马上付费在线学习。学习

① 增加保费后，可以升级为指定驾驶员开非指定车辆，例如租车。
② 有7个州的相关法律禁止给予股东优惠，在这7个州注册的车辆无法获得GEICO的股东保费优惠。

过程不能快进，并会不时穿插小测验。培训的开始是一个年轻人讲述自己的悲惨故事——酒后驾车导致双腿截肢。血淋淋的图片、无助的哭泣、悲惨的下半生，提醒人们不要为了瞬间的欢愉，付出终身的代价。然后是各种原则，例如不超速是最快到达目的地的方式，因为不容易出意外、不会被警察追停等。接下来是驾驶细节，例如红灯停车后，绿灯起步时不要猛然加速等。最后是综合性考试，通过观察含驾驶场景等信息的图片，识别危险因素，选择正确驾驶方案。

在填写相关信息和完成安全驾驶培训后，保费出现了：100多美元。开始我觉得1年100多美元不贵，仔细一看居然是1个月100多美元！按当时汇率计算约800元。一台7万元的二手车，每年最基本的保费近1万元。真是买得起，养不起。

相比之下，中国的车险真是太贴心了。一是承保范围宽：不需要绑定驾驶员，谁开都行。二是不搞差别化：不管结没结婚，不管是青年“车神”还是中年大叔，保费都差不多。三是保费相对美国便宜80%～90%：国内一台20万元的电动车，每年基本保费是2000多元，而在美国保费约为3000美元，大约是中国保费的10倍。

作为普通投保人，中国车险竞争激烈是好事，毕竟没有谁会希望保费上涨。但对投保人很友好，对保险公司来说就不容易了。想要在中国完整、成功地复制伯克希尔的模式，从车险上大规模、负成本获得浮存金，只有巨头才能做到。

要点：中国车险比美国便宜太多，多数保险公司无法模仿伯克希尔。

负成本，才长久

只有负成本的资金才是安全的。

有些人认为学习伯克希尔，资金成本是正还是负无所谓，只要资金收益高于资金成本就可以，事实上这种想法是错误的。

资金成本为负，意味着资金提供者不以获得收益为目的，寻求的是其他功能。例如巴菲特通过财产保险获得浮存金，资金提供方为车险等财产类保险的购买者，其提供资金的主要目的不是获得收益，而是获得交通安全保障。又如巴菲特早期投资的蓝筹印花公司，该公司也可以产生浮存金[①]。其资金提供方是零售商，通过印花进行商品促销。当金融市场恐慌的时候，只有满足实体经济需求的资金才不会中断、不会发生挤兑。

只要资金长期成本不为负，就意味着资金提供方在追逐收益，资金成本至少会跳升到国债收益率。国债是安全性最高、流动性最好的资产。其他投资品的安全性和流动性都不如国债，必须要用更高的收益来弥补安全性的不足。2020年年末美国10年期国债收益率在1.5%左右，如果伯克希尔的资金成本从负值跳升到国债收益率，就意味着其拥有的近1300亿美元的浮存金每年需要多支付近20亿美元的成本。

追逐收益的资金天生追涨杀跌，无法逆周期长期投资。在市场疯狂上涨的时候，资金大笔涌入，资金使用方明知道市场高估了也要咬牙投资。在市场恐慌下跌的时候，资金“夺路而逃”，资金使用方明知道市场低估了也要“割肉”。巴菲特回顾2008年金融危机时就说，好在伯克希尔坚持以短期美国国债作为现金等价物，才能在短期内将国债变现，拿到现金，买入优质资产。当时如果持有的是AA+级的公司债券，势必会产生亏损，并且其没有流动性，也就不可能变为现金，抄底优质资产。

简单地说，伯克希尔的大厦建立在负资金成本的地基上（表6–4）。资金成本负得越多，伯克希尔的投资收益就越高。这就好比地基打得越深，大厦才能建得越高。而这个地基的地质条件，又来自美国人民在车险等财产险上支付的高额保费。

国际上学习伯克希尔的公司很多，能做得跟伯克希尔一样的公司却一个也没有，根源就在于很难找到长期负成本的资金。好比很多公司一看伯克希尔的大厦搭得很漂亮，决定依葫芦画瓢也搭一个，细节模仿得惟妙惟肖，唯独没有挖地基，搭着搭着就发现有些对伯克希尔而言不是问题的事，在自己身上就是

① 参见主题6第二节的“抓住重点”部分。

生死存亡的大事。这时候倒回去想要挖地基，却发现选址的地质条件根本不适合用伯克希尔的风格建楼。

要点：没有长期负成本的浮存金，就不能模仿伯克希尔。

小结

只有把握伯克希尔“负资金成本”的精髓，发挥本土优势，找到持续、巨额、负成本的资金来源，才能构建出本国的“伯克希尔”。

第四节 公司如一人

一个睿智的人可以持续打败喜怒无常的“市场先生”，但一群睿智的人组成的公司，很少能够持续打败“市场先生”。巴菲特对伯克希尔有绝对的控制能力，是伯克希尔持续打败“市场先生”的必要条件。

第一高价股

“第一高价股”和“武林第一高手”一样，要是没有绝对的实力，费尽心机也难争到，即使争到了也保不住。中国股市实至名归的第一高价段是贵州茅台，有些公司股价偶尔会超过贵州茅台几个月，但没有哪家公司股价长期超过贵州茅台。

伯克希尔A类股票是全球股市的第一高价股，2020年年末一股价格35万美元。一股约230万元，相当于一套房的价格，跌1%就亏2万多元。对全球绝大部分投资者来说，买也买不起，亏也亏不起。

上市公司不希望股价太高，因为大部分投资者都喜欢“便宜”的股票。这里的“便宜”不是相对于其盈利或者净资产便宜，而是绝对股价低。在一些投资者心中，8元一股就是比800元一股“便宜”。不少上市公司刻意降低股价以满足投资者的心理需求，搞“每10股送红股10股”之类的高送转，刻意降低股价。理性地看，高送转没什么意义，就像一个蛋糕不管是切成4块、8块，还是16块，总的大小都不变。但从消费心理上看，一些投资者会认为是“20元的股票打折变10元”了，要趁着“促销”抢购。

巴菲特为什么把伯克希尔的股价搞得那么高？首先，这是投资能力的表现。伯克希尔完全是因为业绩的增长把股价从7.5美元推到35万美元的，没有进行过合股[①]。其次，巴菲特用高股价来筛选股东。能买得起伯克希尔A类股票的，多是机构投资者和坚定的巴菲特跟随者，承受风险能力强，愿意长期持有。

巴菲特不喜欢短线交易者，不希望他们成为伯克希尔的主要股东，以免干扰累积复利。巴菲特持有伯克希尔16.0%的收益权，30.9%的投票权[②]。如果有短线交易者提议将伯克希尔分拆为多家公司独立上市，现金大比例分红，巴菲特就需要其他股东认可自己的理念，否决这种“杀鸡取卵”的提案。

巴菲特用高股价筛选投资者，但没料到华尔街搞了个“金融创新”，逼迫他拆分股票。伯克希尔的股价超过3万美元后，大部分个人投资者买不起，却又想买。有公司看到了这个机会，发行了基金产品，只买伯克希尔的股票，然后把基金份额向小投资者销售。中国也有类似做法，例如在信托基金火爆的年代，有人“凑份子”买信托基金。巴菲特发现这类基金持股量不小、投机性又很强，如果规模持续扩大，可能给伯克希尔的发展埋下隐患。

兵来将挡水来土掩，伯克希尔在1996年5月8日发行了517500股伯克希尔B类股票。B类股票的价值相当于A类股票的1/30，第二天开盘价为1100美元。14年后，B类股票涨到3400美元左右，大部分投资者还是认为B类股票太贵。2010年1月巴菲特把每股B类股票再“1分为50”，其价值相当于A类股票的1/1500。拆分后，喜欢巴菲特的投资者直接去买B类股票，没人再去买华尔街“创新”出来的基金。巴菲特用这样一个简单的方法消除了长期隐患。

巴菲特发行B类股票时，做了巧妙的设计，强化自己对伯克希尔的控制。伯克希尔B类股票的价值是A类股票的1/1500，但投票权只有A类股票的1/10000。1股A类股票可以随时转换为1500股B类股票，但B类股票不可以转换为A类股票。当市场出现套利空间，1股A类股票的价格高于1500股B类股票的时候，就会有人把A类股票转换为B类股票，以获得其中的差价。套利完成后，1股A股的投票权被转为1500股B股的投票权，投票权消失85%。通过市场化套

① 有些公司会采取“*N*股合1股”的措施。例如在股价低于1元可能被摘牌时，采取“10股合1股”的措施。将股价拉升到接近10元，避免退市。

② 数据来源：Proxy Statement for Annual Meeting of Shareholders（2020），第5页。

利机制，股东分享公司盈利的权利不变，但投票权会逐渐向A类股东集中，巴菲特和其他长期持有A类股票的投资者对公司的影响力自动提升。

要点：伯克希尔通过高股价筛选股东。

就是不分红

巴菲特不喜欢分红，分出去的钱还要再交一次税，而且大部分都被用于消费而不是再投资。

伯克希尔只在1966年11月14日宣布过一次分红，并于1967年1月3日分配。当年的经营情况不错，律师认为如果不分红，可能会因“无正当理由保留盈利”引起诉讼。巴菲特同意了，分配了101733美元。后来巴菲特自嘲：可能是因为想上厕所，自己才会稀里糊涂同意了律师的意见。

这件事让巴菲特意识到当时伯克希尔的小股东中，不少人希望通过分红获得稳定收益。8个月后，巴菲特用票息7.5%的债券向股东置换股票。看好长期资本增长的股东当然不会换，但需要“稳定收益”的股东就把股票换成债券了。如果从当时一直持有股票到现在，这些股票至少增值1万倍。通过发行债券，巴菲特换回了32000股，同时提升了追求长期股票升值回报的股东比例。

虽然不分红，但巴菲特提供了另一个选择——回购，即用伯克希尔的钱买回伯克希尔的股票。下面用一个简单的例子说明回购的作用。张三年轻的时候买了套房。当时没足够的钱，他便邀请七大姑八大姨一起凑了份子。所有人的名字都被写在房产证上，大家按出资比例拥有房产的部分产权，张三是“大房东”。随着张三越来越有钱，他愿意用现金来购买部分产权。七大姑八大姨一琢磨，觉得自己年纪大了，需要钱养老。张三的出价也合适，七大姑八大姨就把自己的产权换成了现金。唯一没有卖出产权的人就是张三，现在房产证上只有他一个人的名字了，房子未来的增值部分都是他的了。在这个例子里，我们可以把张三看成巴菲特、七大姑八大姨看成散户、房子看成伯克希尔，就可以理解巴菲特回购的逻辑。

伯克希尔的回购是用钱来换股票，而有些公司的IPO、定向增发，是用股票来换钱。两者的行为截然不同，但都满足了各自大股东的利益。一来发展阶段不同。很多公司处于发展阶段，需要吸引资本。而伯克希尔处于资金富余的阶段，不如买回自己的股票。二来大股东心态不同。巴菲特从未想过卖掉伯克希尔，他是住房子的，希望把分散的产权收回来。而有些大股东整天琢磨把六线城市老、破、小的房子，包装成豪宅，以高价格卖给散户。所以巴菲特回购股票，有些公司拼命推销股票。

2018年7月17日，伯克希尔修改了股票回购规则。此前要求伯克希尔的股价必须低于“净资产×120%”，巴菲特才能回购。新的董事会决议授权巴菲特和芒格两人择机行动，只要他们都审慎地认为伯克希尔的股价低于其“内在价值[①]”，就可以回购。董事会决议保留了对于净现金的要求。如果伯克希尔合并报表上的现金、现金等价物、美国政府短期债券合计金额低于200亿美元，巴菲特就不能回购。由于2018年伯克希尔账面上有1110亿美元净现金，该条要求短期不构成约束。2018年8月30日，巴菲特在他88岁生日接受采访时，表示伯克希尔已经开始回购股票。

虽然伯克希尔不分红，但各国监管机构引导上市公司积极分红的政策是很有必要的。分红是衡量上市公司盈利质量的重要指标。有实际现金流入，才能支持公司给股东分红。观察一个公司长期分红的历史，有助于剔除那些表面上高盈利、实际上没现金的“地雷股”。美国大部分公司只要能生存，都会分红。哪怕只是象征性的，也要保住连续分红的历史。例如美国银行在2009年到2012年的艰难时期，依然坚持每季度每股分红1美分。否则，一些合同里载明只能买入分红股票的基金、养老金，就会卖出股票，进一步压低公司股价。

伯克希尔不分红的做法是特例，而不是标准。伯克希尔的盈利能力无人质疑，巴菲特基于股东利益的特立独行也被市场接受。2014年3月，一位持有8600美元伯克希尔B类股票的小股东建议巴菲特分红。这位股东表示伯克希尔持有的钱比需要的多，而小股东又不像巴菲特那样是亿万富翁，伯克希尔应该

① intrinsic value，巴菲特和芒格一般保守地认为伯克希尔的账面价值（book value）是内在价值的下限。

考虑大比例分红。这项提议在股东大会上被高票否决，大部分股东都不想向美国政府缴纳红利税，而且希望免费让巴菲特帮自己投资。顺便说一下，当时伯克希尔账上有582亿美元现金，而2020年年末有1380多亿美元现金和现金等价物。

要点：不分红相当于雇巴菲特投资。

董事会，一条心

不喜欢巴菲特的人，常批评伯克希尔的治理结构，认为伯克希尔的董事会就像亲戚朋友开派对，不能对巴菲特形成有效制约。

公司制作为一种组织形式出现的时间并不长，而董事会制度建立的时间更短。在早期，公司的控股股东同时也是公司的总经理，股东和管理者是同一个人，利益当然是一致的。可惜人不能永生，创始人的生命结束后，第二代可以继承公司的股权，但有可能继承不了父辈管理公司的能力，导致实际管理公司的总经理不是公司大股东，这就产生了所有权和经营权的分离，总经理的利益和股东利益变得不一致。总经理可以出卖公司的利益中饱私囊，例如把公司产品低价卖给亲戚，亲戚再以市场价出售谋取利润。为了监督总经理，大股东开始采取董事会制度，聘请专业人士监督、制约总经理。

董事会制度开始还比较有效，但随着公司的股权越来越分散，现在很多大公司已经没有实际控股的股东了。董事会成员往往是由总经理挑选的，按总经理意愿投票，很难制约总经理。2001年在美国500强公司名单上排名第7位的安然公司发生丑闻，在当年年底破产，拖累养老金投资机构、贷款银行、上下游供应商、员工、客户等大量人群。美国意识到失控的总经理会带来严重的社会问题，随即通过了《萨班斯–奥克斯利法案》[1]，强化了董事会的职责，要求提高独立董事比例、设立独立审计委员会等。

伯克希尔遵照法律建立了相关制度，但批评者认为董事会成员任职时间太

① 法案名称为*Sarbanes–Oxley Act*，也被称为《2002年公司责任法案》（*Corporate Responsibility Act of 2002*）。

长。现有14位董事中（表6–5），有10位董事的任职时间超过10年：巴菲特、芒格、霍华德、戴克、戈特斯曼、盖蒙、墨菲、奥尔森、斯科特、伯克。批评者认为董事已经成了巴菲特的自己人，在董事会上不能提出专业意见阻止巴菲特的错误决策。巴菲特则强调董事都是长期持有伯克希尔股票的股东，他们和小股东的利益是一致的。

表6–5　伯克希尔董事会成员①（截至2021年）

姓名	年龄	首次担任董事时间	与巴菲特关系/本人简况
巴菲特（Warren E. Buffett）	90	1965年	本人
艾贝尔（Gregory E. Abel）	58	2018年	伯克希尔副主席。负责非保险业务的运营，很可能是伯克希尔下一任CEO
霍华德·巴菲特（Howard G. Buffett）	66	1993年	巴菲特长子。主要从事慈善事业
伯克（Stephen B. Burke）	62	2009年	NBCUniversal的前董事长和CEO。巴菲特重仓媒体公司Capital Cities/ABC时，伯克的父亲任该公司CEO
钱纳特（Kenneth I. Chenault）	69	2020年	巴菲特重仓股美国运通公司的前CEO。他于2020年5月接替从2004年开始任董事的比尔·盖茨
戴克（Susan L. Decker）	58	2007年	女,前雅虎总裁。她和芒格都是开市客（Costco）的董事
戈特斯曼（David S. Gottesman）	94	2004年	巴菲特的朋友，1966年和巴菲特、芒格一起合资成立了多元零售公司（Diversified Retailing Company）。他是第一曼哈顿集团创始人，伯克希尔A类股票第4大股东
盖蒙（Charlotte Guyman）	64	2003年	女。盖茨的下属，1999年以前在微软工作。现在从事战略咨询业务
贾因(Ajit Jain)	69	2018年	伯克希尔副主席，负责保险业务
芒格(Charles T. Munger)	97	1978年	伯克希尔副主席

① 信息来源：媒体报道及https://berkshirehathaway.com/2021ProxyStmt.pdf。

（续表）

姓名	年龄	首次担任董事时间	与巴菲特关系/本人简况
墨菲（Thomas S. Murphy）	95	2003年	巴菲特重仓媒体公司Capital Cities/ABC时，墨菲任该公司董事会主席
奥尔森（Ronald L. Olson）	79	1997年	芒格的律所合伙人
斯科特（Walter Scott Jr.）	89	1988年	巴菲特童年伙伴。总部在奥马哈的世界500强Kiewit建筑公司的CEO
威特默（Meryl B. Witmer）	59	2013年	女，Witmer资产管理公司负责人。在当选董事时，她是唯一不持有伯克希尔股票的董事

批评者认为巴菲特自己就能拍板做巨额并购的制度不合理。伯克希尔董事会应该为收购制定战略规划、要充分发挥独立董事的专业作用、加强对收购目标的审计，巴菲特有几次重大投资错误的决策流程都过于仓促。巴菲特不同意这种批评。一是不少收购都有董事会的战略规划做背书，结果依然是巨亏；二是尽职调查不能抓住并购问题的关键，无法评估公司的发展前景、CEO的人品等，他开玩笑说建议深入尽职调查的多是律师，这样他们能收取更高的费用；三是最大的错误不是投资错了，而是没有投资一些优质公司。流程越长，交易越可能失败。

无论批评者怎么说，股东对巴菲特都是非常认可的。与大多数世界500强公司不同，伯克希尔的所有权和经营权没有分离，巴菲特既是控股股东也是实际管理人，伯克希尔的利益和巴菲特的利益是统一的。对于股东来说，巴菲特拥有其他董事所不具有的超凡能力，与其让其他董事做决策，不如让巴菲特一个人做决策。不接受伯克希尔董事会结构的股东可以“用脚投票”，卖出伯克希尔的股票。

巴菲特对董事会的影响力，确保了伯克希尔从上到下都遵循价值投资的理念。就算在1999—2001年跑输纳斯达克指数300%期间，伯克希尔还是能做到集团上下不碰科技股。当时公司治理结构“优秀”的保险公司、基金公司、养老金投资机构都在追逐泡沫，谁也不愿意被指数拉下那么多。这些公司的董事会支持CEO交易热门股票，认为公司积极拥抱了一个伟大的时代。要是巴菲特担任这些公司的CEO，早就被董事会赶下台了。

后来纳斯达克指数下跌了近80%，却没有几位CEO和董事为参与泡沫负责。毕竟绝大部分投资机构都参与了，总不能把所有CEO和董事都开除吧。董事会里还是那批人，但他们不讲“颠覆人类”，只讲价值投资了。等到下一次“市场先生”再度掀起市场的贪婪之心，同样的故事还会重演。由此可见，治理结构优秀和长期回报高不能画等号，董事会本身不能解决所有权和经营权分离的问题，靠谱的还是像巴菲特这样诚信、睿智的大股东。

要点：伯克希尔董事会给巴菲特极大授权。

“后巴菲特时代”

就长期来说，机构比个人更难击败“市场先生”。在股票市场疯狂的时候，小心谨慎的个人可以持币观望，但大多数机构做不到这一点。对于做决策的CEO来说，随波逐流的失败不会承担太大的责任。如果逆市清仓踏空，熬不到股市下跌，自己就会被董事会“干掉”。伯克希尔是全世界难得长期跑赢指数的金融机构，对伯克希尔的控制，是巴菲特完胜“市场先生”的前提。

随着巴菲特迈入90岁高龄、芒格年近100岁，很多伯克希尔的股东担心两人过世后伯克希尔会日渐衰落。巴菲特并不避讳死亡，在《2019年致股东的信》中，他表示伯克希尔在他之后依然会稳健发展。

巴菲特先讲了个故事：30年前他的一位80多岁的朋友乔[①]收到当地报社的一封信。这家报社索要乔的简历，毫不隐晦地说信息将用于乔的讣告。乔没理这封信。一个月后，这家报社又寄来第二封信，信封上标着“紧急”[②]。

① 即主题3第二节的“错过的高科技公司”部分提及的罗森菲尔德，巴菲特和媒体常称他为Joe。

② 当地名人过世是大新闻。这家报社“预计”乔很快就要过世了，希望乔尽快把自己的简历寄给报社。

然后，巴菲特承认自己和芒格很早就进入“紧急”的年龄段了。对他们个人来说，这不是好消息。但股东们不用担心，伯克希尔已经为没有巴菲特和芒格的时代做了100%的准备。

巴菲特和芒格的乐观基于以下5个理由：

（1）伯克希尔拥有多元化的资产，不管是全资控股的还是部分持有的，都是极为出色的公司。平均来看，这些公司股本回报很有吸引力。①

（2）伯克希尔将多个子公司集中于一个控股主体之下，产生了重要而且持久的经济优势。②

（3）伯克希尔将永远保持谨慎的财务管理理念，保证集团在极端外部冲击下依然能够生存。③

（4）伯克希尔的最高管理层不仅仅是为了高薪或者权力才在伯克希尔工作，他们经验丰富、全心为伯克希尔付出。④

（5）伯克希尔的董事是股东的守卫者，他们一直关注股东的福利，也一直关注在伯克希尔建立一种巨型企业极为稀缺的文化。⑤

公司核心人物的领导对企业不可或缺，我们很难想象没有马斯克的特斯拉。在杰克·韦尔奇退休后，通用电气公司股价在20年时间内从60元跌到过6元以下，不再是道指的成份股。很多投资者担心“没有巴菲特的伯克希尔”会变成“没有韦尔奇的通用电气”，但巴菲特并不这么看，他认为伯克希尔没有他也能乘风破浪。

---

① Berkshire's assets are deployed in an extraordinary variety of wholly or partly-owned businesses that, averaged out, earn attractive returns on the capital they use.

② Berkshire's positioning of its "controlled" businesses within a single entity endows it with some important and enduring economic advantages.

③ Berkshire's financial affairs will unfailingly be managed in a manner allowing the company to withstand external shocks of an extreme nature.

④ We possess skilled and devoted top managers for whom running Berkshire is far more than simply having a high-paying and/or prestigious job.

⑤ Berkshire's directors—your guardians—are constantly focused on both the welfare of owners and the nurturing of a culture that is rare among giant corporations. 巴菲特在此推荐了一本名为《信任边际》（*Margin of Trust*）的书。作者是坎宁安（Lawrence A. Cunningham）和库巴（Stephanie Cuba）。该书有中译本。

要点：巴菲特对于没有他掌舵的伯克希尔充满信心。

小结

伯克希尔是全球第一高价股，且长期不分红，以此实现对股东的筛选，留下长期投资者。伯克希尔建立了齐心的董事会，其授予巴菲特极大自由度，也为“后巴菲特时代”做好了准备。

第五节 未来掌门人

巴菲特的教育理念很简单：你的人生你做主[1]。巴菲特的三个孩子没一个读完大学本科，但他和夫人苏珊并不纠结，还常常开玩笑说：把三个孩子的学分加起来，能凑出一个学位。

你的人生你做主

巴菲特有三个孩子。大女儿苏珊[2]出生于1953年7月30日，大儿子霍华德·格雷厄姆·巴菲特出生于1954年12月16日，小儿子彼得[3]出生于1958年5月4日。巴菲特用他父亲老霍华德以及他的老师格雷厄姆的名字给霍华德命名。从名字就可以看出，霍华德肩负着巴菲特的厚望。

很多富豪的孩子很早就明白：无论自己一生如何努力，都不可能超越父辈。他将永远生活在父辈的影响之下，周边人只会把他看成父辈的一个影子。不少人过着纸醉金迷的生活，但内心并不幸福，夜深人静时会问自己："我是谁？"

霍华德能成为他自己吗?

老霍华德明确告诉过巴菲特：他关心的是孩子的个人价值，而不是孩子所选择的道路。巴菲特也告诉霍华德"你的人生你做主"。虽然有些中国家长也

---

① It's your life.

② Susan Alice Buffett。大女儿以巴菲特夫人的名字命名，跟着巴菲特姓，所以母女俩同名。

③ Peter Buffett。音乐家，电影《与狼共舞》中的一段配乐就是彼得的作品。著有《做你自己：股神巴菲特送给儿子的人生礼物》（*Life Is What You Make It：Find Your Own Path to Fulfillment*）一书。

常和孩子说“你的人生你做主”，但多数只是嘴上说说。家长从孩子四五岁开始就为他们选培训班，再想办法将孩子弄进知名小学，课后陪着上辅导班，高考后帮忙选学校。孩子成年后，还要帮忙找工作、买房、安排相亲。孩子只能在家长认可的主流范围内自己做主，万一想挑战应试教育，那就做不了主了。

巴菲特的财力足以送孩子上一流的私立学校，但他的孩子从小学到中学都是在奥马哈市的公立学校就读的。霍华德上邓迪小学[①]时填报父亲职业，母亲让他填了“Security Analyst”。Security有“证券”和“安全”两个意思，母亲的本意是“证券分析师”，结果霍华德和他的小伙伴都误认为指孩子心中的英雄——“保安”。如果是精英私校，小朋友们绝不会犯这样的错误。巴菲特认为孩子们在公立学校能和来自不同社会背景、不同经济条件的同学打交道，学到真实世界的东西比考试更重要。

1969年，霍华德15岁。大学期间在巴菲特家寄宿的捷克女孩薇拉，邀请霍华德去布拉格。尽管母亲反对，但巴菲特支持。霍华德一个人去了华约国家，在那里看到苏联镇压捷克抗议者，体验了食物配给的艰辛。1972年，霍华德高中毕业。因为两个朋友在南达科他州小型私立大学奥古斯塔纳学院（Augustana College）就读，他也去了那里。读了一年就读不下去了，想去日本学习空手道。巴菲特也不是啥都由着霍华德来，完全不靠谱的事情还是要制止的。

没学成空手道，霍华德去参加了“海上学校”（Semester at Sea）。这个学校提供几个月的短期课程，学生乘坐邮轮游历欧、亚、非三洲，见识世界各地风土人情。虽然是美国的学校，但请过古巴领导人卡斯特罗做演讲。学期结束后，霍华德去洛杉矶的查普曼大学（Chapman University）待了一段时间。感觉没啥意思，又回到了奥马哈。

因偶然看到一个人操作挖掘机，霍华德发现了兴趣所在。他找到一家建筑公司老总，说自己想从事挖掘事业。这个老总盯着霍华德说：“孩子，你出生在富贵的家庭。和我手下的兄弟们在一起，5分钟你都忍受不了。你可以走了。”这人话说得很直白，不过霍华德并没有忌恨他。霍华德说：“作为巴菲特这样的名人的孩子，其他人只会把我当成他们脑海中的富二代，而不愿去了

① Dundee Elementary School，芒格也曾在这所学校读书。

解真正的我。对此，我已经习惯了。”

霍华德又找了另外一个老板，说：“我给你免费打工一个月。”他以为这样就行了。对方却说：“不行，你这样是抢了别人饭碗。”没办法，他找到第三个老板说：“我自带设备，你把那些不想接的碎活儿给我。”对方同意了。于是，霍华德买了台二手挖掘机。第一个活儿是挖地下室，他真的很有挖掘天赋，几小时就掌握了把墙壁和地面挖平整的诀窍。

没多久霍华德发现需要一个拖车来拖挖掘机，便付了3500美元定金让一个人帮他做。他去催货时，这伙计总是有各种理由今天推明天，明天推后天。6个月后，霍华德才明白自己被骗了。钱没了，只有一台破拖拉机抵债。拖拉机很快就坏了，霍华德觉得付钱修太亏，找到一个哥们愿意免费帮他修。作为回报，霍华德问那哥们：“能帮你们做点什么吗？”那哥们说：“你帮我耕一下我家农场吧。”他非常享受坐在拖拉机上耕地的感觉，这让他想起了5岁时在自家后院种玉米的情景，于是，他开始想要种地。

在这段时间，霍华德与邓肯（Marcia Duncan）结婚，但没多久两人就离婚了。他焦躁不安，不知道未来要做什么。巴菲特和他讨论，建议他去一个公司从基层干起，霍华德选择了加利福尼亚州的喜诗糖果[①]。到了加利福尼亚州，霍华德先和维修工程师一起去各个店面维修，然后被调到包装部门负责订购包装盒。喜诗糖果的很多员工不待见霍华德，一个员工甚至栽赃陷害霍华德。他伪造霍华德的签字，订购了实际所需3倍的包装盒。

幸运的是，霍华德在喜诗糖果遇见了他第二任也是现任妻子德文（Devon Goss Buffett）。德文当时已经是4个孩子的母亲。1982年，霍华德再次回到奥马哈，在养老地产公司埃塞克（Essex Corporation）工作。1983年，他和德文的孩子小霍华德[②]出生。

1986年，巴菲特让霍华德写一个农场项目“商业计划书”。霍华德认真完成了，每个数字都有据可依。然后巴菲特买了400英亩的土地并转租给霍华德，满足了霍华德对农业的热爱之情。在这个农场上，一个简单而宏大的人生

① See’s Candies，参见主题3第一节的“小糖果的大智慧”部分。
② Howard Warren Buffett，1983年10月14日出生，哥伦比亚大学公共政策和国际事务教授。

目标开始浮现在霍华德的脑海中：让世界上没有饥饿的人！

霍华德回顾这段人生经历时表示：为了利用好人生的40次机遇，你时不时要做一些你不知道怎么做的事情，犯一些错误，在最后一秒改变想法，然后从头再来。这是个简单的道理，但很多人害怕改变。①

要点：哪怕看着孩子走弯路，巴菲特也让孩子自己做主。

事上磨练

巴菲特从不干涉霍华德的决定，不要求霍华德到伯克希尔做投资。霍华德喜爱农场，格外关注农业，他的人生目标是在全球消灭饥饿。他越是努力，越发现让人吃饱饭并不是一件容易的事情，粮食问题会衍生出一系列意想不到的结果。1999年霍华德基金会②正式开始运作，重点关注食品安全、冲突缓解、公众安全三方面。

在霍华德和小霍华德合著的《40次机遇：巴菲特家族的人生投资法》一书中，霍华德记录了他在慈善事业上的种种挑战。

1980年，苏联入侵阿富汗，美国总统卡特下令对其实行粮食禁运。为了应对，苏联向南美产粮区的采购规模猛增。巴西、阿根廷两国出口粮价大幅上涨，带动了当地粮食产品价格快速上升。为了增加外汇收入，保证本国粮食供应，两国大规模毁林开荒。这导致了一个奇怪的因果关系链条：北美洲的美国制裁欧洲的苏联，倒霉的是南美洲热带雨林里的动物。

在战乱不断的南苏丹地区，武装分子用步枪搞起了国际讹诈。他们包围一个村庄，断绝居民的水源。然后和慈善组织通话，要求对方送来粮食。粮食运到

---

① To make the most of your forty chances from time to time you've got to do things you don't necessarily know how to do, make some mistakes, call an audible, and try again. It's a simple concept, but so many people are afraid of change. 这段话出自霍华德和小霍华德合著的书*40 Chances: Finding Hope in a Hungry World*（中文版书名为《40次机遇：巴菲特家族的人生投资法》），所以他说“40次机遇”，而不是“1次机遇”或者“100次机遇”。

② Howard G. Buffett Foundation，网址：www.thehowardgbuffettfoundation.org。巴菲特每年捐赠的资金，约80%捐给盖茨基金会，20%捐给三个儿女管理的基金会。

后，这些武装分子拿走部分粮食，给村民留一部分，然后去包围下一个村庄。

在战争区域种植水稻、小麦很困难：一来在农作物生长期，田地供水不稳定；二来即便农作物成熟，也可能在最后一刻毁于战火。霍华德基金会支持农业专家研究在枪林弹雨下种植粮食，其中一个结论是种植木薯。木薯耐旱、产量高、富含淀粉；其枝叶有一定毒性，不会被动物啃咬；其块根埋藏于地下，不会被一把火烧了，也不容易被他人偷盗。

国际粮食援助拯救了很多战乱地区人民的生命，但援助本身也有很多问题。美国法律规定只能由美国人运输美国粮去救灾。2008年有1万吨价值达350万美元的美国小麦被送往非洲马拉维，结果运费花了450万美元。如果是直接拿这800万美元就近采购粮食，可以多买一倍甚至更多。即使是这些不远万里被运到非洲的粮食，很多也没有送到难民的手中，而是被上层消费了。在乌干达，面粉被美国大使馆对面的面包店用掉。在埃塞俄比亚，食用油被喜来登酒店用掉。

不仅在非洲，在全球最大的产粮国——美国，也不是每个老百姓顿顿都能吃饱饭。霍华德在伊利诺伊州的一个民间赈济处（soup kitchen）发现一个奇怪的现象。明明这个赈济处对社区十分重要，因家长犯罪而缺乏食物的孩子、需要照顾老年痴呆丈夫的妻子、刚从监狱释放的犯人都需要从这里获得食物，但当地官僚却声称社区一切欣欣向荣，不承认有赈济处这种“政绩污点”存在。霍华德承诺捐100万美元，条件是当地官僚必须到赈济处自愿轮班一次。赈济处员工们说官僚不会来的，这对他们没啥好处。霍华德放出消息，说他准备去向媒体曝光这帮官僚，谴责他们不但平时不支持赈济处，还把捐款弄“飞”了。官僚们一琢磨，这也不是什么大事，万一被霍华德搞得全美国皆知，官位也会丢了。他们马上无比亲民，“自愿”轮班。

主要得益于巴菲特的捐赠，霍华德基金会的规模发展得很快。2001年霍华德基金会的总资产规模不到5000万美元，2018年年末突破4.5亿美元。霍华德基金会运营成本占总开支的比例常年保持在4%左右的较低水平。2017年度霍华德基金会在美国、中美洲、南美洲、非洲开展慈善事业，各地区支出水平基本相同。

要点：霍华德在“种地”过程中解决各种难题。

和盖茨的争论

2011年12月11日，霍华德接受了哥伦比亚广播公司（CBS）《60分钟》节目的采访。霍华德在节目中明确表示：他不赞同盖茨基金会在非洲发展农业的模式。

盖茨基金会在非洲推广美国高科技农业，提供高产量、抗病虫害的种子，大量使用化肥，建造现代化的灌溉设施等，花了超过10亿美元。这和已经在非洲开展了几十年农业项目的美国国际开发署[①]策略基本相同。按照美国国际开发署几十年前预计的日程表，现在非洲应该已经没有粮食问题了。实际上非洲的农业亩产量依然不到世界平均水平的一半，而且非洲人民有很强的反美情绪。一些非洲人士指责工业化的做法侵害了非洲的生物多样性，质疑转基因粮食是对非洲的威胁。

霍华德基金会此前也在非洲尝试过高科技模式，但没有取得预期的效果，现在已经改用因地制宜的模式。非洲土地广袤，自然环境和生态环境差异很大，缺乏电力水利设施，交通不便，美国高科技农业的基本前提在非洲根本不成立。非洲农业需要的是长效机制，而不是单季高产。

举例来说，博茨瓦纳的奥卡万戈三角洲（Okavango Delta），面积约1.7万平方千米，仅生活着约1.5万名居民，平均每平方千米不到1人。按理说随便撒一把种子都不愁吃。但问题是这里还有近1.5万头大象，这些大象看到东西就会吃，它们可不分是人工种植的还是自然生长的。农民的田地靠近水源，大象在旱季寻找水源时会踩踏田地。国际组织要求保护大象，当地人也没打算饿死自己，人和大象之间常发生流血冲突。一次，一头大象闯入仓库被村民射杀。第二天，一位妇女在同一地点受到大象攻击而死亡。当地警察通过大象鼻子上的

① United States Agency for International Development，简称USAID。

血迹确定了行凶的大象，然后把整个家族6头大象全部射杀。在这种环境下，即使免费提供化肥、农药也没用，只能基于村民愿意接受的方式提供帮助。

在《60分钟》节目中霍华德当面反对盖茨后，盖茨并没有反驳，而是半开玩笑地说：“霍华德是农场主，有丰富的经验，而我是个城市男孩。”霍华德自己种了几十年的地，会观察玉米根系发育，检查土地里蚯蚓数量。盖茨先生的强项在高科技公司，种地确实不是他的强项。虽然两人意见有分歧，但长远目标是一致的，都是终结饥饿。两个基金会在项目上也有合作，例如采购非洲小农场的粮食、提高非洲土壤肥力等。

霍华德和盖茨还有一个共同点：两人都没大学毕业。霍华德是因为要去寻找自己，盖茨是因为要去改变世界。巴菲特并不在意孩子的学历，他看到很多优秀的人才，例如内布拉斯加家具城①的创始人B夫人②，没有读过书，但做出了不少读书人做不到的事业。巴菲特也看到过聪明人干傻事，例如两位诺贝尔奖得主在长期资本管理公司③闯下大祸，差点把美国金融体系拖下水。孩子学习好是家长的幸运，学习不好也不会断了家长后半生的希望。富人的孩子从出生就面对着更危险的诱惑、更巨大的挑战。巴菲特让孩子们在事上磨练，尽早找到属于他们自己的人生道路。

巴菲特是盖茨基金会最大的资金捐赠者④，而霍华德公开表示盖茨基金会在非洲农业项目上的做法需要修正。巴菲特并不认为需要协调霍华德和盖茨之间的分歧，也没有缩减对任何一方承诺的捐赠。“你的人生你做主”，巴菲特在霍华德小时候就不对其进行干预，现在更不会“指点”霍华德该说什么，不该说什么。

要点：霍华德在粮食问题上与盖茨争论。

① Nebraska Furniture Mart，简称NFM。

② Rose Blumkin，1893年12月3日—1998年8月9日。1983年巴菲特买下内布拉斯加家具城时，B夫人已经90岁了，收购合约里就没有写同业禁止条款。不料6年后B夫人和孙子吵翻，96岁高龄再创业，在马路对面新开店面，抢走了不少生意。巴菲特哭笑不得，介入调停，并让B夫人补签了同业禁止协议。

③ Long-Term Capital Management L.P.，缩写为LTCM。参见主题5第二节的“过度自信”部分。

④ 参见主题5第三节的“捐赠：让别人花钱”部分。

接棒伯克希尔

同样是在2011年的CBS《60分钟》节目中，巴菲特首次表示会安排霍华德未来接替他本人任伯克希尔的“非执行董事会主席（Non-Executive Chairman）”。霍华德从1993年开始任伯克希尔董事，而巴菲特另外两个孩子苏珊、彼得从未加入过伯克希尔董事会。

巴菲特说霍华德的主要职责是“伯克希尔公司文化的守护人”。因为霍华德对伯克希尔的企业文化有深刻的理解，坚持伯克希尔的价值观。霍华德不负责投资决策，不介入伯克希尔的日常运营，也不会因任职获得薪水。

伯克希尔40年来从未改变公司文化，一直把公司股东作为合伙人。巴菲特反复强调他把自己和小股东视为一种互相信任的合伙人关系，而不是一切以投票为准的大股东和小股东的关系。在实践中，巴菲特对他人承担更多的信托责任、对自己有更多的道德约束，不做只有利于大股东而不利于小股东的事情。

“重视小股东利益”听起来很空洞，很多公司喊过同样的口号，但实际落实起来并不容易。伯克希尔从未过度溢价从大股东手中买资产，也没有把上市公司的资产贱卖给大股东，几十年来从没有靠剥削小股东赚钱。董事们持有大量伯克希尔股票，这些股票都是在二级市场上买入的，不是通过期权或者赠予的方式获得的。董事们的主要回报来自伯克希尔股票的增值，董事们个人的利益和小股东的利益被绑定在一起。伯克希尔的董事和高管没有免责保险，他们要对自己的决策负责，否则可能遭到股民的诉讼。

好人有好报。巴菲特把公司股东视为合伙人，伯克希尔的小股东也信任巴菲特，在各项投票中都支持巴菲特的决定。靠着小股东的支持，伯克希尔平安度过数次危机，长期稳定地累积复利。

作为公司文化的守护人，霍华德的任务很简单：万一伯克希尔任命了错误的CEO，或者CEO逐渐变得不称职，霍华德要快刀斩乱麻地把这个人赶走。巴菲特在很多公司担任过董事，他知道即使公司CEO犯了很严重的错误，董事会也很难将其开除。特别是当CEO和董事会主席是同一人时，往往拖到公司业绩大幅下滑、股东利益严重受损时，CEO还要拿天价补偿才走人。通过将霍华德设为非执行董事会主席，任何对CEO有意见的董事都可以和霍华德沟通，霍华德可以迅速采取行动。

消息公布后，一些财经媒体对巴菲特的提议有所质疑，认为怎么能让一个“农民”负责伯克希尔这样的巨头？但伯克希尔的股东们很清楚，万一巴菲特身体欠佳，伯克希尔分设非执行董事会主席和CEO，是对伯克希尔股东利益的最好安排。霍华德有伯克希尔20多年的董事经历、亲历伯克希尔的成长、未来会持有较大比例伯克希尔股权，是非执行董事会主席的最佳人选。

在节目中记者问霍华德对于巴菲特的提议是怎么想的。我以为霍华德会说才疏学浅、兢兢业业、不负重托之类的话。没料到霍华德说：“只要不耽误我种田就行。”

这个回答很有意思。一方面，可以看出霍华德的自信。经过在慈善事业上多年的历练，霍华德对于事和人都有了自己深刻的认识。对于“吃饱饭”这个大难题，敢于从战略方向上对盖茨基金会和美国国际开发署提出不同意见，能够提出替代性的解决方案，这在全世界也没几个人能做到。对于CEO到底是能做事的还是“打酱油”的，是为了股东利益还是一己私利，霍华德一眼就看得清清楚楚。另一方面，霍华德强调他将继续种地。间接表明他不会介入伯克希尔这个大集团的日常管理，更不会对伯克希尔的结构进行大变革，让伯克希尔未来的CEO、伯克希尔各子公司的CEO放心。

回首霍华德的成长，巴菲特的总结最为到位[①]：霍华德一开始走了不少弯路，探寻能展现他无穷精力的人生道路……霍华德的努力有的成功、有的失败，但都对如何明智地开展慈善事业提供了经验。

父亲的骄傲，跃然纸上！

① 巴菲特在为霍华德和小霍华德的《40次机遇：巴菲特家族的人生投资法》作序时写道：Howie started by zigzagging through life, looking for what would productively harness his boundless energy. ... As Howie describes his activities — some successful, others not — they supply a guidebook for intelligent philanthropy.（Howie是巴菲特对霍华德的昵称。）

要点：霍华德将在“后巴菲特时代”监督伯克希尔的CEO。

小结

巴菲特尊重儿子的人生选择，不在意学历教育，也不要求霍华德继承投资事业。霍华德致力于让穷人吃饱饭，积累了丰富的人生阅历，未来将担任伯克希尔非执行董事会主席。

后记

THEME

作为长寿秘诀的价值投资

2011年，巴菲特在接受采访时说："我最想入选的是全美国最长寿的400人榜单，如果《福布斯》杂志会列出长寿榜单的话。[①]"

有兴趣的读者可以回顾本书中的多位价值投资者（表后记–1）。

表后记–1　长寿的价值投资者

姓名	时间
格雷厄姆	1894年5月9日—1976年9月21日，82岁
埃德加	1882年5月6日—1971年6月19日，89岁
伯格	1929年5月8日—2019年1月16日，90岁
多德	1895年8月23日—1988年9月18日，93岁
阿方德	1914年3月6日—2007年11月16日，93岁
萨缪尔森	1915年5月15日—2009年12月13日，94岁
卡雷特	1896年11月29日—1998年5月28日，102岁

此外，2021年巴菲特91岁，芒格已经97岁了。而他们的投资传奇，还远远没有结束。

这些价值投资者的职业不同：有的是大学教授，有的是记者，有的是企业家。家庭背景不同：有的很贫寒，有的很富裕。人生路径不同：有的波折起伏，有的一帆风顺。但他们有两个共同特点：①价值投资；②长寿。

有些读者会感到疑惑："投资方法和长寿秘诀有啥关系？"实际上，选择了一种投资理念，就意味着选择了一种人生。价值投资理念最大的好处就是不嫉妒别人，不为难自己。不在意市场短期涨跌，只关注公司长期经营。坚守

① If Forbes would put a list of the 400 oldest Americans and I was on that one—That's the list I really want to be on.

安全边际，股市上不负债投资，生活中不赌博飙车。每天“跳着踢踏舞去上班”，一直做自己喜欢的事情。相比之下，投机者喜欢借钱投资追逐热点，每天神经高度紧张，每次交易都是一场战斗。赢了，花天酒地放松紧绷的神经；输了，借酒消愁麻醉抑郁的大脑。再好的身体，也扛不住几十年高强度地折腾。

价值投资者的目标是从复利表（表后记-2）的左上角移动到右下角：实现最大回报。他们知道长寿和高回报率同等重要，甚至比短期高回报率更加重要。对于普通人来说，让自己变得和巴菲特、芒格一样睿智，长期实现20%的回报，不太现实。不过，像巴菲特、芒格，以及其他价值投资者一样长寿，是完全可能的。

表后记-2　复利表①

时间	年化回报（以1元投资为基准）				
	2%	4%	10%	15%	20%
1年	1.02元	1.04元	1.10元	1.15元	1.20元
5年	1.10元	1.22元	1.61元	2.01元	2.49元
10年	1.22元	1.48元	2.59元	4.05元	6.19元
20年	1.49元	2.19元	6.73元	16.37元	38.34元
30年	1.81元	3.24元	17元	66元	237元
40年	2.21元	4.80元	45元	268元	1470元
50年	2.69元	7.11元	117元	1084元	9100元
55年	2.97元	8.65元	189元	2180元	22645元
60年	3.28元	10.52元	304元	4384元	56348元
70年	4.00元	15.57元	790元	17736元	348889元

① a：该表显示的是投资1元，在给定的时间和年化回报率下，期末所得的金额。
b：复利回报计算方法（以投资1元在5年以20%年化回报率得到2.49元为例）：1×（1+20%）×（1+20%）×（1+20%）×（1+20%）×（1+20%）≈2.49。
c：货币基金、短期银行理财产品的收益率约2%；定期存款、长期银行理财产品、长期保险产品的收益约4%；上证50指数、沪深300指数、标准普尔500指数的长期回报约10%；中国一线城市房产的长期回报约15%～20%；伯克希尔的长期回报约20%。风险提示：历史回报不代表将来。
d：读者可以参看附录一的“伯克希尔与标准普尔500指数回报对比表”。该表展示了伯克希尔以20%年化回报率、标准普尔500指数以10%年化回报率，投资56年后所得回报。

在《2020年致股东的信》中，巴菲特问了一个有趣的问题："持有伯克希尔的股票会让人长寿吗？[1]"希望这本书作为一个引子，让大家对价值投资产生兴趣。在顿悟巴菲特的财富秘诀时，也收获价值投资者的长寿秘诀。

① Could it be that Berkshire ownership fosters longevity?

附录

THEME

附录一：伯克希尔历年回报（1965—2020年）

附表1-1　伯克希尔与标准普尔500指数回报对比表

时间	年增长率/%		
	伯克希尔每股账面价值	伯克希尔股价	标准普尔500指数（含分红）
1965年	23.8	49.5	10.0
1966年	20.3	−3.4	−11.7
1967年	11.0	13.3	30.9
1968年	19.0	77.8	11.0
1969年	16.2	19.4	−8.4
1970年	12.0	−4.6	3.9
1971年	16.4	80.5	14.6
1972年	21.7	8.1	18.9
1973年	4.7	−2.5	−14.8
1974年	5.5	−48.7	−26.4
1975年	21.9	2.5	37.2
1976年	59.3	129.3	23.6
1977年	31.9	46.8	−7.4
1978年	24.0	14.5	6.4
1979年	35.7	102.5	18.2
1980年	19.3	32.8	32.3
1981年	31.4	31.8	−5.0
1982年	40.0	38.4	21.4
1983年	32.3	69.0	22.4
1984年	13.6	−2.7	6.1
1985年	48.2	93.7	31.6

（续表）

时间	年增长率/%		
	伯克希尔每股账面价值	伯克希尔股价	标准普尔500指数（含分红）
1986年	26.1	14.2	18.6
1987年	19.5	4.6	5.1
1988年	20.1	59.3	16.6
1989年	44.4	84.6	31.7
1990年	7.4	−23.1	−3.1
1991年	39.6	35.6	30.5
1992年	20.3	29.8	7.6
1993年	14.3	38.9	10.1
1994年	13.9	25.0	1.3
1995年	43.1	57.4	37.6
1996年	31.8	6.2	23.0
1997年	34.1	34.9	33.4
1998年	48.3	52.2	28.6
1999年	0.5	−19.9	21.0
2000年	6.5	26.6	−9.1
2001年	−6.2	6.5	−11.9
2002年	10.0	−3.8	−22.1
2003年	21.0	15.8	28.7
2004年	10.5	4.3	10.9
2005年	6.4	0.8	4.9
2006年	18.4	24.1	15.8
2007年	11.0	28.7	5.5
2008年	−9.6	−31.8	−37.0
2009年	19.8	2.7	26.5
2010年	13.0	21.4	15.1
2011年	4.6	−4.7	2.1
2012年	14.4	16.8	16.0
2013年	18.2	32.7	32.4
2014年	8.3	27.0	13.7

（续表）

时间	年增长率/%		
	伯克希尔每股账面价值	伯克希尔股价	标准普尔500指数（含分红）
2015年	6.4	−12.5	1.4
2016年	10.7	23.4	12.0
2017年	23.0	21.9	21.8
2018年	0.4	2.8	−4.4
2019年		11.0	31.5
2020年		2.4	18.4
1965—2020年化增长率		20.0%	10.2%
1964—2020年累积增长率		2810526%	23454%

说明：

（1）1965—2020年，伯克希尔股价（in Per-Share Market Value of Berkshire）、标准普尔500指数含分红（in S&P500 with Dividends Included）的年度百分比增长率（Annual Percentage Change）、年化增长率（Compourded Annual Gain）、累积增长率（Overall Gain）数据来自《2020年致股东的信》。

（2）1965—2018年，伯克希尔每股账面价值（in Per-Share Book Value of Berkshire）的年度百分比增长率数据来自《2018年致股东的信》。1965—2018年，伯克希尔每股账面价值年化增长率为18.7%；1964—2018年，伯克希尔每股账面价值累积增长率为1091899%。从2019年开始，伯克希尔不再报告“每股账面价值”。因为美国修改了会计准则，股票市值涨跌需要计入当期损益表。这造成伯克希尔每年净资产增长率大幅波动，没有准确反映伯克希尔当期盈利情况。巴菲特在《2018年致股东的信》开篇批评了这一会计准则。

（3）1965年、1966年财务年度结束于9月30日。1967年财务年度为15个月，结束于12月31日。其余年份财务年度均为日历年度。表格最后一行累积增长率是从1964年而不是1965年开始计算，因为1965年度的增长对应的是从1964年9月30日结束至1965年9月30日结束的时间段。

（4）在《2018年致股东的信》中，巴菲特指出伯克希尔每股账面价值的数据均为税后数据。而标普500指数（含分红）的数据是税前数据。从长期来看，税务使得伯克希尔在与标准普尔500指数（含分红）的对比中处于不利位置。

附录二：巴菲特历年主要持股情况（2008—2020年）

说明：

1. 巴菲特从1976年开始，在历年《致股东的信》中以列表形式介绍其二级市场的持股情况。本部分节选从2008年开始的主要持股信息，数据来自对应年度《致股东的信》。

2. 本系列表格只包括伯克希尔持有的二级市场股票，不包括未上市或私有化退市股票。

3. 本系列表格日期均为当年12月31日。

4. 本系列表格按公司名称的英文字母顺序排列[①]，而不是按照总成本或者总市值排列。

5. 本系列表格历年入选标准不同，例如2008年是市值5亿美元以上公司，2009年是市值10亿美元以上公司，2014年是市值排名前15的公司。

前一年在本表出现、下一年不再出现的公司，可能只是因为不符合当年标准，而不是因为巴菲特减持。例如巴菲特买入比亚迪后一直没有交易，2009年、2010年比亚迪出现在列表中，再一次出现是在2017年。

6. 本系列表格首次出现的公司，不一定是巴菲特首次买入。可能伯克希尔

① 如果公司名称第一个单词是“The”，则以第二个单词的首字母进行排序。例如可口可乐公司的名称是The Coca-Cola Company，不算是字母T开头的公司，而算是字母C开头的公司。

此前年度就持有，当年加仓或者股价上涨使得公司市值足以上榜。

7. 本系列表格中的“持股数”不包括伯克希尔下属公司养老金的持股。

8. 本系列表格中“占总股本比例”指伯克希尔所持有的股份占该公司总股本的比例，不是该股票占伯克希尔总持仓的比例。

9. 本系列表格中的“成本”是伯克希尔实际买入股票的税后成本。考虑到美国GAAP会计准则要求进行调增、核销等会计调整，本表部分公司成本与GAAP成本不同。

10. “看点”是本书作者的个人观点。部分减持的股票没有出现在本年度表格中，需要对照上一年度表格。

2008年

附表2-1 巴菲特2008年主要持股情况

持股数	公司名称	占总股本比例/%	成本/百万美元	市值/百万美元
151610700	美国运通（American Express Company）	13.1	1287	2812
200000000	可口可乐（The Coca-Cola Company）	8.6	1299	9054
84896273	康菲石油（ConocoPhillips）	5.7	7008	4398
30009591	强生（Johnson & Johnson）	1.1	1847	1795
130272500	卡夫食品（Kraft Foods Inc.）	8.9	4330	3498
3947554	浦项钢铁（POSCO）	5.2	768	1191
91941010	宝洁（The Procter & Gamble Company）	3.1	643	5684
22111966	赛诺菲万安特（Sanofi-Aventis）	1.7	1827	1404
11262000	瑞士再保险（Swiss Re）	3.2	773	530
227307000	乐购（Tesco plc）	2.9	1326	1193
75145426	合众银行（U.S.Bancorp）	4.3	2337	1879
19944300	沃尔玛（Wal-Mart Stores，Inc.）	0.5	942	1118
1727765	华盛顿邮报（The Washington Post Company）	18.4	11	674
304392068	富国银行（Wells Fargo & Company）	7.2	6702	8973
其他			6035	4870
二级市场持股总计			37135	49073

看点：

1.巴菲特从1973年开始买入华盛顿邮报，到2008年市值升了60多倍。

2009年

附表2-2　巴菲特2009年主要持股情况

持股数	公司名称	占总股本比例/%	成本/百万美元	市值/百万美元
151610700	美国运通（American Express Company）	12.7	1287	6143
225000000	比亚迪（BYD Company，Ltd.）	9.9	232	1986
200000000	可口可乐（The Coca-Cola Company）	8.6	1299	11400
37711330	康菲石油（ConocoPhillips）	2.5	2741	1926
28530467	强生（Johnson & Johnson）	1.0	1724	1838
130272500	卡夫食品（Kraft Foods Inc.）	8.8	4330	3541
3947554	浦项钢铁（POSCO）	5.2	768	2092
83128411	宝洁（The Procter & Gamble Company）	2.9	533	5040
25108967	赛诺菲万安特（Sanofi-Aventis）	1.9	2027	1979
234247373	乐购（Tesco plc）	3.0	1367	1620
76633426	合众银行（U.S.Bancorp）	4.0	2371	1725
39037142	沃尔玛（Wal-Mart Stores，Inc.）	1.0	1893	2087
334235585	富国银行（Wells Fargo & Company）	6.5	7394	9021
其他			6680	8636
二级市场持股总计			34646	59034

看点：

1.巴菲特2008年买入比亚迪，2009年市值较成本增长近8倍。

2.美国运通市值较一年前翻倍。

3.巴菲特大幅减持康菲石油。

4.本年入选的标准提高到市值10亿美元，所以华盛顿邮报和瑞士再保险没有入选。

2010年

附表2-3　巴菲特2010年主要持股情况

持股数	公司名称	占总股本比例/%	成本/百万美元	市值/百万美元
151610700	美国运通（American Express Company）	12.6	1287	6507
225000000	比亚迪（BYD Company，Ltd.）	9.9	232	1182
200000000	可口可乐（The Coca-Cola Company）	8.6	1299	13154
29109637	康菲石油（ConocoPhillips）	2.0	2028	1982
45022563	强生（Johnson & Johnson）	1.6	2749	2785
97214584	卡夫食品（Kraft Foods Inc.）	5.6	3207	3063
19259600	慕尼黑再保险（Munich Re）	10.5	2896	2924
3947555	浦项钢铁（POSCO）	4.6	768	1706
72391036	宝洁（The Procter & Gamble Company）	2.6	464	4657
25848838	赛诺菲万安特（Sanofi-Aventis）	2.0	2060	1656
242163773	乐购（Tesco plc）	3.0	1414	1608
78060769	合众银行（U.S.Bancorp）	4.1	2401	2105
39037142	沃尔玛（Wal-Mart Stores，Inc.）	1.1	1893	2105
358936125	富国银行（Wells Fargo & Company）	6.8	8015	11123
其他			3020	4956
二级市场持股总计			33733	61513

看点：

1.可口可乐市值超过买入成本的10倍。

2.巴菲特买入慕尼黑再保险超过10%的股本。

3.巴菲特加大重仓股的投入力度，“其他”股票成本较一年前减半。

2011年

附表2-4 巴菲特2011年主要持股情况

持股数	公司名称	占总股本比例/%	成本/百万美元	市值/百万美元
151610700	美国运通（American Express Company）	13.0	1287	7151
200000000	可口可乐（The Coca-Cola Company）	8.8	1299	13994
29100937	康菲石油（ConocoPhillips）	2.3	2027	2121
63905931	IBM（International Business Machines Corp.）	5.5	10856	11751
31416127	强生（Johnson & Johnson）	1.2	1880	2060
79034713	卡夫食品（Kraft Foods Inc.）	4.5	2589	2953
20060390	慕尼黑再保险（Munich Re）	11.3	2990	2464
3947555	浦项钢铁（POSCO）	5.1	768	1301
72391036	宝洁（The Procter & Gamble Company）	2.6	464	4829
25848838	赛诺菲（Sanofi）	1.9	2055	1900
291577428	乐购（Tesco plc）	3.6	1719	1827
78060769	合众银行（U.S.Bancorp）	4.1	2401	2112
39037142	沃尔玛（Wal-Mart Stores, Inc.）	1.1	1893	2333
400015828	富国银行（Wells Fargo & Company）	7.6	9086	11024
其他			6895	9171
二级市场持股总计			48209	76991

看点：

1.巴菲特花百亿美元买入IBM。

2.赛诺菲万安特改名为赛诺菲。

3.伯克希尔持有的美国运通、可口可乐等公司，在持股成本不变的情况下，持股比例较此前年度上升，说明这些公司在回购股票。

2012年

附表2-5 巴菲特2012年主要持股情况

持股数	公司名称	占总股本比例/%	成本/百万美元	市值/百万美元
151610700	美国运通（American Express Company）	13.7	1287	8715
400000000	可口可乐（The Coca-Cola Company）	8.9	1299	14500
24123911	康菲石油（ConocoPhillips）	2.0	1219	1399
22999600	DIRECTV	3.8	1057	1154
68115484	IBM（International Business Machines Corp.）	6.0	11680	13048
28415250	穆迪（Moody's Corporation）	12.7	287	1430
20060390	慕尼黑再保险（Munich Re）	11.3	2990	3599
20668118	菲利普66（Phillips 66）	3.3	660	1097
3947555	浦项钢铁（POSCO）	5.1	768	1295
52477678	宝洁（The Procter & Gamble Company）	1.9	336	3563
25848838	赛诺菲（Sanofi）	2.0	2073	2438
415510889	乐购（Tesco plc）	5.2	2350	2268
78060769	合众银行（U.S.Bancorp）	4.2	2401	2493
54823433	沃尔玛（Wal-Mart Stores, Inc.）	1.6	2837	3741
456170061	富国银行（Wells Fargo & Company）	8.7	10906	15592
其他			7646	11330
二级市场持股总计			49796	87662

看点：

1.卫星电视直播公司DIRECTV、评级公司穆迪上榜。

2.（原）康菲石油分拆为（新）康菲石油和菲利普66两家公司，所以巴菲特持有菲利普66的成本极低。

3.巴菲特大幅减持卡夫食品，该公司当年一分为二。

4.可口可乐股票一分为二，所以巴菲特持股数翻倍而持股成本不变。

2013年

附表2-6　巴菲特2013年主要持股情况

持股数	公司名称	占总股本比例/%	成本/百万美元	市值/百万美元
151610700	美国运通（American Express Company）	14.2	1287	13756
400000000	可口可乐（The Coca-Cola Company）	9.1	1299	16524
22238900	DIRECTV	4.2	1017	1536
41129643	埃克森美孚（Exxon Mobil Corp.）	0.9	3737	4162
13062594	高盛（The Goldman Sachs Group，Inc.）	2.8	750	2315
68121984	IBM（International Business Machines Corp.）	6.3	11681	12778
24669778	穆迪（Moody's Corporation）	11.5	248	1936
20060390	慕尼黑再保险（Munich Re）	11.2	2990	4415
20668118	菲利普66（Phillips 66）	3.4	660	1594
52477678	宝洁（The Procter & Gamble Company）	1.9	336	4272
22169930	赛诺菲（Sanofi）	1.7	1747	2354
301046076	乐购（Tesco plc）	3.7	1699	1666
96117069	合众银行（U.S.Bancorp）	5.3	3002	3883
56805984	沃尔玛（Wal-Mart Stores，Inc.）	1.8	2976	4470
483470853	富国银行（Wells Fargo & Company）	9.2	11871	21950
其他			11281	19894
二级市场持股总计			56581	117505

看点：

1.巴菲特买入石油公司埃克森美孚。

2.巴菲特基于2008年投资高盛优先股时的相关条款及补充协议获得高盛股份。2020年巴菲特将所持高盛股票全部卖出。

3.巴菲特减持浦项钢铁、康菲石油，这两个公司不再出现在列表上。

4.在连续多年增持后，巴菲特开始减持乐购。

2014年

附表2-7　巴菲特2014年主要持股情况

持股数	公司名称	占总股本比例/%	成本/百万美元	市值/百万美元
151610700	美国运通（American Express Company）	14.8	1287	14106
400000000	可口可乐（The Coca-Cola Company）	9.2	1299	16888
18513482	德维特医疗（DaVita HealthCare Partners Inc.）	8.6	843	1402
15430586	迪尔（Deere & Company）	4.5	1253	1365
24617939	DIRECTV	4.9	1454	2134
13062594	高盛（The Goldman Sachs Group，Inc.）	3.0	750	2532
76971817	IBM（International Business Machines Corp.）	7.8	13157	12349
24669778	穆迪（Moody's Corporation）	12.1	248	2364
20060390	慕尼黑再保险（Munich Re）	11.8	2990	4023
52477678	宝洁（The Procter & Gamble Company）	1.9	336	4683
22169930	赛诺菲（Sanofi）	1.7	1721	2032
96890665	合众银行（U.S.Bancorp）	5.4	3033	4355
43387980	美国石膏公司（USG Corporation）	30.0	836	1214
67707544	沃尔玛（Wal-Mart Stores，Inc.）	2.1	3798	5815
483470853	富国银行（Wells Fargo & Company）	9.4	11871	26504
其他			10180	15704
二级市场持股总计			55056	117470

看点：

1.巴菲特买入德维特医疗、农业机械公司迪尔。

2.美国石膏公司的股份源于可转换证券，不是在二级市场买入。伯克希尔此后一直持有美国石膏公司的股份，直到2018年美国石膏公司被德国Knauf集团收购。

3.巴菲特大举减持乐购。

4.巴菲特大举减持埃克森美孚。菲利普66本年不在列表上，但2015年又上榜。

5.2014年年末，伯克希尔和宝洁达成协议，用伯克希尔持有的宝洁股票，交换宝洁旗下的金霸王电池公司（Duracell）。所以巴菲特在原文中注明：宝洁的股份已经确定出售（Held under contract of sale for this amount.）。由于交易对价已经谈妥，所以在下一年即2015年列表中标注的宝洁市值未改变。2016年2月29日，交易完成。

2015年

附表2-8　巴菲特2015年主要持股情况

持股数	公司名称	占总股本比例/%	成本/百万美元	市值/百万美元
151610700	美国运通（American Express Company）	15.6	1287	10545
46577138	AT&T	0.8	1283	1603
7463157	特许通讯公司（Charter Communications，Inc.）	6.6	1202	1367
400000000	可口可乐（The Coca-Cola Company）	9.3	1299	17184
18513482	德维特医疗（DaVita HealthCare Partners Inc.）	8.8	843	1291
22164450	迪尔（Deere & Company）	7.0	1773	1690
11390582	高盛（The Goldman Sachs Group，Inc.）	2.7	654	2053
81033450	IBM（International Business Machines Corp.）	8.4	13791	11152
24669778	穆迪（Moody's Corporation）	12.6	248	2475
55384926	菲利普66（Phillips 66）	10.5	4357	4530
52477678	宝洁（The Procter & Gamble Company）	1.9	336	4683
22169930	赛诺菲（Sanofi）	1.7	1701	1896
101859335	合众银行（U.S.Bancorp）	5.8	3239	4346
63507544	沃尔玛（Wal-Mart Stores，Inc.）	2.0	3593	3893
500000000	富国银行（Wells Fargo & Company）	9.8	12730	27180
其他			10276	16450
二级市场持股总计			58612	112338

看点：

1.2015年第三季度AT&T以“现金+股票”的方式收购了DIRECTV，伯克希尔因此持有AT&T的股份。到2016年第一季度末，AT&T股份均被卖出。

2.巴菲特从2014年开始买入特许通讯公司，该公司进入本年度15大持股排行榜。

3.巴菲特大举增持菲利普66。

4.巴菲特大规模卖出慕尼黑再保险。

2016年

附表2-9　巴菲特2016年主要持股情况

持股数	公司名称	占总股本比例/%	成本/百万美元	市值/百万美元
151610700	美国运通（American Express Company）	16.8	1287	11231
61242652	苹果（Apple Inc.）	1.1	6747	7093
6789054	特许通讯公司（Charter Communications，Inc.）	2.5	1210	1955
400000000	可口可乐（The Coca-Cola Company）	9.3	1299	16584
54934718	达美航空（Delta Airlines Inc.）	7.5	2299	2702
11390582	高盛（The Goldman Sachs Group，Inc.）	2.9	654	2727
81232303	IBM（International Business Machines Corp.）	8.5	13815	13484
24669778	穆迪（Moody's Corporation）	12.9	248	2326
74587892	菲利普66（Phillips 66）	14.4	5841	6445
22169930	赛诺菲（Sanofi）	1.7	1692	1791
43203775	西南航空（Southwest Airlines Co.）	7.0	1757	2153
101859335	合众银行（U.S.Bancorp）	6.0	3239	5233
26620184	美国联合航空（United Continental Holdings Inc.）	8.4	1477	1940
43387980	美国石膏公司（USG Corporation）	29.7	836	1253
500000000	富国银行（Wells Fargo & Company）	10.0	12730	27555
其他			10697	17560
二级市场持股总计			65828	122032

看点：

1.巴菲特买入苹果。

2.巴菲特大举进军航空业，达美航空、西南航空、美国联合航空上榜。

3.巴菲特大幅减持沃尔玛、迪尔。

4.德维特医疗没有上榜，但巴菲特没有卖出。

5.巴菲特说明：列表中不包括伯克希尔持有的325442152股“卡夫亨氏”（Kraft Heinz），因为伯克希尔是该公司控股股东，需要以权益法计入。“卡夫亨氏”股票成本98亿美元，GAAP成本153亿美元，2016年年末市值284亿美元。在随后年度，巴菲特都做了同样的说明，并更新了相关数据。

2017年

附表2-10 巴菲特2017年主要持股情况

持股数	公司名称	占总股本比例/%	成本/百万美元	市值/百万美元
151610700	美国运通（American Express Company）	17.6	1287	15056
166713209	苹果（Apple Inc.）	3.3	20961	28213
700000000	美国银行（Bank of America Corporation）	6.8	5007	20664
53307534	纽约梅隆（The Bank of New York Mellon Corporation）	5.3	2230	2871
225000000	比亚迪（BYD Company Ltd.）	8.2	232	1961
6789054	特许通讯公司（Charter Communications，Inc.）	2.8	1210	2281
400000000	可口可乐（The Coca-Cola Company）	9.4	1299	18352
53110395	达美航空（Delta Airlines Inc.）	7.4	2219	2974
44527147	通用汽车（General Motors Company）	3.2	1343	1825
11390582	高盛（The Goldman Sachs Group，Inc.）	3.0	654	2902
24669778	穆迪（Moody's Corporation）	12.9	248	3642
74587892	菲利普66（Phillips 66）	14.9	5841	7545
47659456	西南航空（Southwest Airlines Co.）	8.1	1997	3119
103855045	合众银行（U.S.Bancorp）	6.3	3343	5565
482544468	富国银行（Wells Fargo & Company）	9.9	11837	29276
其他			14968	24294
二级市场持股总计			74676	170540

看点：

1.苹果成为伯克希尔第一大重仓股，市值282.13亿美元。

2.巴菲特将美国银行优先股转为普通股，伯克希尔账面盈利150亿美元。

3.巴菲特增持纽约梅隆。通用汽车因市值增长上榜。

4.巴菲特清仓式减持IBM、赛诺菲。

2018年

附表2-11　巴菲特2018年主要持股情况

持股数	公司名称	占总股本比例/%	成本/百万美元	市值/百万美元
151610700	美国运通（American Express Company）	17.9	1287	14452
255300329	苹果（Apple Inc.）	5.4	36044	40271
918919000	美国银行（Bank of America Corporation）	9.5	11650	22642
84488751	纽约梅隆（The Bank of New York Mellon Corporation）	8.8	3860	3977
6789054	特许通讯公司（Charter Communications，Inc.）	3.0	1210	1935
400000000	可口可乐（The Coca-Cola Company）	9.4	1299	18940
65535000	达美航空（Delta Airlines Inc.）	9.6	2860	3270
18784698	高盛（The Goldman Sachs Group，Inc.）	4.9	2380	3138
50661394	摩根大通（JPMorgan Chase & Co.）	1.5	5605	4946
24669778	穆迪（Moody's Corporation）	12.9	248	3455
47890899	西南航空（Southwest Airlines Co.）	8.7	2005	2226
21938642	美国联合航空（United Continental Holdings Inc.）	8.1	1195	1837
146346999	合众银行（U.S.Bancorp）	9.1	5548	6688
43387980	美国石膏公司（USG Corporation）	31.0	836	1851
449349102	富国银行（Wells Fargo & Company）	9.8	10639	20706
其他			16201	22423
二级市场持股总计			102867	172757

看点：

1.巴菲特持有市值超过400亿美元的苹果。

2.2018年2月菲利普66直接从伯克希尔回购了3500万股。

2019年

附表2-12 巴菲特2019年主要持股情况

持股数	公司名称	占总股本比例/%	成本/百万美元	市值/百万美元
151610700	美国运通（American Express Company）	18.7	1287	18874
250866566	苹果（Apple Inc.）	5.7	35287	73667
947760000	美国银行（Bank of America Corporation）	10.7	12560	33380
81488751	纽约梅隆（The Bank of New York Mellon Corporation）	9.0	3696	4101
5426609	特许通讯公司（Charter Communications，Inc.）	2.6	944	2632
400000000	可口可乐（The Coca-Cola Company）	9.3	1299	22140
70910456	达美航空（Delta Airlines Inc.）	11.0	3125	4147
12435814	高盛（The Goldman Sachs Group，Inc.）	3.5	890	2859
60059932	摩根大通（JPMorgan Chase & Co.）	1.9	6556	8372
24669778	穆迪（Moody's Corporation）	13.1	248	5857
46692713	西南航空（Southwest Airlines Co.）	9.0	1940	2520
21938642	美国联合航空（United Continental Holdings Inc.）	8.7	1195	1933
149497786	合众银行（U.S.Bancorp）	9.7	5709	8864
10239160	Visa Inc.	0.6	349	1924
345688918	富国银行（Wells Fargo & Company）	8.4	7040	18598
其他			28215	38159
二级市场持股总计			110340	248027

看点：

1.巴菲特从2011年开始买入Visa公司。

2.巴菲特说明：2019年年末持有卡夫亨氏的账面成本为138亿美元，而实际市值只有105亿美元。

2020年

附表2-13　巴菲特2020年主要持股情况

持股数	公司名称	占总股本比例/%	成本/百万美元	市值/百万美元
25533082	艾伯维（AbbVie Inc.)	1.4	2333	2736
151610700	美国运通（American Express Company）	18.8	1287	18331
907559761	苹果（Apple Inc.）	5.4	31089	120424
1032852006	美国银行（Bank of America Corporation）	11.9	14631	31306
66835615	纽约梅隆（The Bank of New York Mellon Corporation)	7.5	2918	2837
225000000	比亚迪（BYD Co.Ltd.）	8.2	232	5897
5213461	特许通讯公司（Charter Communications, Inc.）	2.7	904	3449
48498965	雪福龙（Chevron Corporation）	2.5	4024	4096
400000000	可口可乐（The Coca-Cola Company）	9.3	1299	21936
52975000	通用汽车（General Motors Company）	3.7	1616	2206
81304200	伊藤忠商事（Itochu Corporation）	5.1	1862	2336
28697435	默克制药（Merck & Co., Inc.）	1.1	2390	2347
24669778	穆迪（Moody's Corporation）	13.2	248	7160
148176166	合众银行（U.S.Bancorp）	9.8	5638	6904
146716496	威瑞森通讯（Verizon Communications Inc.)	3.5	8691	8620
其他			29458	40585
二级市场持股总计			108620	281170

看点：

1.买入两家制药公司艾伯维和默克制药、石油公司雪福龙、电信公司威瑞森通讯，增持伊藤忠商事。

2.清仓达美航空、西南航空、美国联合航空三只航空股和高盛、摩根大通两只金融股，大幅减持富国银行。

3.伯克希尔年末持有22亿美元市值的Visa公司，未列入表内只是因为市值不在前15位。

4.持仓高度集中，苹果一只股票市值占持仓总市值的43%。

5.巴菲特2008年买入比亚迪后，一直持股不动，12年市值上升到成本的25倍。

6.巴菲特说明列表中“其他”一项包括西方石油公司（Occidental Petroleum）的优先股和认股期权，成本为100亿美元，2020年末市值为90亿美元。

7.对比2008年，只有美国运通、可口可乐、合众银行三家公司还是伯克希尔的重仓股。

附录三：伯克希尔旗下公司名录（2020年）

公司名称　员工人数

保险业板块（INSURANCE BUSINESSES）

政府雇员保险公司（GEICO）……42156
伯克希尔哈撒韦再保险（Berkshire Hathaway Reinsurance Group）……549
通用再保险公司（General Re）……1982
伯克希尔哈撒韦房屋保险公司（Berkshire Hathaway Homestate Companies）……1176
伯克希尔哈撒韦专业保险公司（Berkshire Hathaway Specialty）……1051
伯克希尔哈撒韦卫士保险公司（Berkshire Hathaway GUARD Insurance Companies）……1067
医疗保护保险集团（MedPro Group Inc）……1088
MLMIC保险公司（MLMIC Insurance Companies）……300
国民赔偿核心保险集团（National Indemnity Primary Group）……797
美国责任保险公司（United States Liability Insurance Companies）……991
中部州际赔偿保险公司（Central States Indemnity）……43

保险业板块员工总数：51200

制造业板块（MANUFACTURING BUSINESSES）

顶级制砖公司（Acme）……1960
本杰明摩尔涂料公司（Benjamin Moore）……1905
布鲁克斯体育用品公司（Brooks Sports）……969
克莱顿住宅建筑公司（Clayton Homes）……19455
CTB肉禽公司（CTB）……2678
金霸王电池（Duracell）……2907
费希海默制服公司（Fechheimer）……416
密林河房车制造公司（Forest River）……12611
水果织机服装公司（Fruit of the Loom）……29307
加兰童装公司（Garan）……3259
布朗鞋业集团（H. H. Brown Shoe Group）①……827
国际金属切削公司（IMC International Metalworking Companies）……12866
琼斯曼维尔绝缘建筑材料公司（Johns Manville）……7709
贾斯汀鞋业（Justin Brands）……380
拉森朱尔相框公司（Larson-Juhl）……946
流体动力专业产品公司（LiquidPower Specialty Products, Inc.）……431
路博润特种化学品公司（Lubrizol）……8636
MiTek建筑方案公司（MiTek Inc.）……6291
精密机件公司（Precision Castparts）②……19944
财富线珠宝集团（Richline Group）……2224
斯科特费策多元制造公司（Scott Fetzer Companies）……1996
肖氏地面工业公司（Shaw Industries）……20806

① 布朗鞋业集团的制鞋工厂已经关闭，但品牌和销售部门继续运作。请参考主题3第四节“不要摊薄”部分。

② 该公司主要为飞机生产高精密配件，在2020年遭受重大冲击。公司员工人数从2019年末的33417人下降至2020年末的19944人，裁员40%。巴菲特在《2020年致股东的信》中承认2016年收购该公司时支付价格过高，因此在2020年度计提110亿美元的损失。

马蒙控股[①]（Marmon）…………20302

制造业板块员工总数：178825

铁路、公用事业和能源板块（RAILROAD, UTILITIES AND ENERGY BUSINESSES）

伯灵顿北方圣塔菲铁路（BNSF）：

BNSF铁路（BNSF Railway）…………35225

BNSF物流（BNSF Logistics）…………675

伯克希尔能源公司（Berkshire Hathaway Energy Company）：

公司总部（Corporate Office）…………29

太平洋电力（PacifiCorp）…………5133

中美能源公司（MidAmerican Energy）[②]…………3390

内华达电力（NV Energy）…………2399

北方电力（英国）（Northern Powergrid）…………2596

伯克希尔哈撒韦管网集团（BHE Pipeline Group）…………2728

伯克希尔哈撒韦传输公司（BHE Transmission）…………741

伯克希尔哈撒韦可再生能源发电公司（BHE Renewables）…………377

中美能源服务公司（MidAmerican Energy Services）…………97

美国家庭服务公司[③]（HomeServices of America）…………6276

铁路、公用事业和能源板块员工总数：59666

① 伯克希尔年报标注：马蒙控股公司（Marmon）是一家多元控股公司，集团在11个板块控股100多家制造业和服务业公司。

② 巴菲特通过该公司投资了比亚迪。

③ 该公司主营房地产中介、按揭贷款、保险等业务，虽与能源业务无关，但由伯克希尔能源公司控股。

零售和服务业板块（SERVICE AND RETAILING BUSINESSES）

可负担住宅改造公司（Affordable Housing Partners, Inc）................................22
本布里奇珠宝销售公司（Ben Bridge Jeweler）................................611
伯克希尔哈撒韦汽车销售集团（Berkshire Hathaway Automotive）................................9206
波仙珠宝（Borsheims）................................133
商业资讯公司（Business Wire）................................426
特许海关申报公司（Charter Brokerage）................................191
CORT家具租赁公司（CORT）................................1868
DQ（Dairy Queen）................................474
德特列夫路易斯摩托车配件公司（德国）（Detlev Louis）................................1403
飞安飞行安全培训公司（FlightSafety）................................4004
赫兹伯格珠宝（Helzberg Diamonds）................................1826
乔丹家具（Jordan's Furniture）................................889
麦克兰供应链公司（McLane Company）................................24304
内布拉斯加家具城（Nebraska Furniture Mart）................................4406
奈杰特飞机分时租赁公司（NetJets）................................6218
东方贸易娱乐玩具直销公司（Oriental Trading）................................1288
至臻大厨厨房用品销售公司（Pampered Chef）................................371
RC威利家具城（R.C.Willey Home Furnishings）................................2458
喜诗糖果（See's Candies）................................2082
星空家具城（Star Furniture）................................417
TTI电子配件销售公司（TTI, Inc.）................................7279
WPLG电视台（WPLG, Inc.）................................190
XTRA拖挂卡车租赁公司（XTRA）................................391

零售和服务业板块员工总数：70457

伯克希尔哈撒韦集团总部（Berkshire Hathaway Corporate Office） 26

伯克希尔哈撒韦集团总人数：360174

注：

（1）信息来源：伯克希尔2020年度报告的A-1页。时间截至2020年12月31日。

（2）本部分均为伯克希尔控股的公司，不包括伯克希尔持有少数股权的上市公司，例如苹果、比亚迪，也不包括卡夫亨氏公司（The Kraft Heinz Company, KHC）。

（3）公司中文名称依从惯例或为作者翻译。作者在大多数公司的英文名称之外添加了公司主营业务信息，例如Acme直译为“顶级公司”，作者翻译为“顶级制砖公司”。

（4）2020年传媒集团Lee Enterprises收购了伯克希尔哈撒韦传媒集团（BH Media Group）、布法罗新闻报（The Buffalo News），这两家企业不再出现在伯克希尔的公司目录中。

（5）相比2019年，伯克希尔能源公司调整了组织结构：一是将北方天然气公司（Northern Natural Gas）和克恩河天然气管道公司（Kern River Gas）合并组成伯克希尔哈撒韦管网集团；二是不再列出高网输电公司（加拿大）（AltaLink）、伯克希尔哈撒韦能源美国传输公司（BHE U.S. Transmission）、加利福尼亚能源菲律宾电力公司（菲律宾）（CalEnergy Philippines），这三家公司部分业务被并入中美能源公司。

（6）伯克希尔哈撒韦集团总人数从2019年末的391539人下降到360174人，员工人数减少主要发生在制造业板块、零售和服务业板块。有兴趣的读者可以对比2019年度报告的公司名录信息，从员工人数增减分析伯克希尔旗下企业的经营状况。

附录四：巴菲特大事年表

1930年

8月30日，巴菲特出生于内布拉斯加州奥马哈。

巴菲特的姐姐多丽丝（Doris Buffett）出生于1928年，妹妹罗贝塔（Roberta Buffett）出生于1933年。

1942年

这一年，巴菲特12岁[①]。巴菲特11岁多时买入了第一只股票。他以38.25美元买入3股城市服务公司优先股（Cities Service preferred stock），买入后股价最低跌到27美元，巴菲特承受了巨大的心理压力，股价反弹后，巴菲特在40美元卖出。后来该股票涨到202美元。

1943年

在巴菲特13岁的时候，他的父亲老霍华德前往华盛顿就任共和党国会众议员。巴菲特全家搬到美国首都华盛顿，巴菲特在那里送报纸。

巴菲特告诉朋友他将在30岁挣到100万美元。

① 本部分的年龄不考虑是否过了巴菲特8月30日的生日，直接以年份减去巴菲特出生时的1930年。由于巴菲特首次买入股票的时间在巴菲特12岁生日（1942年8月30日）之前，所以很多文章的表述是，巴菲特11岁买入第一只股票。

1945年

15岁的巴菲特用自己挣的1200美元在内布拉斯加州买了40英亩农场。

1947年

17岁的巴菲特进入宾夕法尼亚大学沃顿商学院读本科。

1949年

在巴菲特19岁时，老霍华德竞选国会议员失败，全家搬回奥马哈。巴菲特转学到内布拉斯加大学。

1950年

巴菲特在20岁时本科毕业。在申请哈佛大学商学院的研究生失败后，巴菲特转而申请格雷厄姆任教的哥伦比亚大学商学院，并被录取。

1951年

21岁的巴菲特在严冬敲开GEICO的大门，与戴维森（Lorimer Davidson）面谈4小时。

巴菲特提出免费给格雷厄姆打工，不料被拒绝。巴菲特毕业后回到奥马哈，参加了戴尔·卡内基的演讲培训，这为他此后几十年的演讲打下基础。

1952年

22岁的巴菲特在当年的4月19日与苏珊·汤普森（Susan Thompson，1932年6月15日—2004年7月29日）结婚，巴菲特的多项慈善事业都源于苏珊的想法。

1953年

23岁的巴菲特在当年的7月30日迎来了大女儿苏珊（Susan Alice Buffett）。

1954年

24岁的巴菲特到纽约为格雷厄姆工作。

12月16日，大儿子霍华德（Howard Graham Buffett）出生。

1956年

26岁的巴菲特从纽约回到奥马哈，开始自己的投资事业。首只基金规模达10.5万美元。

1958年

28岁的巴菲特用3.15万美元在奥马哈买了一套房子，此后，他一直住在那里。

5月4日，小儿子彼得（Peter Andrew Buffett）出生。

1959年

29岁的巴菲特和查理·芒格第一次见面。芒格于1978年正式加入伯克希尔。

1962年

32岁的巴菲特开始购买伯克希尔的股票。

1965年

在当年的5月10日，35岁的巴菲特控制了伯克希尔。

1967年

37岁的巴菲特掌舵后，伯克希尔支付了第一次也是唯一一次股票红利，每股分红10美分。

1969年

39岁的巴菲特解散巴菲特有限合伙，开始以伯克希尔为投资平台。

1972年

伯克希尔控股喜诗糖果，这是巴菲特抛弃“烟蒂股”投资的标志。

1973年

43岁的巴菲特投资华盛顿邮报公司，并与凯瑟琳·格雷厄姆建立长期的信任和友谊。

1976年

46岁的巴菲特在GEICO濒临破产时注入资本拯救了公司，开始搭建以保险业为核心的多元控股集团。

1983年

伯克希尔的股价首次超过1000美元。

1988年

58岁的巴菲特买入可口可乐公司股票。2020年伯克希尔从可口可乐所得分红超过投资成本的50%。

1991年

在当年的7月5日，61岁的巴菲特和36岁的比尔·盖茨首次见面。巴菲特与盖茨两人都认为“专注”是成功的秘诀。巴菲特问盖茨：“如果是你创立IBM，哪些方面你会做得不同？”

8月，巴菲特拯救所罗门兄弟公司（Salomon Brothers, Inc.），出任该公司董事长。

1992年

伯克希尔股价首次突破1万美元，市值达到149亿美元。

1993年

63岁的巴菲特以83亿美元的财富，首次成为全球第一富豪。

1996年

伯克希尔发行B类股票。

1998年

伯克希尔股价突破5万美元，市值达764亿美元。

1999年

此时为网络泡沫最疯狂的时期，巴菲特在“太阳谷”发表演讲，给市场泼冷水。

2004年

巴菲特的夫人苏珊过世。

2006年

当年6月，76岁的巴菲特承诺向盖茨基金会大额捐款。

8月30日，巴菲特在生日当天与阿斯特丽德（Astrid Menks）结婚。

10月，伯克希尔的股价首次突破10万美元，市值达到1626亿美元。

2008年

雷曼兄弟破产后，巴菲特在《纽约时报》发表文章《我正在买入美国》（*Buy American. I Am.*），看好长期回报。

2011年

81岁的巴菲特在当年的2月15日，获得奥巴马总统颁发的奖章（Presidential Medal of Freedom）。

2012年

82岁的巴菲特被诊断出前列腺癌，好在得到了非常成功的治疗。

2016年

86岁的巴菲特首次买入苹果公司股票。2020年，苹果公司一只股票的持仓市值占伯克希尔所有股票持仓市值的近一半。

2017年

12月，伯克希尔的股价首次超过30万美元。

2018年

比特币火爆，但巴菲特把比特币比作“老鼠药的平方（rat poison squared）”。

2020年

全球遭遇新冠肺炎疫情，巴菲特上半年一直在卖出股票而不是抄底。90岁的巴菲特大幅调整伯克希尔的持仓，年末伯克希尔市值5400亿美元，股价相对1965年增长2.8万倍。